ちくま文庫

日本史の誕生

岡田英弘

筑摩書房

目次

日本史の誕生

序章　日本の歴史をどう見るか

世界史の一部分としての日本史

歴史とは何か

日本の歴史は、当たり前のことだが、世界史の一部分として書かなければならない。ところが、この当たり前のことが、なかなかうまくゆかない。

うまくゆかない原因をつきつめて言えば、第一に、これまでの日本史が日本だけの歴史であって、日本列島の外の世界とは何の関連もなしにできあがっていること、第二に、本物の世界史と呼べるようなものがまだなくて、中国史と西ヨーロッパ史という、もともと水と油の別物を、無理やりつき混ぜただけのものだからである。

歴史は、人間が世界を見る見方を、言葉で表現したものである。世界の見方にもいろいろあるが、歴史は、人間の感覚に現在映る世界だけが世界ではなくて、もう感覚に映らなくなった過去の世界も世界であるとする見方なのである。だから、歴史は、何よりもまず、過去の世界はこうだったのであり、その結果、現在の世界はこうなっているのだという、書く人の主張の表現なのである。歴史は決して、単なる事実の記録ではなく、何かの立場を正当化するために書くものである。

最初の史書が国の性格を決める

書かれた歴史にはそれぞれの立場があり、主張があるが、どの文明でも、最初に書かれた歴史には、その文明の性格を決定してしまい、自分たちはどういう人間だというイメージを固定してしまう力がある。

日本で最初に書かれた歴史は『日本書紀』だが、これは六六〇年代に始まった日本建国の事業の一環として、天武《てんむ》天皇《てんのう》によって着手され、七二〇年に完成したものである。『日本書紀』は、日本の建国を正当化するために書かれたものだから、その内容は、日本国という統一国家には古い伝統があり、紀元前七世紀という早い時代に、中国とも韓半島とも関係なしに、全く独自に日本列島を領土として成立し、それ以来、常に万世一系《ばんせいいっけい》の日本天皇によって統治されてきたのだという立場をとっている。

この『日本書紀』の主張は、中国や韓半島の文献とかみ合わないので、事実に反していると考えることでは、現代の歴史家は一致しているのだが、それでも『日本書紀』の枠組みの影響を逃れることは難しい。何しろ、七世紀以前の日本列島の政治史の材料は、土着のものとしては『日本書紀』しかない。『古事記』というものはあるが、後で詳しく述べるように、これは九世紀の平安朝初期の偽作であり、その枠組みは『日本書紀』そのままなので、『日本書紀』と『古事記』をつき合わせても、『日本書紀』の主張の壁を乗りこえるには役立たない。やはり、『日本書紀』が反映している、七世紀の建国当時の政治情勢を考慮にいれながら、その一つ一つの記事の価値を判断して、利用するしか方法はない。

これが史料批判というもので、歴史学の正統な手法であるが、日本史しか知らない歴史家は、どうしても『日本書紀』の枠組みに引きずられがちである。『日本書紀』の枠組みから自由になるには、中国史と韓半島史の十分な知識が必要である。

ところが、ここにも困難がある。中国でも韓半島でも、土着の歴史書が主張することを、そのまま事実として受けとるのは危険である。それらの歴史書は、歴史である以上、中国なり韓半島なりが、それぞれ独自の起源を持つ、統一国家たるべき宿命を持った文明であることを主張するために書いたものだからである。そういう主張を持った歴史書を材料として研究する、中国史なり韓半島史なりの専門家の考え方は、どうしてもその歴史書の枠組みに支配されやすい。

こうして「定説」といわれるものが生まれ、「周知の事実」として歴史教科書や歴史辞典に記載されることになるが、そうした定説は、ほとんどが十分な検証もなしに流通しているもので、定説ならばまず疑ってかかるほうが安全である。

中国の起源

中国の本当の起源は、紀元前二二一年に秦《しん》の始皇帝《しこうてい》が中原《ちゅうげん》の都市国家群を征服して統一した時であり、中国の歴史は二千二百年あまりの長さしかない。それ以前の中原には、それぞれ生活形態のちがう蛮《ばん》・夷《い》・戎《じゅう》・狄《てき》の人々が入りまじって住んでいたので、後の中国人はこれら異種族が混血した雑種である。

しかし、紀元前一〇〇年頃に司馬遷《しばせん》が書いた中国最初の歴史である『史記』は、中国は黄帝《こうてい》以来、中国人の天下であり、常に正統の帝王によって統治されてきたという立場をとっている。それから後に中国で書かれた歴史は、すべてこの『史記』の枠組みを忠実に踏襲して書かれたので、その結果、中国は五千年の歴史を持つ不変の高度な文明であり、ときおり北方の野蛮人に征服されることがあっても、たちまち征服者を同化してしまい、征服の影響は後に残らなかったという、中華思想の歴史観が固まってしまった。

中国人だけでなく、日本人の中国史家も、『史記』型の歴史観に基づいて書かれた史料しか読まないから、中国史料の偏向に気がつかず、中華思想の枠組みに支配されていることさえ自覚していない。たとえ自覚しても、中国史料の偏向をどう修正したらいいのか、見当がつかない。こういう状態では、中国史の立場から日本史に対して有効な寄与はできない。

韓国の起源

韓半島史は、日本史とはまた違う。アジア大陸から離れた海の中の日本列島と違って、韓半島は満洲《まんしゅう》および中国と地続きなので、『日本書紀』のような独善的・排外的な歴史は書けなかった。

韓半島の政治史は、亡命中国人が平壌《へいじょう》に作った朝鮮王国に始まり、前漢《ぜんかん》の武帝《ぶてい》がこれを征服して四郡をおいた紀元前一〇八年から、中国軍が撤退して楽浪郡《らくろうぐん》・帯方郡《たいほうぐん》が滅亡する三一三年までは、韓半島は中国の支配下の植民地だった。この中国史を否認することは誰にもできない。

現存する最古の韓半島の歴史は、高麗《こうらい》王朝の金富軾《きんふしょく》が一一四五年に書いた『三国史記』である。『三国史記』の著作の目的は、金富軾の祖先である新羅《しんら》王家が韓半島を統一し、それを高麗王朝にひきついだ功績を顕彰することであった。

『三国史記』では、新羅の建国は紀元前五七年になっている。これは、前漢の昭帝《しょうてい》が紀元前八二年に韓半島南部の真番郡《しんばんぐん》を廃止した後の、最初の甲子《こうし》の年である。このことが示すように、韓半島の初期の歴史は、中国史の一部分という性格を持っている。韓半島史が中国史の枠組みを離れて、独自の筋道をたどるようになるのは、新羅が韓半島南部を統一した六六〇年代から後のことである。新羅の韓半島統一は、唐が六六〇年に百済《ひゃくさい》を滅ぼし、六六八年に高句麗《こうくり》を滅ぼした結果であった。韓国（朝鮮）文明と呼べるようなものは、この七世紀後半から発達を始めたのであって、それ以前の韓半島にあった文明は、独自の文明というより、中国文明の地方版というべきものだった。

この点では、建国以前の日本列島の文明も同様である。日本文明と韓国文明は、中国文明の基礎のうえに、六六〇年代に同時に発達を始めたものだから、韓国文明が日本文明の源流であるという主張は、とんでもない時代錯誤である。

日本史という枠組みは、日本という国家が成立した後にしかあてはまらない。日本建国以前には、国境がまだなかったのだから、当然、国内と国外の区別もなかった。だから、七世紀の日本建国以前の歴史は、日本史ではなく、日本古代史でもなく、日本列島・韓半島・満洲・中国にまたがる、広い意味での中国史なのである。この意味での中国史が、すなわち日本建国以前の世界史である。

中国史は、紀元前三世紀の秦の始皇帝の中原統一とともに始まったが、最初の五百年間の主役は秦・漢の中国人であった。それが四世紀始めの五胡十六国《ごこじゅうろっこく》の乱を境いに、中国人の勢いは衰えて、北アジアの遊牧民出身の人々が代わって中国史の主役となり、それとともに満洲・韓半島・日本列島でも、土着の人々が主導権を握るようになった。この状態が三百年続いた後、遊牧民出身の隋《ずい》・唐《とう》が中国を再統一し、かつての秦・漢帝国の再現をめざして、満洲・韓半島に介入した。七世紀に新羅と日本がそれぞれ統一王国になるのは、唐の介入に対する反応であり、中国に対する自衛の手段であった。このように、中国の中身は入れかわっても、中国の存在が韓半島・日本列島の人々にとって脅威であることは変わらなかったのである。

考古学・民族学は歴史学の代用にならない

考古学

ここで一つ、注意しておきたいことがある。それは、考古学は歴史学の代用品にならないということである。歴史は世界観を言葉で表現したものだから、あくまでも書かれた言葉の材料、つまり文献の基礎のうえに組み立てるものである。

考古学がとり扱うのは、物質文化の表現である遺物であって、言葉ではない。土器の様式の変遷をどれほど精密に跡づけても、また銅鐸《どうたく》や銅鏡や銅剣や鉄剣がどれほど多量に出土しても、それに文字が書いてなければ、たとえ書いてあっても、政治に直接関する事柄でなければ、歴史の材料としては役にたたない。歴史に筋道を与えるのは政治だからであり、物質文化は誰にでも容易に借用できるものだからである。

つまり、日本列島の土器文化が、縄文土器から弥生式土器に変わったからといって、それを使う人間がいれかわったことにはならないのである。また出土する人骨の計測値がある地層を境いにして変わったからといって、古い人間が死滅して新しい人間が入りこんできたことにはならない。代々、同じ家族の内部で結婚をくりかえすのでないかぎり、純血種の人間はありえないから、人間はもともと雑種である。新しい遺伝子が入りこむことによって、体質は連続的に変化できるものである。

言語学・民族学

同じように、言語学も、民族学も、歴史学の代用品にはならない。

比較言語学がいかに成果をあげても、いわゆる言語の系統とは、言語と言語の間の似《に》寄《よ》り方、かけ離れ方を表現したものにすぎず、それを話す人々の血統関係の表現ではない。言語は遺伝するものではなく、生まれ落ちてから接触する周囲の人々から習得するものである。しかも、一人が話す言語は一種類とはかぎらず、何種類もの言語を相手によって使い分ける人も珍らしくない。だから言語の系統樹を、人間の家系図のように誤

●中国の正史

中国の正史は『史記』から『明史』まで24種あり、すべて「本紀」と「列伝」を主とした「紀伝体」で書かれ、皇帝が公認したものである。これを「二十四史」と総称する。清朝には『清史稿』があるが、成立が中華民国時代で、公認すべき皇帝がなかったので、正史には含めない。

1	『史記』	130巻	前漢の司馬遷の著作
2	『漢書』	100巻	後漢の班固の著作
3	『後漢書』	120巻	南朝の宋の范曄の著作
4	『三国志』	65巻	晋の陳寿の著作
5	『晋書』	130巻	唐の房玄齢らの著作
6	『宋書』	100巻	梁の沈約の著作
7	『南斉書』	39巻	梁の蕭子顕の著作
8	『梁書』	56巻	唐の姚思廉らの著作
9	『陳書』	36巻	唐の姚思廉らの著作
10	『魏書』	114巻	北斉の魏収の著作
11	『北斉書』	50巻	唐の李百薬らの著作
12	『周書』	50巻	唐の令狐徳棻らの著作
13	『隋書』	85巻	唐の魏徴らの著作
14	『南史』	80巻	唐の李延寿の著作
15	『北史』	100巻	唐の李延寿の著作
16	『旧唐書』	200巻	五代の後晋の劉昫らの著作
17	『新唐書』	225巻	宋の欧陽脩らの著作
18	『旧五代史』	150巻	宋の薛居正らの著作
19	『五代史記』	74巻	宋の欧陽脩らの著作
20	『宋史』	496巻	元のトクトアらの著作
21	『遼史』	116巻	元のトクトアらの著作
22	『金史』	135巻	元のトクトアらの著作
23	『元史』	210巻	明の宋濂らの著作
24	『明史』	332巻	清の張廷玉らの著作

●日本の六国史

「六国史」は日本の正史であるが、中国の正史と違って「編年体」で書かれ、前660年の神武天皇の即位から、887年の光孝天皇の崩御までを記述する。10世紀以後には、正史はついに編纂されないままであった。

1	『日本書紀』	30巻	舎人親王らの著作
2	『続日本紀』	40巻	藤原継縄らの著作
3	『日本後紀』	40巻	藤原冬嗣らの著作
4	『続日本後紀』	20巻	藤原良房らの著作
5	『日本文徳天皇実録』	10巻	藤原基経らの著作
6	『日本三代実録』	50巻	藤原時平らの著作

解して、歴史の記録と同じ価値があると思ってはいけない。

この点、民族学も同じである。民族の文化の類型とは、現代の民族学者が観察した、別の社会に属する人々の行動を解釈したものにすぎない。観察する民族学者ごとに解釈は異なるし、同じ社会でも一世代前には全く違っていたかもしれない。だから文化の類型も、歴史の史料としては役にたたない。

こうした考古学・言語学・民族学の成果は、歴史を書く場合の参考にはなるが、決して参考資料以上のものにはならない。それらを主な材料にして歴史を書くことは不可能である。

神話・イデオロギー

くりかえして言うが、歴史は言葉による世界観の表現であり、単なる事実の記録ではない。

この点では、歴史は神話にも、イデオロギーにも似ているが、神話ともイデオロギーとも決定的に違うところがある。神話は、歴史と同じように、世界がどうして現在の姿をとるようになったかの説明である。しかし、神話の主役を演ずる神々は時間を超越した存在で、かつて現実の世界に生きた人間ではない。だから「昔」とか「古代」とか言われる神話の時間は、現実の世界で起こりえないことが、何でも可能になる時間である。

神話は、過去の世界を伝えるのではなくて、それが語られた時代の姿を反映するものである。

イデオロギーは、未来の世界のあるべき姿を描きだし、現在の世界はそれに向かって動いていると主張するものである。

イデオロギーには、『聖書』にせよ、『コーラン』にせよ、マルクスの著作にせよ、神によって啓示された聖典があり、それに書かれた文句は一字一句の変更も許されないので、イデオロギーが現実に合わなくなっても修正がきかない。現実に合わなくなると、イデオロギーは正しくて現実のほうが間違っているという、原理主義に陥りやすい弱点もある。その点、歴史は、文献史料に基づいて構成されるものなので、時間が経てばたつほど、文献が蓄積すればするほど、新たな見直しが必要になり、論理にかなった修正を加えることができるので、よりよく現実を反映すると言える。

材料は中国の正史と『日本書紀』

日本建国以前の筋の通った歴史を書こうと思えば、主な材料は、やはり『史記』に始まる中国の正史と、『日本書紀』しかない。ほかの材料はすべて補助の材料である。しかしその場合、こうした史料の片言隻句《へんげんせきく》をとらえて奔放な空想を馳せるのでは、筋道の通った歴史にはならない。どんな史料にも、それから引きだせる情報の限度がある。また、後世から見て重要な事柄でも、当時の人の注意にのぼらず、記録に残らなかった事柄も多いだろう。歴史には、こうした限界がある。それを承知のうえで、利用できる史料を利用して、現在の世界の奥にかつてあった世界を描きだすのが、歴史というものである。

日本列島に正当な位置を与えた世界史を書こうと思えば、日本の国史、韓半島の国史、中国の国史という枠組みをのりこえて、ユーラシア大陸と日本列島に共通な視点から書くしか方法はない。そうした視点は、当然ながら、現代のいずれの国家の利害にも、国民感情にもおもねったものであってはならない。現代の国家とか国民という概念は、たかだか十八世紀末までしか遡《さかのぼ》れない、起源の新らしいものだから、十八世紀以前と現代とを一貫する歴史叙述には不向きである。

本物の世界史を書こうとする歴史家がとるべき立場は、あらゆる目前の利害や理想や感情を排除して、論理だけをとことんつきつめて史料を解釈し、総合するという立場である。歴史をこうした立場から書けば、その歴史は、歴史家の個人的な意見を超えて、誰にでも受けいれられる可能性を持った「真実」になりうるのである。日本の歴史は、そうあるべきである。

なお本書では、英語の Korea に対応する地域を、「朝鮮」でも「朝鮮半島」でもなく、

「韓半島」と呼ぶことに統一した。「朝鮮」は、もともと大同江《だいどうこう》・漢江《かんこう》の渓谷の住民であった種族の名称で、前一九五年、亡命中国人が平壌に立てた王国の国号にもなった。前一〇八年に前漢の武帝が朝鮮王国を滅ぼして、その地に楽浪郡などの四郡をおいてから後、この「朝鮮」人は中国人に同化して消滅した。馬韓《ばかん》・辰韓《しんかん》・弁辰《べんしん》の三韓の時代にも、高句麗・百済・新羅の三国時代にも、新羅王国の統一時代にも、高麗《こうらい》王朝の時代にも、この半島を「三韓」と呼んだことはあったが、「朝鮮」と呼んだことはなかった。それが復活したのは、中国の明《みん》の太祖《たいそ》・洪武帝《こうぶてい》が一三九三年、高麗王朝にとって代わって王位についた李成桂《りせいけい》のために、新しい国号として「朝鮮」を選定してからである。

そうした歴史的な事情があるので、「朝鮮」や「朝鮮半島」という名前を、十四世紀末よりも古い時代に適用するのは、時代錯誤である。といって、「韓国」や「大韓《だいかん》」では、「大韓民国」という二十世紀の特定の共和国の略称なので、歴史的名称としてはますます時代錯誤の感が強くなる。しかし「韓」ならば、一世紀にはすでに中国の記録に現われる種族名であり、しかも後に半島を統一する新羅は「韓」の一つの辰韓の直系なので、その統一した範囲を「韓半島」と呼んでも無理が少ない。これが「韓半島」を採用した理由である。

本書では、漢字にはなるべく振り仮名をほどこして、読みやすさをはかった。その際、漢字音は、音訳の原音が推定できるものは除き、原則として現代仮名遣《づか》いで音読した。

ただし、『日本書紀』や『万葉集』などの日本古典に由来《ゆらい》する漢字の地名・人名には、日本読みの古典仮名遣いを採用した。「難波」を、「なにわ」でも「なんば」でもなく、「なには」としたようなものである。これは、史料の成立当時の読み方になるべく近づけるという趣旨《しゅし》である。

第一部　倭国は中国世界の一部だった

第一章　邪馬台国は中国の一部だった

「魏志倭人伝」の読み方

邪馬台国ブーム

一九四五年を境いに、日本の国史から『日本書紀』『古事記』の建国神話が追放された。その空白を埋めるために、考古学の発掘資料と並んで、それまでまともにとりあげられ利用されなかった中国の文献資料が、華々《はなばな》しく登場してきた。

考古学者にとって不幸なことに、日本列島では、文字を書くなり刻《きざ》むなりした遺物が出土することはきわめてまれである。出土しても、あまりに断片的なものばかりなので、それを使って『日本書紀』などの記述を根本から書きなおすことなど、思いもよらない。神話を離れて、われわれ日本人の起源を知るためには、日本建国の歴史を明らかにしなければならないが、歴史は言葉で綴るものだから、考古学の管轄ではなく、文献史学の領域である。そこで中国の正史、なかでも「魏志倭人伝《ぎしわじんでん》」がもてはやされることになり、卑弥呼《ひみこ》ブーム、邪馬台国《やまだいこく》ブームが現出することになった。

たしかに、「魏志倭人伝」の描く三世紀の日本列島の情景は美しい。「草木は茂盛《もせい》して、行くに前人を見ざる」倭地《わち》の自然や、「男子は大小となくみな黥面《げいめん》・文身《ぶんしん》（いれずみ）する」倭人の風俗や、「鬼道《きどう》に事《つか》え、よく衆を惑《まど》わし、年すでに長大なるも、夫婿《ふせい》なき」邪馬台国の女王など、すべて現代のわれわれの、古代はかくあるべしというロマンティシズムに強く訴える力がある。そこで、歴史学の素人と専門家を問わず、「魏志倭人伝」は基本的に、三世紀の日本列島の現実の忠実な記録であると頭からきめてかかり、ただ実際の日本列島の地理に合わない、倭人の諸国の方位と里程《りてい》記事をどういじくりまわしたら、邪馬台国の位置を自分に都合のいい所へ持ってこられるかというゲームばかりに熱中することになる。

三世紀の中国にとっての日本

しかし、歴史学の正道では、何よりもまず、「魏志倭人伝」が三世紀という時代に、なぜ、どのようにして書かれたのか、「魏志倭人伝」という文献の本質は何なのかを問題にするのが順序である。「魏志倭人伝」の存在自体がわれわれに突きつけているのは、三世紀の中国にとって、日本列島はどんな意味があったのかという、もっとも根本的な問題である。この根本的な問題を見のがしてしまって、ただただ「魏志倭人伝」の枠の中で、日本の建国前史を復原しようというのは、いくら努力してもできない相談としか言いようはない。

いま、「魏志倭人伝」から日本の歴史を復原するのはできない相談だと言った。これは、「倭人伝」は、三世紀の日本の実状を描こうとして作られたものではない、という意味である。ことわっておくが、私は、「倭人伝」を含めた『三国志《さんごくし》』の著者の陳寿《ちんじゅ》が嘘つきで、故意に筆を曲《ま》げて実状を書かなかったのだなどと、非常識なことを言っているのではない。私の言うのは、「魏志倭人伝」は、魏朝《ぎちょう》中国の皇帝と、倭人の諸国との間の政治関係の記録なのであって、倭国の方位や里程・風俗など、われわれの興味をそそる記事はそのつけたりにすぎず、陳寿としては個人的に当時の日本に特に関心を持つべき理由は全くなかった、という、しごく当たり前のことなのである。

特異な中国人の歴史観

歴史の意味が違う

ここで一つ、はっきりと言っておかなければならないことがある。それは「歴史」ということばの意味が、ヨーロッパや日本と、中国とでは、全くちがうという事実である。ヨーロッパでは、ヘーロドトスの昔から、人間の傲慢《ヒュブリス》が神々の怒りを引き起こして破滅が到来する過程を物語るのが歴史《ヒストリア》であるということになっている。だから、神々の栄光を正面から賛美しないまでも、人間の意志の壮大さと実力の限度とのギャップから生まれる悲壮美が、いまでもどの史書をとっても、主題になっている。つまり、これはギリシア悲劇である。

これに反して中国には、オリュンポスの神々もなければヤハヴェやアラーもいない。天というものはあるが、その意志である天命とは、つねに人民の皇帝に対する態度を通して下界《げかい》に顕現するものということになっている。つまり、天は政治そのものである。言ってしまえば、人民の支持を確保する能力、これが中国の皇帝の資格なのであって、これを持っているのが「天命を受ける」ということなのである。そして、皇帝がいかにこの資格を自ら証明したか、またはそれに失敗したかを書きとめる、これが中国での「歴史《リイシイ》」の意味である。そして中国の史書の構成も、こうした歴史の本質にそってできている。

正史は紀元前一世紀はじめに司馬遷《しばせん》が『史記』を書いて以来、紀伝体で作るものときまっている。「魏志倭人伝」の原典である『三国志』もこの紀伝体の正史であるが、その中心になる本紀《ほんぎ》は、それぞれの皇帝が、個人としてではなく、政治の機関として、どうファンクション（機能）したかを記し、これに対して列伝は、われわれがふつう考える個人の伝記などではなく、皇帝と同時代の人々が、皇帝との関係においてどんな位置にあり、何をしたかを伝えるためのものなのである。

そうして、皇帝の直接統治のおよばない地域の人々については、かれらが民族として、皇帝とどういう関係を持ったかを、やはり列伝の形式で書くことになっていて、「倭人伝」がその一部である、『三国志』の「魏書《ぎしょ》」の「東夷伝《とういでん》」は、そうした列伝なのである。

正史の列伝は、それが中国人のある特定の人をあつかうものでも、その人が生前にどんな生活を送り、どんな思想を持ち、いかなることに喜怒哀楽の情をおぼえたかは、それが何らかの形で皇帝とかかわってこないかぎり、全くふれようとしないのが原則である。

だから外《がい》民族の列伝でも、その人々がどんな社会を作り、どんな生活様式を持ち、どんな言語を話したかを伝えるのが目的ではない。大事なのは、その民族が中国の皇帝とどんな関係を維持したか、ということだけである。

そうした趣旨で書かれた「魏志倭人伝」をそのまま鵜《う》呑《の》みにして、記事はみな真実を伝えたものとして、これを基礎に三世紀の日本の内部事情をいくら割りだそうとしたと

『三国志』の構成

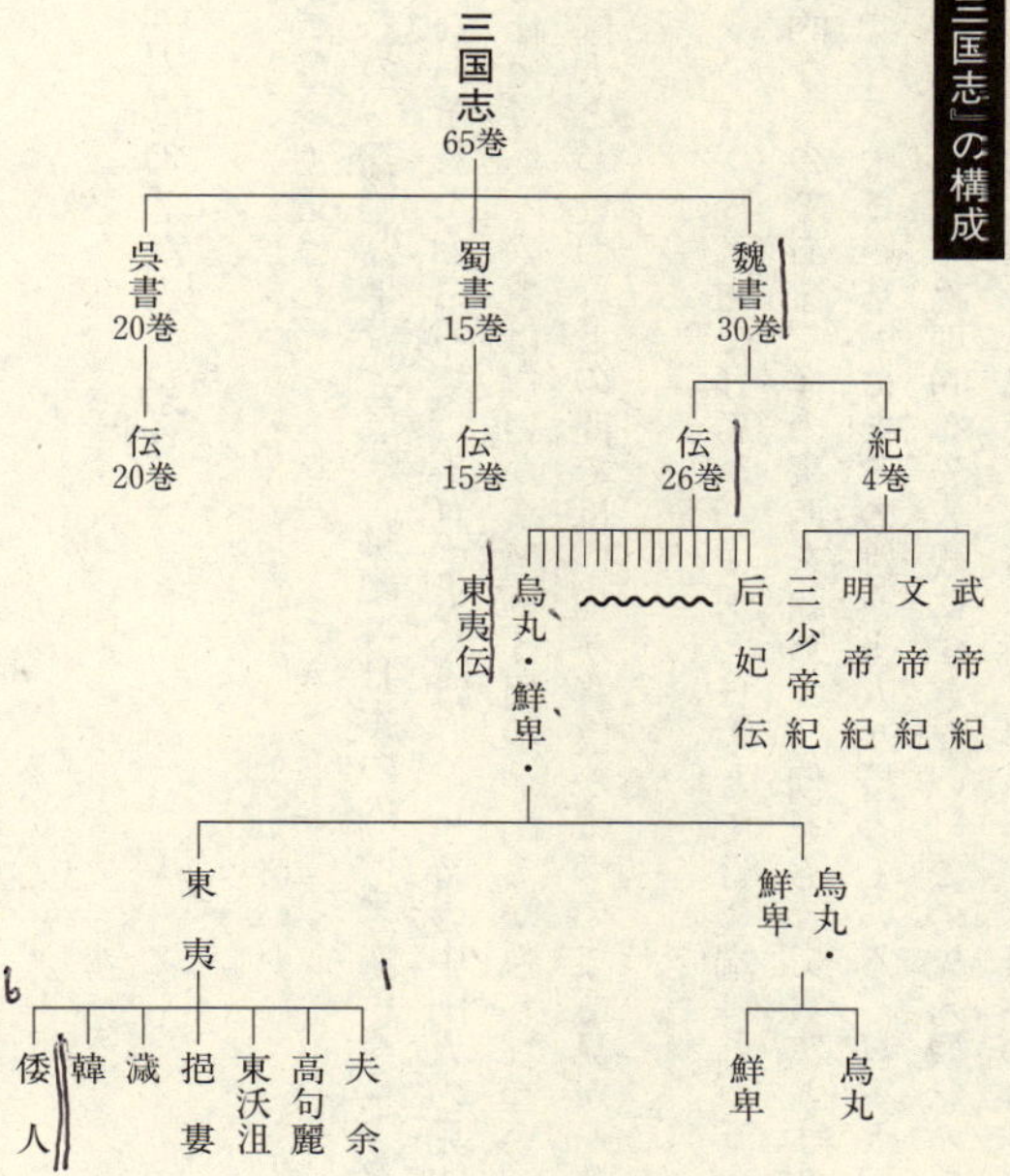

三国志 65巻
呉書 20巻
蜀書 15巻
魏書 30巻
伝 20巻
伝 15巻
伝 26巻
紀 4巻
東夷伝
烏丸・鮮卑・
后妃伝
三少帝紀
明帝紀
文帝紀
武帝紀
東夷
烏丸・鮮卑
倭人
韓
濊
挹婁
東沃沮
高句麗
夫余
鮮卑
烏丸

ころで、どこまで古代日本史の真相に迫りうるか、何とも心細い話である。

中国史書のでたらめぶり

真実の意味も違う

ところで、「魏志倭人伝」が三世紀の日本の内情を伝えることを目的として書かれたものでないとしたところで、それでもやはり、当時の中国人の見聞の範囲内では正直に真相を伝えているのではないか、という反論が出るかもしれない。ところが困ったことに、中国人とわれわれとの間では、何が真実かについて意見が一致しそうにもないのである。

というのは、審美的な好みが、中国と日本とでは極端にちがうのである。どうせ真実は相対的なものである。洋の東西を問わず、何をもって真実とするかは、結局、主観的な判断で、そのさい基準になるのは、当人が持っている、真実とはどのようなものであるべきかという、非論理的な先入観にすぎない。この先入観念のちがいは、何か物を書きとめるときにはっきり出てくるもので、早い話が、日本の雑誌によく訳載されている、欧米での日本に対する論評のたぐいを読んで、あまりの物事の受け取り方のちがいにとまどいを感じない人はあるまい。これは別に欧米人が無知なのではなくて、同じ事柄でも、欧米人と日本人では真実の選択の基準がちがうからにすぎない。ところで、中国人と日本人とでも、またこの基準が全然ちがっている。

だいたい日本で「歴史」といえば、何時、どこで、どんなことが起こったかを、理屈抜きで記録するもののようで、事件のディテールに異常に強い関心があるらしい。八世紀に『日本書紀』が出現して以来、どの史書もみな年月日順の事実の行列で、言ってみれば詳しい年表にすぎない。

ディテールへの執着は、日本の映画やテレビ・ドラマにはっきり現われていて、何のプロットもなくただお茶ばかり飲んでいたり、時候の挨拶をしたり、食事をしたりする日常生活の描写が大部分で、事件らしいものが起こることは珍らしい。こういう不思議なショーをあきもせず喜んで見ているわれわれ日本人にとっては、歴史もしょせん私小説なのだろう。

ところが、中国人はちがう。中国人にとって、何かを書くという行為は、あるべき事を書くことを意味するのである。歴史の記録のばあいには、事が期待するとおりに起こらなければ、これを無視するか、または記録者の理想を書きつけて、世界をさらに完全にするかしかない。これは近代中国の日記などによくあることだが、同時代の外国人の記録と照らしあわせてみると、いたるところ食いちがってしまう。これは、中国人が先天的な嘘つきで、日本人や欧米人が正直だということではない。中国人にとっては、それが好みにあった真実なのであり、そのほうがずっと本当らしくていいのである。

ただ不幸なことに、日本人が中国人の書いた記録を利用して、われわれ日本人好みの「私小説的《あるがままの》」歴史を書こうとすると、この真実の定義の差のために、史料の解釈がとんでもなく狂ってくることになるのである。

『明史』に出る信長と秀吉

中国の正史の日本に関する記述が、われわれ日本人にとってどんなに心細いものかの例として、「明史日本伝《みんしにっぽんでん》」をとってみよう。

『明史』はもちろん明朝《みんちょう》の時代（一三六八―一六四四）をあつかった正史であるが、この時代は、中国史上もっとも日本に対する関心が高まった時代だった。倭寇《わこう》に海岸をさんざん荒らされたばかりでなく、十六世紀末には日本軍の朝鮮王国侵入があり、救援におもむいた明軍が大損害をこうむった。そのうえ、八年ものあいだ韓半島に大軍を釘づけにされて経費がかさみ、ついに約五十年後に清朝《しんちょう》にとって代わられる原因にまでなったからである。このため明末には、日本に関する本や論文が多く中国で発表され、情報の量はぐんと増大したが、その総合であるはずの「明史日本伝」には、とんでもないことばかり書いてある。そのでたらめぶりが面白いから、ちょっと紹介してみよう。

日本にはもと王があって、その臣下では関白《かんぱく》というのが一番えらかった。当時、関白だったのは山城守《やましろのかみ》の信長《のぶなが》であって、ある日、猟に出たところが木の下に寝ているやつがある。びっくりして飛び起きたところをつかまえて問いただすと、自分は平秀吉《たいらのひでよし》といって、薩摩《さつま》の国の人の下男だという。すばしっこくて口がうまいので、信長に気にいられて馬飼いになり、木下《きのした》という名をつけてもらった。……信長の参謀の阿奇支《あけち》というのが落度《おちど》があったので、信長は秀吉に命じて軍隊をひきいて攻めさせた。ところが突然、信長は家来の明智《あけち》に殺された。秀吉はちょうど阿奇支を攻め滅ぼしたばかりだったが、変事を聞いて部将の行長《ゆきなが》らとともに、勝ったいきおいで軍隊をひきいて帰り、明智《あけち》をほろぼした。……

二つの報告書からできた「倭人伝」

倭国へきた魏の官吏二人

まず、これ以上の奇妙きてれつな歴史は考えだせまいが、『明史』ができたのは一七三五年、『三国志』ができたのは二八五年。「明史日本伝」が伝える日本の政治情報がこれほどまちがっているのに、それよりも千五百年近く前にできて、日本がまだ中国史にあまり大きな影響をもたなかった時代の「魏志倭人伝」が、三世紀の日本の内情を忠実に伝えているなどと考える人は、合理的精神の持ちあわせがないのである。

これで「魏志倭人伝」を信用して、邪馬台国《やばだいこく》の実体を究明しようなどと試みるのが、どんなに危険か、いくらか分かってもらえたろうか。

もっとも、考えてみれば、邪馬台国論争という現象自体が、「倭人伝」の信用ならない証拠ではないか。つまり、「倭人伝」の書きだしにある、倭国の地理の記述が、現実の日本の地理とぜんぜん一致してくれないこと、つまり嘘で固まっていることが、これをどう解釈すれば実際に合わせられるか、多くの人々が無駄な努力を注ぐ理由なのである。

そこで、邪馬台国がどこかをきめるのはいちおうあきらめるとして、次の風俗記事はどうか。これはいちばん面白い部分なので、みなさんの興をさますには忍びないが、これもまた、あまり信用がならない。

「魏志倭人伝」の全文は二千字足らず、その約三分の一を占めるのが風俗記事だが、その中には風習の記述と産物の記述が交互に現われて、混雑した印象を与える。これを、それぞれ二百字前後の四部分に切ってみると、それぞれ独立の一貫した倭国の風俗の叙述になる。これは陳寿がいくつかの報告書からこうした記事を書き抜いて、文脈にかまわずつなぎ合わせてしまったからにちがいない。

「倭人伝」の中でいちばん信用のおける、魏朝中国と倭国女王との交渉の記事を見ると、魏の官吏が中央政府の命令で倭国へ旅行したのは、二四〇年の梯儁《ていしゅん》と二四七年の張政《ちょうせい》の二回である。かれらはそのつど、報告書を中央政府に提出したにきまっているが、これが陳寿の利用した原資料なのである。

二つの派閥系統

そのころの中国の大官といえば、ちょうど日本の大学の医学部の教授よろしく、転任のたびに大勢の子分たちをひきつれて移動して歩いたものだが、梯儁は帯方大守《たいほうたいしゅ》・弓遵《きゅうじゅん》の子分、張政は帯方大守・王頎《おうき》の子分であり、派閥系統がちがうために、張政は梯儁の報告書を参照できず、倭国の事情について全く異なった描写をした。そして陳寿が二つの報告を気楽にまぜあわせて「倭人伝」を書いた。

これが「魏志倭人伝」がさっぱり要領をえない理由なのである。だいたい旅行者の見聞などといえば、案外あてにならないもので、誤解に満ちたものになりやすい。現代の日本人にとって、もっとも親しみのある外国はアメリカだが、アメリカ人が読んで納得するようにアメリカ事情を紹介した旅行記をいまだに見たことがない。だから、魏の使者の報告書が現存したとしても、どうせまるまる信用するわけにはいかないのである。

「魏志倭人伝」全文

倭人在帶方東南大海之中依山島爲國邑舊百餘國漢時有朝見者今使譯所通三十國從郡至倭循海岸水行歷韓國乍南乍東到其北岸狗邪韓國七千餘里始度一海千餘里至對馬國其大官曰卑狗副曰卑奴母離所居絶島方可四百餘里土地山險多深林道路如禽鹿徑有千餘戸無良田食海物自活乘船南北市糴又南渡一海千餘里名曰瀚海至一大國官亦曰卑狗副曰卑奴母離方可三百里多竹木叢林有三千許家差有田地耕田猶不足食亦南北市糴

又渡一海千餘里至末盧國有四千餘戸濱山海居草木茂盛行不見前人好捕魚鰒水無深淺皆沈沒取之東南陸行五百里到伊都國官曰爾支副曰泄謨觚柄渠觚有千餘戸世有王皆統屬女王國郡使往來常所駐東南至奴國百里官曰兕馬觚副曰卑奴母離有二萬餘戸東行至不彌國百里官曰多模副曰卑奴母離有千餘家南至投馬國水行二十日官曰彌彌副曰彌彌那利可五萬餘戸南至邪馬壹國女王之所都水行十日陸行一月官有伊支馬次曰彌馬升次曰彌馬獲支次曰奴佳鞮可七萬餘戸自女王國以北其戸數道里可得略載其餘旁國遠絶不可得詳次有斯馬國次有已百支國次有伊邪國次有都支國次有彌奴國次有好古都國次有不呼國次有姐奴國次有對蘇國次有蘇奴

國次有呼邑國次有華奴蘇奴國次有鬼國次有爲吾國次有鬼奴國次有邪馬國次有躬臣國次有巴利國次有支惟國次有烏奴國次有奴國此女王境界所盡其南有狗奴國男子爲王其官有狗古智卑狗不屬女王自郡至女王國萬二千餘里男子無大小皆黥面文身自古以來其使詣中國皆自稱大夫夏后少康之子封於會稽斷髮文身以避蛟龍之害今倭水人好沈沒捕魚蛤文身亦以厭大魚水禽後稍以爲飾諸國文身各異或左或右或大或小尊卑有差計其道里當在會稽東治之東其風俗不淫男子皆露紒以木緜招頭其衣橫幅但結束相連略無縫婦人被髮屈紒作衣如單被穿其中央貫頭衣之種禾稻紵麻蠶桑緝績出細紵縑緜其地無牛馬虎豹羊鵲兵用矛楯木弓木弓短下長上竹

箭或鐵鏃或骨鏃所有無與儋耳朱崖同倭地溫暖冬夏食生菜皆徒跣有屋室父母兄弟臥息異處以朱丹塗其身體如中國用粉也食飲用籩豆手食其死有棺無槨封土作冢始死停喪十餘日當時不食肉喪主哭泣他人就歌舞飲酒已葬擧家詣水中澡浴以如練沐其行來渡海詣中國恒使一人不梳頭不去蟣蝨衣服垢汚不食肉不近婦人如喪人名之爲持衰若行者吉善共顧其生口財物若有疾病遭暴害便欲殺之謂其持衰不謹出真珠青玉其山有丹其木有柟杼豫樟楺櫪投橿烏號楓香其竹篠簳桃支有薑橘椒蘘荷不知以爲滋味有獮猴黑雉其俗擧事行來有所云爲輙灼骨而卜以占吉凶先告所卜其辭如令龜法視火坼占兆其會同坐起父子男女無別人性嗜酒

魏略曰其俗不知正歳四節但記春耕秋收爲年紀
見大人所敬但搏手以當跪拜其人壽考或百年或八九十
年其俗國大人皆四五婦下戶或二三婦婦人不淫不妬忌
不盜竊少諍訟其犯法輕者沒其妻子重者滅其門戶及宗
族尊卑各有差序足相臣服收租賦有邸閣國國有市交易
有無使大倭監之自女王國以北特置一大率檢察諸國畏
憚之常治伊都國於國中有如刺史王遣使詣京都帶方郡
諸韓國及郡使倭國皆臨津捜露傳送文書賜遺之物詣女
王不得差錯下戶與大人相逢道路逡巡入草傳辭說事或
蹲或跪兩手據地爲之恭敬對應聲曰噫比如然諾其國本
亦以男子爲王住七八十年倭國亂相攻伐歴年乃共立一
女子爲王名曰卑彌呼事鬼道能惑衆年已長大無夫壻有

男弟佐治國自爲王以來少有見者以婢千人自侍唯有男
子一人給飲食傳辭出入居處宮室樓觀城柵嚴設常有人
持兵守衛女王國東渡海千餘里復有國皆倭種又有侏儒
國在其南人長三四尺去女王四千餘里又有裸國黒齒國
復在其東南船行一年可至參問倭地絶在海中洲島之上
或絶或連周旋可五千餘里景初二年六月倭女王遣大夫
難升米等詣郡求詣天子朝獻太守劉夏遣吏將送詣京都
其年十二月詔書報倭女王曰制詔親魏倭王卑彌呼帶方
太守劉夏遣使送汝大夫難升米次使都市牛利奉汝所獻
男生口四人女生口六人班布二匹二丈以到汝所在踰遠
乃遣使貢獻是汝之忠孝我甚哀汝今以汝爲親魏倭王假
金印紫綬裝封付帶方太守假授汝其綏撫種人勉爲孝順

汝來使難升米牛利涉遠道路勤勞今以難升米爲率善中
郎將牛利爲率善校尉假銀印青綬引見勞賜遣還今以絳
地交龍錦五匹
臣松之以爲地應爲綈漢文帝著皁衣謂之弋綈是也此
字不體非魏朝之失則傳寫者誤也
絳地縐粟罽十張蒨絳五十匹紺青五十匹荅汝所獻貢直
又特賜汝紺地句文錦三匹細班華罽五張白絹五十匹金
八兩五尺刀二口銅鏡百枚眞珠鉛丹各五十斤皆裝封付
難升米牛利還到錄受悉可以示汝國中人使知國家哀汝
故鄭重賜汝好物也正始元年太守弓遵遣建中校尉梯儁
等奉詔書印綬詣倭國拜假倭王并齎詔賜金帛錦罽刀鏡
采物倭王因使上表荅謝恩詔其四年倭王復遣使大夫伊

聲耆掖邪狗等八人上獻生口倭錦絳青縑緜衣帛布丹木
𤝔短弓矢掖邪狗等壹拜率善中郎將印綬其六年詔賜倭
難升米黄幢付郡假授其八年太守王頎到官倭女王卑彌
呼與狗奴國男王卑彌弓呼素不和遣倭載斯烏越等詣郡
說相攻擊狀遣塞曹掾史張政等因齎詔書黄幢拜假難升
米爲檄告喩之卑彌呼以死大作冢徑百餘步徇葬者奴婢
百餘人更立男王國中不服更相誅殺當時殺千餘人復立
卑彌呼宗女壹與年十三爲王國中遂定政等以檄告喩壹
與壹與遣倭大夫率善中郎將掖邪狗等二十人送政等還
因詣臺獻上男女生口三十人貢白珠五千孔青大句珠二
枚異文雜錦二十匹
評曰史漢著朝鮮兩越東京撰錄西羌魏世匈奴遂衰更有

「倭人伝」の本当の価値

四百年以上、中国の支配下に

それでは、「魏志倭人伝」から日本の建国の事情を知ることは不可能だろうか。それは可能だ。これからそれを説明するが、どうもみなさんの気にいるような話にはなりそうもない。気に食わない点は、真実はえてして苦いものだとあきらめてもらおう。

一口に言えば、われわれ日本人は、紀元前二世紀の終わりに中国の支配下に入り、それから四百年以上もの間、シナ語を公用語とし、中国の皇帝の保護下に平和に暮らしていた。それが、紀元四世紀のはじめ、中国で大変動があって皇帝の権力が失なわれたために、やむをえず政治的に独り歩きをはじめて統一国家を作り、それから独自（?）の日本文化が生まれてきたのである。

「魏志倭人伝」の本当の価値は、この大変動の前夜における、倭人の政治的地位が、中国世界のなかでどのようなものだったかを示してくれているところにあるのである。

中国の商業ルート

中国とシナは同義語ではない。中国は今でも多民族国家で、漢（シナ）族・モンゴル族・満洲族・チベット族・ウイグル族の五大民族のほかに、多数の少数民族の連合だが、古代でもやはりそうだった。

夏《か》・殷《いん》・周《しゅう》などの古代王朝は、みな黄河の渡河点の洛陽《らくよう》・鄭州《ていしゅう》あたりを中心とした都市国家で、その都市国家は多く渡し場で開かれる定期市が原型だった。ここで発生した商人団の頭が「王」であって、ちょうどハンザ同盟（中世の北ヨーロッパ商業圏を支配した北ドイツ都市同盟）の merchant prince（豪商）のように、しじゅう王国に加盟している都市の間を、「往」来して、同盟内の問題を解決しなければならなかったから、「王」と呼ぶのである。「往」と「王」はトーンはちがうが同音である。これが中国の皇帝の原型になった。

王都からは四方に貿易ルートが伸びていて、それを通って商品が流れる。東方の山東《さんとう》半島方面、東南方の揚子江《ようすこう》（長江）口、南方の揚子江中流の武漢《ぶかん》市方面、さらに南の広《こう》州《しゅう》市方面へは舟で内陸の河川を航行できるので進出しやすく、古代ギリシア人のように古代中国人も、蛮地《ばんち》に植民しては新しいポリスを作って発展していった。これはもちろん、取引量の増大に応じて、さらに多くの商品を確保しなければならなかったからである。

こうして中国は、水路に沿ってひろがっていったのだが、そのさい入植した開拓者は

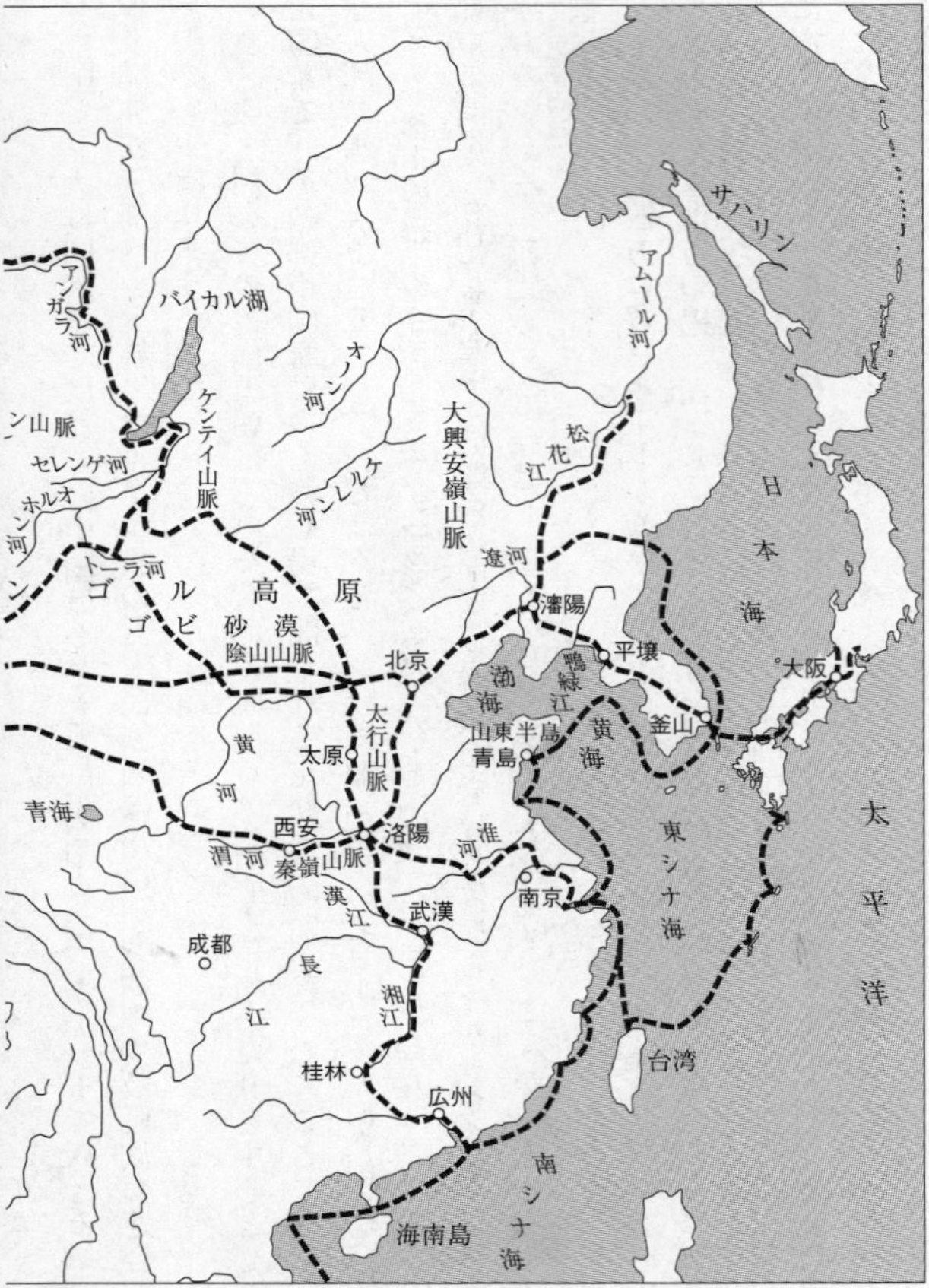

バイカル湖
アンガラ河
ン山脈
セレンゲ河
ホルオン河
ケンテイ山脈
トーラ河
オノン河
ケルレン河
大興安嶺山脈
アムール河
サハリン
松花江
遼河
瀋陽
ンゴル高原
ゴビ砂漠
陰山山脈
北京
平壌
鴨緑江
渤海
日本海
大阪
釜山
山東半島
青島
黄海
太行山脈
太原
黄河
青海
西安
洛陽
淮河
渭河
秦嶺山脈
南京
東シナ海
太平洋
漢江
武漢
成都
長江
湘江
桂林
台湾
広州
南シナ海
海南島

ウラル山脈
イェニセイ河
オビ河
ヴォルガ河
ウラル河
ボルト河
イルティシュ河
サヤ
カザフスタン草原
カスピ海
アラル海
ハンガイ山脈
アルタイ山脈
モ
バルハシ湖
チュー河
シル・ダリヤ河
イリ河
アム・ダリヤ河
ブハラ
天山山脈
ハミ
カシュガル
クチャ
タリム盆地
大月氏（クシャン）
ホタン
イラン高原
カーピシー
カラコルム山脈
クンルン山脈
インダス河
チベット高原
ヒマラヤ山脈
ガンジス河
0
1000km
洛陽盆地を基点とする交通路

決して農民ではなかった。最初に乗りこむのは商人である。はじめのうちは、中国商人は現地に根拠地を作ろうとせず、商品の交易が終わるやいなやひきあげる。岸に全く下りず、船に乗ったまま取引きをすませることもある。それが毎年定期に来航しているうちに、取引高が大きくなって、寄航地だけでは十分な量が集まらなくなると、奥地から商品が集まってくるのを待つ間のために、陸上に宿舎を建てることになり、やがて一年を通じて滞在する商社の駐在員が現われる。

すると、その生活を支える食糧が必要になり、需要に応じて現地の生産性があがってくる。こうして都市が発生すると、それまで原住民の間にはあまり階級の差がなかったのに、部落を代表して中国商人と交渉する役目の酋長《しゅうちょう》の権力が、部落の経済が貿易に依存する度が強くなるにしたがって増大し、ついに酋長は奥地の部落を経済力で支配して、一つの小王国を作りあげることになる。

フィリピンのマニラ市は、全くこうして華僑《かきょう》が作りあげた都市であり、スペイン人のフィリピン支配は、マニラの経済力を基盤としたから成功したのである。つまりここでは、スペイン人の総督が、部落の酋長に当たるわけである。古代の韓半島で言えば、北朝鮮の平壌《へいじょう》を首都とした朝鮮王国も、こうしてできたのであった。

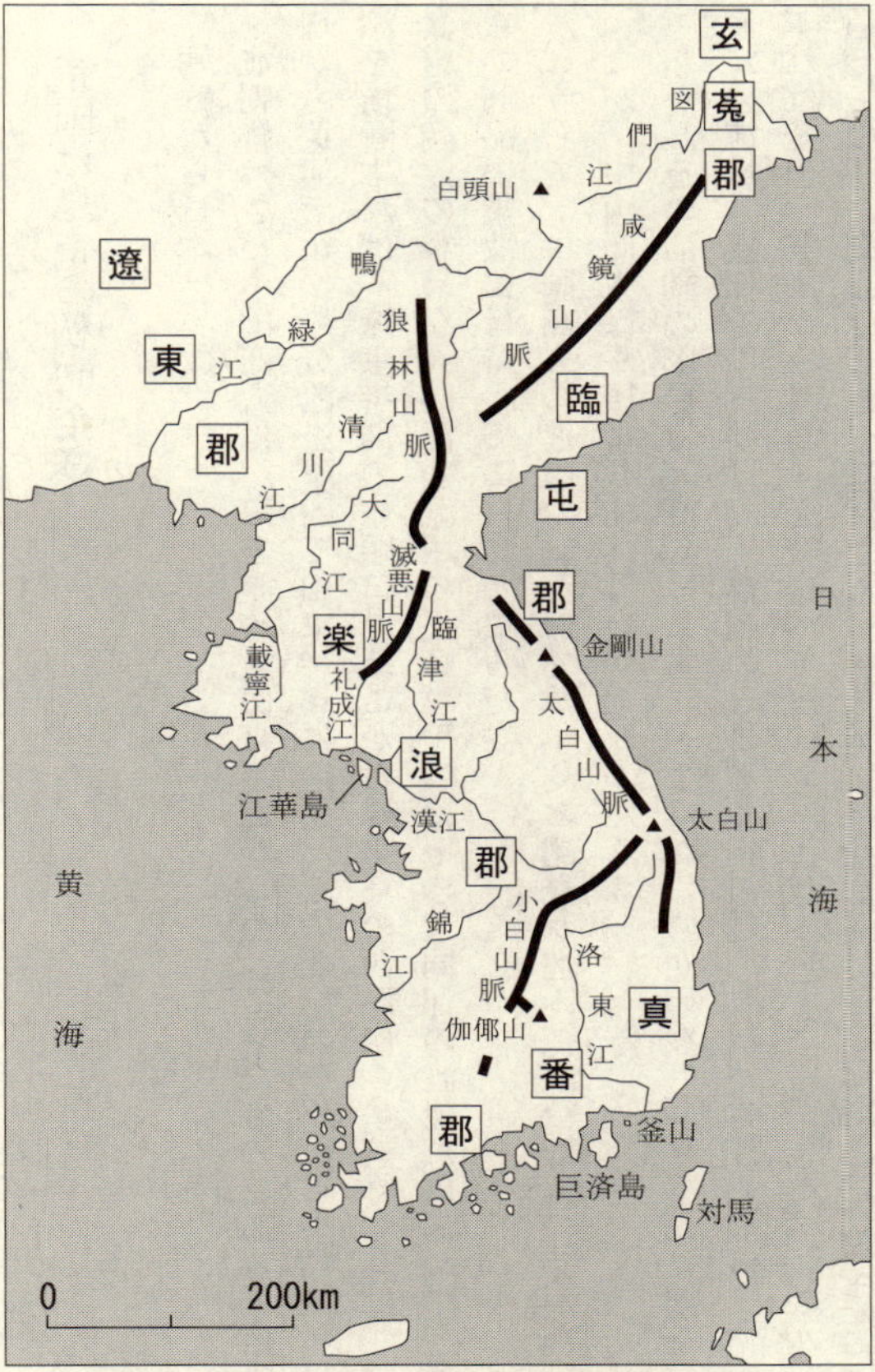

楽浪時代（紀元前108年～紀元82年）の韓半島

帝国は皇帝の私的企業

朝鮮から日本へ

北朝鮮へきた中国商人は、海を渡って山東半島からやってきたものである。洛陽・鄭州から黄河デルタの分流を下って山東半島に達し、その北岸の登州《とうしゅう》から小島伝いに渤海《ぼっかい》湾を横断すれば、遼東《りょうとう》半島の旅順口《りょじゅんこう》。そこから韓半島の西岸伝いに航行すれば、肥沃で食糧の調達の容易な大同江《だいどうこう》の流域の平野。平壌はその大同江の渡河点にあって、奥地からの商品の集散には持ってこいのところだ。

こうして、中国商人の進出のおかげで韓半島の開発が進み、政治権力の芽が育っていったが、中国商人は平壌より先へはいかなかったろう。

しかしその活動の影響は、直ちに日本におよんだにちがいない。平壌から南下すれば漢江《かんこう》の流域。漢江を南へのぼり、忠州《ちゅうしゅう》のところで山を越えれば洛東江《らくとうこう》の流域。洛東江を下れば釜山《ふざん》。釜山から対馬《つしま》・壱岐《いき》をへて唐津《からつ》（「魏志倭人伝」の末盧《まつら》国《こく》）へ。このルートを通って中国の商品は日本へ流れこみ、日本の商品は平壌へ運ばれて取引きされた。「倭人伝」に記されている倭国の産物は、こうした輸出向けの商品だったのである。もちろん、このルートで輸送に従事したのは、中国人でも倭人でもなく、南韓の原住民で、辰《しん》国《こく》として知られた連中だった。

中国皇帝制度の完成

こうして政経分離の平和な関係が続いている間に、紀元前二世紀の末に、中国では皇帝制度が完成して、その強烈な政治力が朝鮮王国を圧しつぶし、日本にも直接影響をおよぼすようになった。

秦の始皇帝が中国を統一して郡県制度を施いたのが紀元前二二一年。しかし十二年後には、全国の叛乱で統一は破れ、まもなくできた漢朝《かんちょう》は皇帝とは名ばかりの、多くの王国のなかでいちばん大きい国にすぎなかった。それが前一八〇年に文帝《ぶんてい》が即位してから、約四十年間に次々と諸国をかたづけ、前一四一年の武帝《ぶてい》の即位のころには、再び統一を回復して郡県制度を確立し、大中華帝国が出現したのである。

中国の皇帝というものは、定期市の商人団の頭《かしら》を原形とする古代の王が大きくなったものだから、それ自身が商人であり、金貸しである。政府の収入は租《そ》といって、農産物の現物を徴収するのだが、これは地方官庁（県）の役人や軍隊の維持費に当てられる。これに対して商品に課せられるのが税で、国境や交通の要衝《ようしょう》、都市の城門などを通過する商人が払うのだが、これは皇帝の収入になる。

だから中国では、税関は政府ではなく皇帝の直営である。皇帝の直営事業は多く、食塩・鉄・絹織物などの生産を独占して国内で販売したり、外国に輸出したりして儲ける。皇帝は、集めた商品を、商人に貸しつけて利子をとったりもする。こうして皇帝が貯めこんだポケットマネーは、おもに戦争と外交に使われる。つまり帝国は、国民の意志とは関係なく、皇帝の私的企業なのである。

事業家皇帝

漢の武帝は典型的な事業家皇帝であって、これまで帝国の国境外の王国が営んできた商品取引きを自分の手中に収めようとして遠征軍を送り、郡県制度を施いていった。

その一つは、前一一一年に南越《なんえつ》王国を征服したことである。南越人は今のヴェトナム(越南《えつなん》)人の祖先といわれる。武帝は、広州市を首都として東南アジアと中国の間の仲介貿易を南越人から接収したばかりでなく、広州から東南アジアへ向かって伸びるルート上にも郡県を設置して、商品の集散をも押さえようとした。

その中で最も南の日南郡《にちなんぐん》は、ヴェトナム中部のフエ、ダナンあたりに中心があり、ヴェトナムの海岸に沿って南北に長くのびていた。これはマライ半島のクラ地峡《ちきょう》のかなたのインド方面からきても、昔から東南アジアで最も人口の多い大市場であるジャワ方面からきても、最初に商船が寄航する港はヴェトナム中部の海岸だったからである。つまり日南郡は、中国にとって地理上の極限であり、これから先は海だったのである。

郡県制度の本質

皇帝の直轄都市

南越征服のわずか四年後、前一〇八年には漢軍は朝鮮王国を征服し、平壌を中心とする大同江流域は楽浪郡として皇帝の直轄地になったが、ここでも朝鮮王国の旧領土が郡県になっただけでなく、中国の郡県制度は、日本をめざして地の果てまで伸びていった。すなわち、洛東江の流域は真番郡となり、その中心都市の霅県《とうけん》は、たぶん釜山《ふざん》あたりに建設された。この郡には他に十四の県があったが、その中の一つぐらいは、対岸の北九州にあった可能性がある。これは日本が、ジャワ（一九八〇年の人口は九、一二二万人）と並んで、古代から現在にいたるまで、東アジアで最も大きな人口を抱《かか》えている地域の一つだからである。日本の市場性は資本の自由化のはるか前から極めて高かったのである。

ここで、郡県制度の本質を説明しよう。封建でないのが郡県で、郡県でないのが封建だなどと、無知なことを言ってはいけない。「県」は皇帝の直轄都市の意味だが、自然発生的な集落なんかではない。帝都から送りこまれた軍隊が貿易ルート上の要地で商品の集散地、つまり定期市の立つ所を占領して地ならしをし、東西、南北に井桁状《いげたじよう》に整然たる道路を作り、ブロックごとに木戸をつけ、全体を堅固な城壁で囲む。城内は全体が常設市場なので、中へ入って取引きをしようという原住民は、まずこの市場の組合員にならなければならない。

これが「民《みん》」というもので、名前を市場の事務所、つまり県庁に登録するとこの資格がもらえるが、「民」たるものは、組合長たる皇帝に対して一定の義務を負う。組合費として「租《そ》」を納めること、市場の設備の維持や修理のために労働力を提供すること、および非組合員の原住民、すなわち「夷《い》」に対して組合員の特権を守るため、自警団《じけいだん》に出ること、つまり兵役《へいえき》に服することなどが、そうした義務である。

こうした県の性質は、かつての人民公社と全く同じもので、また西部劇に見るアメリカ開拓時代のインディアン砦《とりで》にもそっくりである。県が蛮地《ばんち》に建設された中国人開拓者の橋頭堡《きようとうほ》であるという性格は、いつまでも根づよく残ったので、二十世紀になってもまだ、県の城門の厚い鉄の扉は、日没とともに閉じられ、夜間の外出は重く処罰されることになっていた。

県城《けんじよう》の周辺に住んでいたのは、すでに「民」になった原住民で、かれらは市場に入って、遠方からきた商人たちと取引きするのに、自分たちの土語は通じないから、しぜん帝都の言語を簡単化して、土語の単語とまぜ、一種のピジン中国語 pidgin Chinese（ピジンとは、英語に中国語・マレー語・ポルトガル語などの単語をまぜた混合語で、港町で商取引きに用いられる）を作りだした。これが、今のシナ語の方言の起源である。米軍占領下の日本で発生したパングリッシュ（和製英語）を思いだしてみるがよい。まず、あんなものである。

こうしてシナ語は、市場での取引き用の簡便なことばとしてアジア中に広まり、これを話さない民族はなかった。もちろん日本人の祖先たちもシナ語を公用語として、隣りの部落と交渉したので、ちょうど今の日本人と韓国人が英語で話しあうようなものであった。「倭人伝」ではないが、「魏志東夷伝」の他の部分に、韓半島の原住民の言語としてあげてあることばが全部漢語なのは、こうした状態を示している。

「郡」は軍管区の意味で、郡の「太守」はその司令官であり、行政官ではない。県と県の間の土地には、まだ皇帝組合に加入しない「夷」がいくらでもいるから、それから「民」を保護するのは、郡の太守の重要な任務である。日本から目と鼻の先の釜山附近に腰をすえた漢の真番郡の太守にとって、倭人との交渉は最も重要な職務だったにちがいない。

倭人、百余国

そうした真番郡だったが、武帝の積極政策のために帝国の財政が窮迫してくると、次の昭帝《しょうてい》は前八二年、真番郡を廃止した。二十六年の寿命であった。そしてそれまでに真番郡と交渉を持って、友好商社として皇帝との取引きを承認された倭人の部落は百余国にのぼっていたが、それらはみな楽浪郡にひきつがれた。

日中貿易の窓口が近くの真番郡から遠くの楽浪郡に変わると、資本力のない小部落にとっては、毎年定期の長途の航海は荷が勝ちすぎる。その結果、承認されている小部落の名義を使って大部落が貿易を独占することになっていく。

そうして最初に出現したのが、例の「漢委奴国王《かんわなこくおう》」の金印を残した奴国《なこく》で、この国の王が紀元五七年に、使節を楽浪郡にでなく、はるばる後漢《ごかん》の帝都・洛陽に送って朝貢《ちょうこう》していたことからみれば、すでにこの頃までに、貿易の特権を利用した王国の建設が完成していたことがわかる。これはつまり、滅ぼされた朝鮮王国の新版である。

いまも変わらぬ中国外交

朝貢は対内的な宣伝

ところで、朝貢とは何を意味するか。台北《たいほく》で発行されている『中央日報』の第一面を見るがよい。毎日の紙面の第一面トップに四段抜き、写真入りでのっているのは、「アフリカのある国の大使が総統に拝謁を賜わった」とか、「マダガスカル在住の華僑が総統に、頌詞《しょうし》を致した」とかいうニュースである。これが日本の新聞で、総統が天皇なら、どこか隅のほうに押しこめられて、誰も読みはしない性質のものだ。総統といい主席といっても、どだい皇帝であることに変わりはないのだから、皇帝にとって海外との関係がどんなに大切なものかを暗示している。

中国は多民族国家であるうえ、同じ漢族とはいっても、出身の省がちがえば話すシナ語がまるでちがう。中国の大学に入った学生は、最初の一年間は教授の言うことが一言もわからない。まるで外国語同然で、どうにかノートがとれるようになるのに、最低一年はかかるという。つまり現在でも、シナ語の方言は、実は方言ではなくて、ドイツ語と英語ぐらい離れたものなのである。だから中国人は、他省人《たしょうじん》には心を許さないが、同省人どうしはたちまち意気投合する。

それほどバック・グラウンドのちがう人々が集まってできているのが中国人の社会である。そこでの政治というものは、利害関係の全く異なる無数のグループの間のバランスをとることを意味する。だから政争で勝敗を決定するのは、問題に直接かかわりのないグループのモラル・サポート（精神的支援）をとりつける腕前にかかっている。中国人の喧嘩がそうだ。決して手を出して殴りあいはしないで、見物人に向かって、いかに相手の言い分が不当であるかを、ユーモアをまじえて訴える。そして見物人の支持をより多く獲得したほうが勝つのである。

これを皇帝の立場から言えば、人民に対して、自分が皇帝たるにふさわしい人物であることを説得するには、自分の統治下にない人々のグループ、つまり外国人のモラル・サポートが最も有効である。中国の「偉大的領袖《いだいなるりょうしゅう》」に敬意を表しにいく人々には、中国政府は飛行機代は払ってくれるし、領土内の旅行は無料、日当はくれるし、ごちそうはするし、ホテルもただ。これが中国の人民に対して、かれらの指導者が「天命を受け」ていることを説得してくれたお礼である。

古代中国では、こうした外国からの訪問を「朝貢」といった。朝貢使節の派遣を決定するのは当の外国ではなくて、たいていその国との貿易の窓口になっている郡である。五七年の奴国の朝貢も、実際には楽浪郡の世話で実現したものだろう。出張した楽浪郡の官吏が手伝って奴国王から皇帝あての賛辞を書きつらねた手紙（表《ひょう》）を、定まったプロトコール（儀礼）にしたがって作成し、使節の員数《いんずう》や服装をととのえ、好意のしるしの手みやげ（貢物）をそろえたのである。

こうした準備は、「魏志倭人伝」の時代には、北九州の伊都国《いとこく》で行なわれた。使節団が帝国の境内《きょうない》に入ってからは、旅行の経費は全部中国側の負担である。いよいよ洛陽に入城するときは、中国兵が前後を護衛して、「倭人朝貢」の旗をひるがえし、楽隊もにぎやかに都大路《みやこおおじ》を練り歩いて、黒山の見物の人民に、皇帝の徳がいかに遠方にまでおよんだかを印象づけたのである。これが中国の伝統的な外交の意味で、すべて国内に対する宣伝が目的であり、当の外国でそれがどう受けとられようが、全くかまわない。今でも中国の外交政策は、対内的な宣伝の手段にすぎないことに変わりはない。

日本の建国者は華僑

卑弥呼の登場

倭人側の代表商社はいつも同じとはかぎらなくて、窓口の都合で一方的に切りかえられてしまうことが多い。奴国王の朝貢からちょうど五十年後の一〇七年、今度は倭国王・帥升《すいしょう》の使節が漢に朝貢したのは、その例である。切りかえの事情は不明だが、とにかく当時の日本では、王権は全く中国との特殊関係にだけ依存する、根の浅いものであった。

後漢の末、一八九年に南満洲で公孫度《こうそんたく》という軍閥《ぐんばつ》が独立王国を作り、楽浪郡もその支配下に入った。二代目の公孫康《こうそんこう》は、楽浪郡から南へ軍隊を送りこみ、漢江の流域に帯方郡を新設した。

これから帯方郡が倭人関係を担当するのだが、その際これまで漢朝べったりだった倭国王の代わりに、邪馬台国の女王・卑弥呼が新たに友好商社代表に選ばれ、三十国分の特恵《とっけい》待遇が与えられた。「倭人伝」に名前がのっている諸国がそれで、その一つ一つが実在したかどうか、保証のかぎりではない。

公孫軍閥は二三八年に魏に滅ぼされ、邪馬台国は、はじめて中国の皇帝と直結することができた。そしてその翌年、女王の使節団が、今度は帯方郡の世話で、帝都・洛陽に入城、皇帝支持のパレードをくりひろげた。「魏志倭人伝」はこの出来事を記録し、魏の皇帝の栄光をたたえるために書かれたのであった。

魏が晋《しん》にとって代わられても、邪馬台国は代表商社として存続したので、王朝交代の翌年二六六年には女王・台与《たいよ》の使節団が、今度は晋の皇帝の徳をデモるために洛陽に招待されている。でも、この頃までに中国の皇帝権を支える軍隊が変質して、かつての国民軍ではなく、職業軍人からなる軍隊になっていた。そのうちでも精鋭だったのは、北方国境の防衛に当たった遊牧民族の傭兵《ようへい》隊だった。紀元三〇〇年に中国内地で職業軍人どうしのクーデター合戦から内戦が起こると、外人部隊もたちまち巻きこまれ、その一つである匈奴《きょうど》軍が三一一年に洛陽を占領すると同時に、帝国の組織は一夜にして崩壊した。

あとは外人軍閥の対立抗争が百年以上も続く。これが五胡十六国《ごこじゅうろっこく》の乱である。皇帝の没落で恐慌に陥った中国軍は、洛陽陥落《かんらく》の二年後（三一三年）、早くも韓半島から撤退、楽浪郡・帯方郡は消滅した。これで困ったのは原住民の諸国である。これまで政治とは、皇帝との交渉を意味し、中国から特恵待遇を与えられたものが王となって国家体制ができていたところへ、権力の源泉の皇帝がなくなったのである。これからは中国一辺倒をやめて、いやでもひとり歩きをしなくてはならない。そこでにわかに自力による統一運動がはじまり、民族文化の萌芽が現われた。

日本人は華僑の子孫

韓半島の歴史で言えば、最初の実在の王は、百済《ひゃくさい》では近仇首王《きんきゅうしゅおう》、新羅《しんら》では奈勿王《なこつおう》、日本でいえば仁徳天皇《にんとくてんのう》がこれに当たるが、この三人とも揃って、三一三年の政変の直後、四世紀の後半に在位した。これははじめて、皇帝を後楯《うしろだて》としない王権が成立したことを示す。

しかし、これら新興諸国の政府で働いている官吏は中国人であった。いわゆる帰化人がそれで、はっきり言えば華僑である。ちょうどアフリカの独立国のように、もっとも重要なポストは旧支配国の出身者に握られていた。これは政治面だけでなく、文化面でもそうであった。考えて見たまえ。『古今集』の序で紀貫之《きのつらゆき》が言っているではないか。

和歌の開祖は「なにはづに　さくやこのはな　ふゆごもり　いまをはるべと　さくやこのはな」の作者、華僑の王仁《わに》だと。

結論を一言で言えば、日本の建国者は華僑であり、日本人は文化的には華僑の子孫である。これはアジアのどの国でもそうで、別に驚ろくには当たらない。そして「魏志倭人伝」は、まさにその前夜の情勢を伝えてくれる、えがたい史料なのである。

第二章　邪馬台国の位置

「魏志倭人伝」にみる邪馬台国

邪馬台国は瀬戸内海沿岸

「魏志倭人伝」、すなわち『三国志』の第一部である「魏書」の第三十巻、「烏丸《うがん》・鮮卑《せんぴ》・東夷伝《とういでん》」の末尾の「倭人」の条には、中国の魏朝の皇帝から「親魏倭王《しんぎわおう》」の称号を授けられた女王・卑弥呼《ひみこ》の都を「邪馬台国《やばだいこく》」と呼び、「七万余戸」の人口を擁《よう》する大都市だったかのように伝えている。この邪馬台国が日本列島のどこにあったのか、古来、論議の的《まと》になっていて、いわゆる「畿内説」と「九州説」の対立があり、現在でも大規模聚落《しゅうらく》の遺跡が発見されるたびに、これこそ卑弥呼の都にちがいないという主張が後をたたない。

こうした混乱の原因は、「魏志倭人伝」の列挙する倭人諸国の方向と距離が、日本列島の現実の地理とはあまりにかけ離れていて、そのままでは邪馬台国の位置が決定できないことが、誰の目にも明らかだからである。

そのため、いろいろな人がこの謎を解こうと苦心してきた。中国の一里はどの時代も三百歩、約四五〇メートルと決まっているのに、「魏志倭人伝」にかぎってその十分の一の短かい里が使ってあると解釈し、大きすぎる里数を合理化しようとしたり、「魏志倭人伝」では南へ南へと連なっている諸国の方向を、九〇度ひねって、南とは実は東のことであると考えたり、または諸国の間の距離のように見える里数は、実は北九州の「伊都国《いとこく》」から各国までの距離で、放射状に記したものであると、解釈したりした。しかし、どの説も無理なことは同じで、誰にも納得できる邪馬台国の位置を提案できた人はだれ一人としていない。

「魏志倭人伝」は、その成立の事情からして、またそれが利用したもとの史料の性質からして、三世紀の日本列島の実情を正直に伝えたものではなく、したがって「魏志倭人伝」の文面だけでは邪馬台国の位置を決定できない。その理由は次章の「親魏倭王・卑弥呼と西域」で説明する。

要するに、卑弥呼の都がどこにあったのかは、分かるはずがないのである。しかし、そう突っぱなしただけでは、あまりに愛想がないので、どうせ頼りない結論であることは承知のうえで、邪馬台国がどのあたりにあったのか、だいたいの見当だけでもつけてみよう。

その結論は、邪馬台国の位置は、北九州でも、畿内でもなく、瀬戸内海西部の沿岸のどこかであろうというものである。もちろん、こうした見当をつけるには、いくつかの前提条件がある。その前提条件の第一は、「魏志倭人伝」が倭人の諸国を列挙する順序が、実際の地理を反映したものだという仮定である。しかしこの仮定は、ちっとも自明のことではない。

作為された「魏志倭人伝」

政治的な著作

『三国志』六十五巻は、晋朝《しんちょう》の史官《しかん》であった陳寿《ちんじゅ》の著作である。陳寿は、魏に併合された蜀《しょく》の四川《しせん》の人で、同郷人たちの評判が悪くて長いこと芽が出なかったのを、晋朝が魏にとって代わったのち、晋の高官・張華《ちょうか》が陳寿の才を愛して著作郎《ちょさくろう》に叙し、『三国志』を撰《せん》することができたのである。

『三国志』の著者である陳寿の出身と、陳寿の保護者である張華の、晋朝を開いた司馬氏に負う恩義のために、『三国志』の記述は、司馬昭の父であった魏の有力者の司馬懿《しばい》(晋の宣帝《せんてい》)の政治的立場に配慮して筆を曲《ま》げている個所が多い。晋朝の創業の地盤であった東北アジアの事情を記した『三国志』の「烏丸・鮮卑・東夷伝」には、司馬懿の偉大な功績をたたえる作為があることについても、次章にくわしいので、それを参照されたい。

「東夷伝」の一部である「魏志倭人伝」には、帯方郡から女王・卑弥呼の都である邪馬台国までの距離を「万二千余里」と記している。当時の里程《りてい》では、洛陽から平壌《へいじょう》の楽浪郡までは「五千里」とされていた。帯方郡の正確な位置は分かっていないが、漢江《かんこう》の河口《かこう》付近にちがいないから、かりにソウルとすれば、平壌からは五五〇里である。これを加えると、「親魏倭王」卑弥呼のいる邪馬台国は、洛陽から一七、五五〇里あまりの所にあることになる。

ところで、「親魏大月氏王」ヴァースデーヴァのいる藍氏城《らんしじょう》は、洛陽から「万六千三百七十里」の所にあるとされている。一七、五五〇里と一六、三七〇里とではほとんど同じである。これから考えると、「魏志倭人伝」が記す帯方郡から邪馬台国までの距離「万二千余里」は、卑弥呼をクシャン帝国に匹敵する大帝国の君主とし、邪馬台国をクシャンの都とほぼ等距離におく政治上の必要からわざと作りだされたものである。

陳寿は、張華を通じて東北アジアの実情をよく知っていたから、「魏志倭人伝」のこうした過大な距離は、不確かな伝聞による誤りなどではありえない。

距離だけではない。邪馬台国にいたる方向もわざと歪曲《わいきょく》したものである。「魏志倭人伝」では、北九州海岸の「末盧《まつら》国《こく》」から東南へ陸行《りくこう》五百里で「伊都国」にいたり、それから東南へ百里で「奴《な》国《こく》」にいたり、東へ百里で「不弥《ふみ》国《こく》」にいたり、それから南へ水《すい》行《こう》二十日で「投馬《とうま》国《こく》」にいたり、それから南へ水行十日、陸行一月で「邪馬台国」にいたることになっている。

この東南、東南、東、南、南という邪馬台国の方向は、距離の数字さえ無視すれば、邪馬台国が九州のどこかにあることを示すように見える。しかし、こうした方向は、大きすぎる距離と同様、政治的な意味がある。

司馬懿の仕えた魏の明帝が、遼陽《りょうよう》の軍閥・公孫淵《こうそんえん》の征伐作戦を計画したのは、呉が海上から公孫淵に働きかけて、魏に対して共同戦線を張ろうとしたのにおびやかされて、背後の脅威を除こうとしたためである。司馬懿の公孫淵平定、東北アジア征服の功績をいやがうえにも持ちあげようとすれば、その象徴である「親魏倭王」卑弥呼の国を敵国・呉の背後の熱帯の大国にするのがもっとも効果がある。「魏志倭人伝」の諸国が南へ南へと並んでいるのはそのためで、その証拠に、邪馬台国について「その道里を計《はか》るに、まさに会稽《かいけい》の東治《とうや》（福建省福州市）の東に在《あ》るべし」と言っている。そういうわけで、「魏志倭人伝」のいう倭人の三十国の距離と方向は、わざと作ったもので、三世紀当時の実情を伝えたものではない。

邪馬台国の位置を知る方法

倭人諸国の順番

「魏志倭人伝」は、実はそうした心細い史料である。しかしもし、倭人諸国の距離と方向は信用ならないとしても、諸国を列挙する順番には何らかの根拠があると仮定すれば、この仮定を出発点として邪馬台国の位置の見当をつけることは可能である。

「魏志倭人伝」の研究によれば、海中の対馬国《つしまこく》・一支国《いきこく》は別として、次の末盧国・伊都国・奴国・不弥国が北九州の海岸にあることに異論はない。問題は、次の投馬国から先である。投馬国の次の邪馬台国までは、たとえ嘘ではあっても方向と距離が書いてあり、「女王の国より以北は、その戸数、道里はほぼ載せるを得べきも、その余の傍《かたわ》らの国は遠くはなれて、詳《つまび》らかにするを得べからず」と断っている。

しかしそれから先の諸国については、「次に斯馬国あり。次に已百支国あり。次に伊邪国あり。次に都支国あり。次に弥奴国あり。次に好古都国あり。次に不呼国あり。次に姐奴国あり。次に対蘇国あり。次に蘇奴国あり。次に呼邑国あり。次に華奴蘇奴国あ

狗邪韓国
対馬国
一支国
不弥国
末盧国
奴国
伊都国
投馬国
邪馬台国
斯馬国
已百支国
伊邪国
都支国
弥奴国
好古都国
不呼国
姐奴国
対蘇国
蘇奴国
呼邑国
華奴蘇奴国
鬼国
為吾国
鬼奴国
邪馬国
躬臣国
巴利国
支惟国
烏奴国
奴国
狗奴国

邪馬台国の位置の比定

り。次に鬼国あり。次に為吾国あり。次に鬼奴国あり。次に邪馬国あり。次に躬臣国あり。次に巴利国あり。次に支惟国あり。次に烏奴国あり。次に奴国あり」と二十一国を列挙して、その最後の「奴国」については「ここは女王の境界の尽きるところである」とわざわざ断っている。そしてさらに続けて「その南に狗奴国があり、男子が王となる。その官には狗古智卑狗《くこちひく》がある。女王に属しない」という。

この書き方は、倭人の諸国がすべて、ある交通路に沿って並んでいるとするものである。この書き方が、実際にはばらばらに分布しているものを、なるべく南方の熱帯に持っていくための歪曲であるとすれば、話はそこで終わりになるが、もしそうでなくて倭人諸国の実情を反映したものと仮定すれば、こうした長い交通路として考えられるのは、瀬戸内海の水路しかない。

そこでまず問題は、その終点の狗奴国をどこにおくかということである。「魏志倭人伝」は別の個所で、二四七年に帯方太守《たいほうたいしゅ》・王頎《おうき》が着任したとき、倭の女王・卑弥呼が使いを遣わしてきて、かねて不和な狗奴国の男王・卑弥弓呼《ひみくこ》との戦争について報告したことを伝えている。これで見ると、狗奴国が邪馬台国の女王と対立していたことは事実であり、「魏志倭人伝」に邪馬台国と狗奴国の間に並べてある、斯馬国から奴国にいたる二十一国の順番も、二四七年の卑弥呼の報告に基づくものかもしれない。

邪馬台国の消滅とその痕跡

邪馬台国消滅、倭国出現

そこで狗奴国の位置だが、ここで思い出すのが、紀伊国《きいこく》のことである。邪馬台国は、中国で起こった三〇〇年の趙王《ちょうおう》・倫《りん》の乱と、それが誘発した八王の乱で晋朝が事実上、崩壊するとともに史上から姿を消す。代わって四世紀に、仁徳天皇の河内《かわち》王朝の倭国大王、すなわち『宋書《そうじょ》』のいわゆる「倭の五王」が難波《なには》に出現する。『日本書紀』によれば、この時代の倭国と勢を競った大国は、紀伊国と吉備《きび》国だった。邪馬台国の女王の勢力圏の最前線・奴国を瀬戸内海航路の東端の難波とすれば、その先にあって邪馬台国と対立する狗奴国は、紀伊国に当たることになる。

『隋書《ずいしょ》』の「東夷列伝《とういれつでん》」によれば、大業《たいぎょう》三年（六〇七）、倭王・多利思比孤《たらしひこ》の使いが隋に朝貢したという。しかし同じ『隋書』でも、「煬帝紀《ようだいき》」では、大業三年ではなく四年（六〇八）三月の項に、「百済、倭、赤土《せきど》、迦羅舎国《からしやこく》が並びに使いを遣わして方物《ほうぶつ》を貢《こう》した」とある。列伝と帝紀とでは、月日の具わった帝紀のほうが年代については正しかろう。このとき、倭王の使者がもってきた国書が、有名な「日出《ひい》づる処《ところ》の天子、書を日没《ひぼっ》する処の天子に致《いた》す。恙《つつが》なきや」である。

その明年というから、六〇九年、隋の煬帝は文林郎《ぶんりんろう》・裴清《はいせい》を遣わして倭国に使せしめた。

「東夷列伝」によると、裴清の経路は、百済の竹島から、南のかた耽羅国《たむらこく》（済州島《さいしゅうとう》）を望みつつ、大海中の都斯麻国《つしまこく》（対馬島）をへて、東のかた一支国《いきこく》（壱岐《いき》島）にいたり、また竹斯国《つくしこく》（筑紫《つくし》）にいたり、また東して秦王国《しん》にいたったが、「その人は華夏《かか》（中国）に同じく、夷洲《いしゅう》かとおもったが、疑うて明らかにする能《あた》わなかった」と言っている。秦王国からまた十余国をへて、倭国の海岸に達し、そこから倭国の都「邪靡堆《やまと》」にいたったという。

推古天皇と聖徳太子は実在したか

ここで『日本書紀』を見ると、「推古天皇紀」の十五年（六〇七）七月の項に、小野臣《おののおみ》妹子《いもこ》を「大唐」に遣わしたとある。翌十六年（六〇八）四月の項には、小野臣妹子にしたがって「大唐の使人裴世清《はいせいせい》」が筑紫にいたった。六月の項には「唐客《とうきゃく》ら」が難波の津に泊まり、八月には京に入ったという。そして九月には、「唐客裴世清」が帰途につき、ふたたび小野臣妹子を添えて遣わしたとある。

この『日本書紀』の記述には、不審な点が多すぎる。まず第一に年代である。さきに言ったとおり、倭国の使者が最初に到着した時期が六〇七年となっていて、

『隋書』の「東夷列伝」の「大業三年」と一致するようにみえるが、これは「煬帝紀」によれば「大業四年」の誤りである。さらに「東夷列伝」によれば、裴清が隋に帰るとき、倭王はふたたび使者を遣わして、方物を貢せしめたのであるが、「煬帝紀」によれば、翌々大業六年（六一〇）正月の項に「倭国が使いを遣わして方物を貢した」とあり、これが裴清を送ってきた倭国の使者であることはまちがいない。

そうすると、隋使は六〇九年に倭国に到着し、その年のうちに帰途につき、翌六一〇年はじめに隋の宮廷に復命したことになる。

つまり、『日本書紀』の記述は、実際より一年ずつ前にずれているのである。

『隋書』は、六三六年に唐朝で完成した史書で、『日本書紀』はそれより四十五年おくれて六八一年に編纂がはじまり、七二〇年に完成している。『日本書紀』の編者たちは、小野臣妹子が中国に派遣された年代を知らなかったので、『隋書』「東夷列伝」だけを見て「煬帝紀」を参照せず、「東夷列伝」の「大業三年」という間違った年代を出発点として、裴清が派遣された「明年」を六〇九年でなく六〇八年と誤ったのだろう。

さらに隋の使者を、一貫して「大唐」の使いと呼んでいるのも怪しい。これは、『日本書紀』の利用した史料が小野臣妹子の派遣当時のものではなく、隋が亡び唐の時代になった後で書かれたものであることを示している。

ただし、中国の大使の名を、『日本書紀』が「裴清」でなく「裴世清」と綴っているのは、

『隋書』より正確である。これは「裴世清」が正しいのだが、『隋書』が編纂された当時の唐の皇帝であった太宗《たいそう》の本名が「世民《せいみん》」であったので、『隋書』の編者が遠慮して「世」の一字を省いたのである。

さらにもっと怪しいのは、この六〇八〜六一〇年当時の倭王、しかも隋使が本人に面会して男王であることが確かな倭王を、『日本書紀』が女王の推古《すいこ》天皇としていることである。

『隋書』「東夷列伝」には、これより先、開皇《かいこう》二十年（六〇〇）、隋の文帝に使いを遣わした倭王のことを「姓は阿毎《あま》、名は多利思比孤《たらしひこ》、阿輩鶏弥《おほきみ》と号する」といい、また王の妻は鶏弥《きみ》と号すること、太子を名づけて利歌弥多弗利《りかみたふつり》となすことを伝えている。この六〇〇年の倭王も、名前からも、妻があることからも、男王であることは疑いないのに、『日本書紀』では、女王の推古天皇の治世になっている。摂政である聖徳太子を王と誤認した、という説はなりたたない。『隋書』は明白に、男王とその妻とは別に、太子がいたことを記しているからである。

推古天皇と聖徳太子がはたしてこの時期に実在したかどうかは、極めて疑わしいと言わなければなるまい。

邪馬台国は華僑の大聚落になった

倭国の中にある華僑の都市

それはさておき、ここで問題にするのは秦《しん》王国のことである。六〇九年の隋使は、この華僑《かきょう》の都市を見て、ここは夷洲《いしゅう》ではなかろうかと疑った。この「夷洲」は、「亶洲《たんしゅう》」の誤りである。

『三国志』の「呉書」の「呉主伝《ごしゅでん》」によると、呉の孫権《そんけん》は二三〇年、将軍・衛温《えいおん》・諸葛直《しょかつちょく》を遣わして、甲士《こうし》万人をひきい海に浮かんで夷洲および亶洲を求めさせた。

亶洲は海の中にある。長老たちが伝えて言うところでは、秦の始皇帝は方士《ほうし》・徐福《じょふく》を遣わして、童男・童女数千人をひきいて海に入り、蓬萊《ほうらい》の神山および仙薬を求めさせたが、徐福らはこの洲に止まって還《かえ》らず、代々相継いで数万家族になった。そのうえの人民には、時々、会稽《かいけい》(浙江省紹興市《せっこうしょうしょうこう》)にいたって布を売る者がある。会稽の東県の人が海に出ても、風にあって流されて亶洲にいたる者もある。しかし所在があまりに遠いので、呉軍はとうとう亶洲に到達できず、夷洲の数千人をえただけで還った。

ここに言う夷洲は、現在の台湾だから、それより遠い亶洲は、フィリピンのルソン島と見てよかろう。

裴清が亶洲の伝説を思いだした理由は、恐らく秦王国の住民の話す中国語が陝西《せんせい》方言だったからだろう。秦の始皇帝の時に船出した童男童女の子孫ならば、秦の帝都は陝西省の咸陽《かんよう》だから、その言葉は秦代の標準語だった陝西方言のはずだからだ。

つまり、六〇九年の隋使は、華僑の大聚落を見て、秦の徐福の伝説を思い出したのだが、「亶洲」と言うべきところを、うろ覚えで「夷洲」と誤ったのである。

ところで、『隋書』によると、六〇九年の隋使は、現在の博多であるべき竹斯国のつぎに秦王国に寄港し、それからさらに十余国をへて倭国の海岸に達している。この航路の終点、倭国の海岸は、『日本書紀』の言うとおり、難波の津であろう。

一方、「魏志倭人伝」によれば、やはり博多のはずの奴国から不弥国・投馬国をへて、三つ目が邪馬台国である。邪馬台国から先は、斯馬国などの二十国をへて、航路の終点のもう一つの奴国にいたる。この奴国が難波の津であると仮定すれば、だいたいの距離の見当から、秦王国はほぼ邪馬台国に相当する。

「魏志倭人伝」には、倭人の国々にはそれぞれ市場があって有無《うむ》を交易し、それを監督するのが「大倭《だいわ》」、すなわち倭の大人《たいじん》であることが特記されている。市場監督が華僑でなく倭人であることをわざわざ断っているのは、市場を構成するメンバーが中国商人であり、倭人諸国がそれぞれ華僑の聚落を中核として育ってきた証拠である。

かつての「親魏倭王」卑弥呼の都が、秦王国と呼ばれる華僑の大聚落となって残ったというのは、そうあって当然と言うべきことで、何の不思議もない。

邪馬台国（＝秦王国）は関門海峡の近く

「雄略天皇紀」に残る邪馬台国の痕跡

秦王国がすなわち邪馬台国であると仮定すれば、その位置は、博多から難波の津にいたる瀬戸内海航路の、それも西寄りの沿岸に求められるべきである。

ただし、邪馬台国＝秦王国の痕跡を、日本の古い記録の中で探すのは簡単ではないが、一つの候補地をあげるとすれば、『日本書紀』の「雄略天皇紀」に「角国《つののくに》」というのがある。その九年の項に、次のような話がある。

雄略天皇は自ら新羅《しんら》を征伐したいと思った。しかし神が天皇を止めたので、出征を思いとどまり、紀小弓宿禰《きのをゆみのすくね》・蘇我韓子宿禰《そがのからこのすくね》・大伴談連《おおとものかたりのむらじ》・小鹿火宿禰《をかひのすくね》らに命じて出征させた。紀小弓宿禰《きのをゆみのすくね》らは新羅に攻めこんだが、大伴談連《おおとものかたりのむらじ》は戦死し、紀小弓宿禰《きのをゆみのすくね》は病死した。紀小弓宿禰《きのをゆみのすくね》の息子の紀大磐宿禰《きのおほいはのすくね》は、父の死を聞いて自ら新羅に行き、小鹿火宿禰《をかひのすくね》の部下の倭軍の指揮権を奪った。これによって紀大磐宿禰《きのおほいはのすくね》を怨んだ小鹿火宿禰《をかひのすくね》は、蘇我韓子宿禰を抱きこんで紀大磐宿禰《きのおほいはのすくね》と反目させた。

百済王は、倭軍の将軍たちの不和を聞いて、調停のために彼らを招いた。しかし途中の河で衝突が起こり、紀大磐宿禰《きのおほいはのすくね》が蘇我韓子宿禰《そがのからこのすくね》を射殺したので、将軍たちは百済の王宮まで行かずに引き返した。小鹿火宿禰《をかひのすくね》は紀小弓宿禰《きのをゆみのすくね》の遺骸を送っていっしょに帰国したが、その途中、自分だけ角国に留まり、紀大磐宿禰《きのおほいはのすくね》と並んで天皇に仕えることを拒否した。

これが角臣《つののおみ》という氏族の起源である。

『日本書紀』の百済・新羅関係の記事は、ほとんどが『百済記』『百済本記』『百済新撰』などの百済系の史料からの引用だが、この「雄略天皇紀」九年の項の記事だけは、その倭国側の事情にくわしい書き方からみて、珍らしく日本系の史料によっている。しかし、雄略天皇九年（四六五）というその年代は、信用のかぎりではない。

それはそれとして、ここに現われる角国は、周防国《すおうのくに》（山口県東部）の都濃《つの》郡である。『日本書紀』の記事からみて、角国が瀬戸内海航路ぞいの重要な寄港地だったことがうかがえるから、これを邪馬台国の故地《こち》である秦王国にあてることも可能であろう。

私は先に、『倭国』（中公新書、中央公論社、一九七七年）のなかで、邪馬台国の位置を「瀬戸内海の東端の、畿内のどこか」（一〇五頁）と考えたが、ここにこれを訂正して、瀬戸内海の西部沿岸の、関門海峡の近くのどこかとしておく。

第三章　親魏倭王・卑弥呼と西域

政治的意図をもった「魏志倭人伝」

海千山千の中国人が書いた史書

みなさん、ほかのことでは理性的な人たちでも、ことひとたび「魏志倭人伝」となると、とたんに冷静さを失なって、邪馬台国はどこだ、卑弥呼はだれだ、と眼をつりあげ声をはりあげて、人の言うことも聞こうとせず自説を弁じだすのは、どうも困ったものである。もちろん、わが日本民族の起源の問題は、現実の効用はともかく、知的遊戯のひまつぶしとしては上品で高尚な趣味で、何しろ解答がでる気づかいがないのだから、「魏志倭人伝」の道里記事を比率で縮めたり、放射状に読んだり、方向を九〇度ねじまげたり、果てしのないどうどうめぐりの議論を楽しまれるのもけっこうなことで、私ごとき歴史学者が苦情を申したてるべき筋合いのものではない。

しかし、もしも「魏志倭人伝」を、本気でわが民族の歴史を復原する材料に使おうというのなら、矛盾した言いかたで申しわけないが、その内容をあまり本気で受けとってはいけない。「魏志倭人伝」を書いたのは日本人ではなく中国人の、それも三世紀という古い時代の陳寿《ちんじゅ》（二三三～二九七）である。何も千七百年も後になって、この東海の野蛮人の後裔《こうえい》が邪馬台国ゲームを楽しむことを予想して、親切気から「倭人伝」を書いたわけではないし、陳寿が倭人に対して個人的な興味をもっていたわけでもない。

もともと中国人は、政治にかけては海千山千、すれっからしの連中である。何しろ秦の始皇帝が統一帝国を作りあげたのが紀元前二二一年という古さで、政治生活の年季の入れかたでは、日本人もヨーロッパ人も中国人の足もとにもおよばない。政治の世界でもっとも強力な武器は言葉だが、中国人は言葉の使いかたにかけても堂にいったもので、始皇帝よりさらに古い『荘子《そうじ》』にさえ、すでに「名は実《じつ》の賓《ひん》なり」、すなわち言葉は現実にとってお客さんか居候《いそうろう》にすぎない、という恐ろしい格言があるくらいである。言葉は現実の表現である、などと思いこんでいる、お人よしの日本人とは出来がちがう。いくら堂々たる古典に、四角な文字を美しく綴《つづ》ってあったとて、その内容が現実をまっ正直に表現したものにはならないのである。

中国人にとっては建て前だけがあって本音はなく、言葉は事実から遊離して、言葉のうえだけでつじつまを合わせるものになってしまっている。これが高度に発達した政治文化の宿命なのである。

三世紀の中国でも、これはすでに起こっていた。「魏志倭人伝」は、正史たる『三国志』六十五巻の一部分で、晋朝の中国政府の公認をへたものである。単純な事実そのままの記録ではない。政府公認の歴史を書くこと、これ以上に政治的な行為はない。しかも『三国志』の対象になった時代は六十年と短かく（二二〇～二八〇）、しかも陳寿が『三国志』を書いたのは、晋朝が魏朝にとってかわった直後のことである。『三国志』の登場人物の多くはまだ生存しているか、その子孫が現に権力の座にいるわけで、四方八方に配慮しなければならない。かりに陳寿がありのままの史実を書いたとしたら、『三国志』が正史として公認されたはずもない。『三国志』には、三世紀末当時の中国の政治の現実への妥協から、筆を抑えた個所が多すぎて、重大な事件でさえ、ほとんど細部に触れずに通りすぎたところがかなりある。だから一世紀以上をへて、そうした配慮が必要でなくなった四二九年、南北朝の宋の人・裴松之《はいしょうし》が『三国志』の注を書き、陳寿が避けてとおった史実について、多くの史料を引用して増補しなければならなかったのである。

邪馬台国は一大帝国か

そうした微妙な政治的性質をおびた『三国志』という、晋朝政府公認の史書のなかに、政治に敏感な典型的中国人の陳寿が、東方はるかの海上の島々に住む野蛮人たちについて、わざわざ一節を設けて詳述すること自体、ただごとではない。「魏志倭人伝」が何のために存在するのか。そこを問わないで、単なる史実の記録として読むようなナイーヴな態度では、中国人お得意の言葉と現実の分離に振りまわされるのがおちである。いわゆる邪馬台国論争の混迷の原因は、全くこの点に関するわれわれの無知にあると言わなければなるまい。

邪馬台国といえば、神秘の女王・卑弥呼の治める国ということになる。いまから千七百年もの古い古い昔、本州か九州か、場所はしかとはわからないが、どこやらに七万余戸の人口をかかえる大国があって、武装した衛兵に守られる壮麗な王宮のなかには、鬼《き》道《どう》につかえる独身の女王が、千人の侍婢《じひ》にとりまかれて奥深くこもり、中国の魏の皇帝から「親魏倭王」の金印を受けて日本列島の三十国を支配し、女王の代官は北九州の伊《い》都《と》国《こく》に駐在して、諸国から恐れられている。

このイメージがあまりにロマンティックだから、何となく、邪馬台国が実在の一大帝国だったかのような印象が強い。そこで邪馬台国探し、卑弥呼探しのゲームがはじまって、『日本書紀』のなかに出てくる大和朝廷と邪馬台国が同じものかどうか、神々や天皇の系図のなかに卑弥呼に当たる人名が見つかるかどうか、珍言僻説《ちんげんへきせつ》、奇談怪論《きだんかいろん》の横行となり、十人十様、百人百様、何が何だか見当がつかないほどの盛況を呈していることは、みなさま先刻ご承知のところである。

邪馬台国論争の誤解

実在の天皇と神話の天皇

ところが、こうした邪馬台国論争なるものは、実はいくつかの誤解がなくなってしまえば、論争それ自体、消えてしまう性質のものである。

その誤解の第一は、『日本書紀』に載っている神話や、神武《じんむ》天皇から応神《おうじん》天皇にいたる、いわゆる大和時代の物語が、何か四世紀以前の日本列島で起こった歴史上の事実の古い記憶を伝えたものだ、という誤解である。

『日本書紀』は、六八一年、天武天皇の命令ではじまった歴史編纂事業が、三十九年後の七二〇年に、天武天皇の孫娘の元正《げんしょう》天皇の在位中に完了して出来あがったものである。

もともと歴史というものは政治上のつごうで事実が曲げられやすいところへもってきて、『日本書紀』はわが国で最初に書かれた歴史である。それまでの日本列島の実状がどうだったのか、まだ統一見解がない時代に、しかも六七二年の壬申《じんしん》の乱で、内戦によって政権を獲得した天武天皇とその子孫の宮廷が作りだしたのが『日本書紀』である。当然、古い伝承でも、現政権にとってつごうの悪いものは切り捨て、つごうのいい話を創作して歴史の筋書きを作りあげる。それでも、まだ生き証人がいるような新しい時代のことは、そうそう嘘はつけないから、天武天皇の父の舒明《じょめい》天皇が即位した六二九年からあとの史実は、かなり正直に書いているようである。

ところがそれ以前になると、もういけない。舒明天皇は、聖徳太子の息子を押しのけて即位したので、このへんの事情の説明は、どうも歯切れが悪い。果たせるかな、同時代の六三六年に中国で書かれた『隋書』の記述によると、六〇〇年から六一〇年にかけて、日本列島でもっとも有力だった酋長《しゅうちょう》は、邪靡堆《やまと》に都する倭王・阿毎多利思比孤《あまたらしひこ》だった。これが男王だったことははっきりしているのに、『日本書紀』によると、この時期は聖徳太子の妻の母である推古天皇という女帝の治世になっている。真相はともあれ、七世紀はじめという身近かな時代についてさえ、『日本書紀』は信用できないことは確かである。

ただし舒明天皇以前についての『日本書紀』の記述が全く嘘ばかりとも言えないので、四八八年に中国で書かれた『宋書《そうじょ》』や、それに引用してある四七八年の倭王・武の手紙の文面から判断すると、『日本書紀』に登場する仁徳天皇から清寧《せいねい》天皇にいたる七代の、いわゆる河内《かわち》王朝の歴代は、実在した倭王だったらしい。しかし『日本書紀』が伝えるそれぞれの事跡《じせき》は怪しげなものばかりで、ほとんど史実らしくない。

仁徳天皇以前の天皇となると、これはもう系図も事跡も、すべて七世紀の末から八世紀のはじめ、『日本書紀』の編纂が進行しつつあった時代の、純然たる創作である。仁徳天皇の父にしてある応神天皇は、もともと人間ではなく、敦賀《つるが》の気比《けひ》神宮の祭神だった。それが六世紀の半ばに越前《えちぜん》から出てきて新しい王朝を建てた継体《けいたい》天皇の祖先神となって、倭王家の系図にとりこまれたまでである。

応神天皇の両親ということになっている、仲哀《ちゆうあい》天皇と神功《じんぐう》皇后の起源はもっと新しい。これは博多の香椎宮《かしいぐう》の祭神で、六六〇年に唐と新羅の連合軍にほろぼされた百済《ひやくさい》の救援のため博多に出張した斉明《さいめい》天皇の宮廷にはじめて見いだされ、六六三年の白村江《はくそんこう》の敗戦で百済の復興が失敗に帰したあと、天智《てんち》天皇が近江の大津京に持ち帰った神々である。

初代の神武天皇にいたっては、六七二年の壬申《じんしん》の乱の最中に、はじめて人間界に出現した神霊であることは、『日本書紀』自体が伝えている。だから、その神武天皇と、仲哀天皇・神功皇后・応神天皇との間にはさまる、いわゆる大和朝廷歴代の物語は、決して四世紀以前からの古い伝承によって書いたものではない。もちろん卑弥呼と同時代の三世紀に、大和地方に倭人の酋長がいなかったというのではない。それはいただろうが、それと『日本書紀』が描きだす大和朝廷とは何の関係もなく、したがって邪馬台国や女王・卑弥呼の痕跡を『日本書紀』のなかに探し求めてもむだである。そんなものが見つかるはずもない。

誤解の第二は、「魏志倭人伝」は同時代の三世紀の中国の史料だから、当時の日本列島の実状を、中国人の眼に映じたままに記録したもので、伝聞の混乱さえうまく訂正して、合理的に解釈すれば、どこに邪馬台国があったのか、決定できるはずだ、というナイーヴな誤解である。

なぜ「西域伝」がないのか

ところが最初に言ったように、「魏志倭人伝」がその一部である『三国志』は、単なる史実の記録ではない。二六五年に建国した晋という王朝が、中国を統治すべき正統の政権である、と主張することを目的として、当の晋朝の中国政府に仕えていた陳寿が書いたもので、もともと政治色の強い書物である。そのうえ、晋朝の帝室の祖先は、代々、魏朝に仕えた重臣だったから、『三国志』のなかの魏の歴史を扱った「魏書」の部は、どうしても現帝室への遠慮から、筆を抑えた書き方になってしまう。

その「魏書」の部の最終巻、「烏《う》丸《がん》・鮮卑《せんぴ》・東夷《とうい》伝《でん》」の巻の最後の「倭人」の項が、いわゆる「魏志倭人伝」である。それにもっと悪いことに、三国時代には東北アジアは晋朝の帝室の祖先の地盤であり、邪馬台国の女王・卑弥呼も、かれらが中国の内政で権力を握るのに利用された道具であった。そうした内政のつごうから、卑弥呼はいかにも遠方の大国の君主のようにしたてあげられ、「親魏倭王」の金印を授けられたのである。「魏志倭人伝」はそうした政治的な宣伝を基礎にして書いたものであり、もともと史実のストレートな記録ではない。また、それだからこそ、『三国志』に「倭人伝」の一項を立てる意味があったのである。

もう一つ考えねばならぬことがある。「烏丸・鮮卑・東夷伝」の巻には、中国の東北辺境に住むいろいろな種族と魏朝中国政府との交渉が記されているが、魏朝は中央アジアの諸国とも重要な関係があったにもかかわらず、『三国志』の「魏書」には「西域伝《さいいきでん》」がない。実は陳寿には、「烏丸・鮮卑・東夷伝」を書かなければならない理由だけでなく、「西域伝」を書いてはならない理由もあったのである。それは陳寿個人の政治的な立場を超えた、晋朝の建国の事情にかかわる問題であった。この事情があったからこそ、とるにたりない小さな勢力の卑弥呼に「親魏倭王」の高い爵位《しゃくい》が与えられなければならなかったし、また陳寿が嘘と知りながら、「倭人伝」で邪馬台国を遠方の大国らしく描かなければならなかったのである。

つまり、偉大なる邪馬台国というのは幻影であって、実際に三世紀の日本列島に、そういう名前の国家が存在したわけではない。

クチャ　後漢　天山山脈南　ホータン（和田）　班超

幻影を作った中国の事情

一世紀末〜二世紀の西域

それでは、卑弥呼を「親魏倭王」にしたてあげ、偉大なる邪馬台国という幻影を作りだした中国の内部事情とはどんなものだったのか、それをこれから説明しよう。話は一世紀末の、後漢時代にさかのぼる。

紀元九〇年のこと、天山《てんざん》山脈の南のホタン（新疆《しんきょう》ウイグル自治区の和田）に駐屯していた後漢《ごかん》の将軍・班超《はんちょう》のもとへ、西方からクシャン王の使者がはるばるやってきて、中国の皇女を王妃にもらいたいと申しいれた。班超は皇帝にとりつぐのをことわって、その使者を追い返した。クシャン王は怒り、副王に七万の大軍を率いて遠征させた。班超の指揮下の兵力は少なかったので、中国兵はみな大いに恐れた。班超は部下をさとして言った。

「クシャンの兵は多いが、数千里もパーミルを越えてくるのだから、食糧を持ってくるわけはない。何で心配の必要があろうか。こちらは穀物を城内に収めて堅く守ってさえいれば、連中は食うに困って自分から降伏するだろう。数十日をすぎずに決着がつくよ。」

クシャン軍が侵入してきて攻めたが、班超の城は下らず、掠奪しようにも獲物はない。班超は、そろそろ敵の食糧がなくなるころだから、きっとクチャ（庫車）から食糧を手に入れようとするだろうと見当をつけ、数百の兵を送ってホタンからクチャに向かう街道に網を張らせた。果たしてクシャンの副王は騎兵隊を遣わし、金銀珠玉《しゅぎょく》を贈り物としてクチャに向かわせた。班超の部下はこれを遮《さえぎ》って一行をことごとく殺し、その首をクシャンの副王に見せびらかした。副王は大いに驚き、班超と和解して軍を引きあげた。これから後漢の中国とクシャンは友好関係を結び、定期に使者を交換するようになった。

班超の息子の班勇《はんゆう》も、一二〇～一二七年に西域で活躍したが、『後漢書』の「西域伝《さいいきでん》」に班勇が在任中に作った報告書の内容を載せてある。そこではクシャン王国は「大月氏《だいげつし》国《こく》」と呼ばれ、その都の「藍氏城《らんしじょう》」は、後漢の都の洛陽を去ること一万六千三百七十里、戸数は十万、口数は四十万、兵力は十余万人だと言っている。クシャン族はもともとパーミルの西のワハン渓谷に住んでいたらしいが、この時代にはアフガニスタンのカーブルの近くのカーピシーに都を移し、アフガニスタン、カシミールからパキスタンまで支配していた。藍氏城は、その距離から見てカーピシーのことで、今のベグラムの遺跡である。クシャンの歴史は記録が少なくてよく分からないが、班勇の時代よりも少し後、二世紀の半ばになって、カニシカ王のもとに中央アジアから南アジアへかけての大帝国に成長したことは確かである。カニシカ王は仏教の保護者として有名で、そのもとにガンダーラ美術が栄えた。

ところがこのクシャン帝国、中国人のいう大月氏が、のちの邪馬台国の女王・卑弥呼と、ひとかたならぬ深い関係があるのである。そして班超・班勇父子の時代にも、西域の情勢と日本列島の原住民とが、中国の内政に大きな影響をおよぼした事件があった。それは一〇七年の倭国王・帥升《すいしょう》の使者の来訪である。

班超は七三年にはじめて西域に出て、三十年にわたって活躍し、一〇二年に洛陽に帰って間もなく死んだ。ちょうどその年、当時の後漢の皇帝であった和帝《わてい》の皇后・陰氏《いんし》の一族が逮捕され、獄中でみな命を失なった。罪名は、皇后が皇帝と夫婦仲が悪く、呪詛《じゅそ》で愛情を取り返そうとしたということだが、宮中のことだし、どこまで本当か分かりはしない。何か裏面で政治的な動きがあったのだろう。陰皇后は廃位され、すぐ死んだ。皇后の父は自殺し、兄弟はヴェトナムに流された。

陰皇后に代わって宮中で勢力を持ったのは、陰家と同じ名家だった鄧《とう》家の出身の美少女で、名を綏《すい》といった。頭もよく学問もあり、陰皇后の失脚とともに新しい皇后に立てられたが、行動は慎重で、急に鄧氏の一族の地位を進めたりはせず、もっぱら宮中の人望を集めるように控え目にふるまった。

その三年後、和帝が死んで、いよいよ鄧氏の時代がやってきた。鄧太后は、民間から和帝の落とし種の、生まれてまだ百余日の皇子を探しだしてきて帝位につけ、自ら政権を握った。ところがこの赤ん坊皇帝は、その翌年に死んでしまった。これが殤帝《しょうてい》である。しかたがないので、鄧太后は今度は亡夫の弟の息子を連れてきて立てた。これが安帝《あんてい》である。運の悪いことに、この数年間の中国は異常気象で大雨が続き、収穫が減った。そのうえ、班超がいなくなったあとの西域では、諸国がことごとく叛《そむ》き、西域都護《とご》の駐在するクチャとの連絡さえとれなくなったので、一〇七年、後漢は中央アジアを放棄して、西域都護を廃止し、屯田兵《とんでんへい》を内地に引きあげた。それればかりでなく、甘粛《かんしゅく》方面の辺境の遊牧民である羌族《きょうぞく》が、西域方面に動員されたのを嫌って大規模な反乱を起こした。また東北方面では、いまの中鮮国境の山中の高句麗《こうくり》族が強大になって、さかんに中国領に侵入して掠奪を働くようになった。

このような困難な局面を乗りきるために、鄧太后は政府の最高責任者たちの首を切って自派でおきかえたが、今度はその自派の中に分裂が生じた。鄧太后は女だから、大奥と表との間の連絡係がいる。中国ではこれは伝統的に宦官《かんがん》、つまり去勢された男たちだが、鄧太后が実権を握って以来、宦官たちが勢力を持つようになった。鄧太后派の官僚は宦官と反目して、近衛《このえ》兵を動かして宦官を一掃しようとした。しかしこのクーデターは失敗し、鄧太后と皇帝の廃位をねらった陰謀と非難されただけだった。

「漢委奴国王」の演出

朝貢国とは友好国

こうして後漢の中央政府が動揺しているとき、この危機を乗りこえる手段として、倭国王の使いの来訪が演出された。だいたい国内のトラブルを乗り切るのに、外交問題を利用するのは、どの国の政府もよく使う手だが、第一章でも述べたように中国ではことにそうで、皇帝はどの時代でも、外国から友好使節が表敬訪問にくるように熱心に工作し、費用は全額中国持ちで、下にもおかずもてなす。

外交は、中国の内政にとってそれほど重要なもので、これは中国が雑多な民族の寄り合い所帯だから、実力だけでは統一が保てないからだが、この重要な外国使節の表敬訪問のことを、中国の伝統的な用語では「朝貢」というのである。だから、朝貢国とは、友好国というだけの意味である。

金印の国王号

鄧太后の当時から半世紀前の五七年、後漢の光武帝《こうぶてい》は北九州の原住民の酋長に「漢委《かんわ》奴国王《なこくおう》」の金印を与えた。もともと倭国王というものは、日本列島の原住民が自力で政治的に成長して倭国と呼べるような国家組織を作り、その倭国を統治するのが倭国王になった、という性質のものではない。中国の皇帝が、韓半島の楽浪郡という中国の出先機関を通じて貿易関係のある倭人の酋長のなかから、博多港の酋長を選びだして、これに王の称号を与え、中国商人の保護と、倭人との交渉の窓口になることを委託したのが実情で、こうしてまず倭国王が中国の手で作りだされた。倭国王の肩書きを持つ酋長は、貿易特権と引きかえに、中国の利益を守る、いわば名誉総領事のようなものだったのである。

これは光武帝の中国再統一に先だつ二十年にわたる戦乱で、中国の人口が六千万人からわずか四分の一の千数百万人に激減して、楽浪郡がもはや倭人の百余国との貿易の世話を見きれなくなったための措置《そち》だった。

百余国といっても、現代の感覚でいうような、政府を持ち、国民を持ち、領土を持ち、国境を持つ国家ではない。古い中国語では、「国」は「郭」と同じで、城郭、つまり城壁をめぐらした都市のことである。そしてこうした「国」は、もともと市場を中心としてその周囲に人が住みついて発達したものである。

倭人の百余国も、紀元前一〇八年に前漢の武帝が平壌の朝鮮王国を征服して、半島に楽浪郡をはじめとする四つの郡をおいてから、日本列島に中国商人がさかんに来訪しだして、各地に成長した市場を中心に育ってきたものである。都市ではあっても国家では

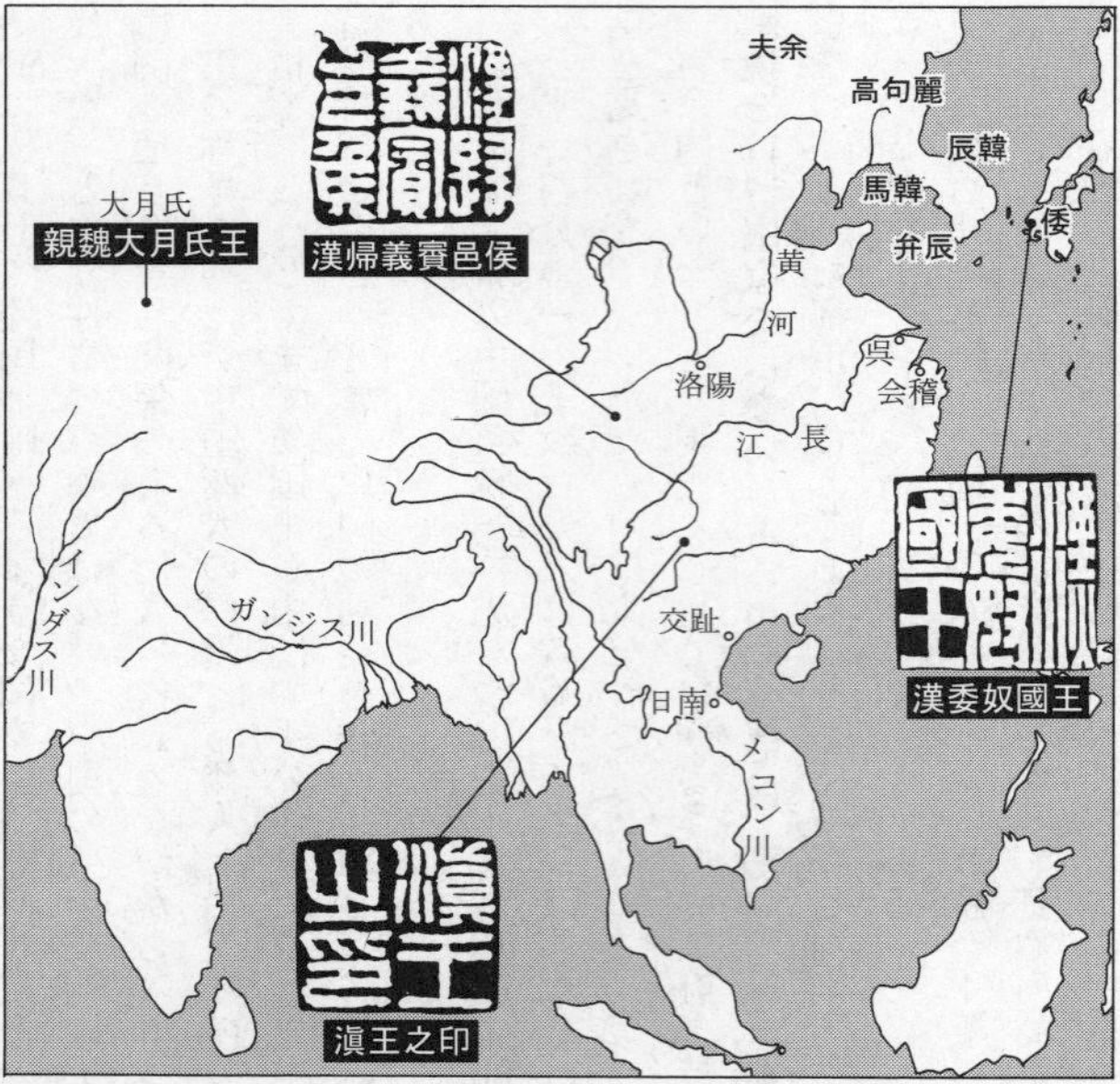

漢時代の王・侯の金印（印面の寸法は約60%で、正比例）

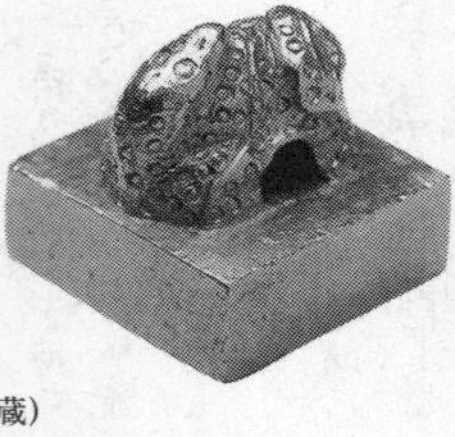

漢委奴國王印
(福岡市博物館蔵)

後漢　184年　黄巾の乱

なく、まして王などいなかった。そこへ中国の指名で倭国王が出現し、中国貿易の認可権を独占すると、倭人の諸都市は博多の倭国王に冥加金《みょうがきん》を払わなければならなくなり、経済的な系列化が進行する。これが倭国王の実体である。

ところで金印の国王号といえば、中国のシステムでは友好国の中でいちばんランクが高い。そこで、後漢側からの働きかけで、一〇七年、倭国王・帥升の使いが生口《せいこう》百六十人を献じ、請見《せいけん》を願う、つまり王自身、中国を訪問し鄧太后の政権に敬意を表したいと申しださせたのだ。これは全く中国の内政上の必要から、国内向けの宣伝のためにやったことである。もちろん倭国王は洛陽まできはしなかったし、この朝貢は倭人の側に動機があったのでもなかった。

これと同じことが、女王・卑弥呼の場合にも起こった。

二世紀後半の中国の大混乱

後漢の中国の社会は、一八四年にいたって、全国的に爆発した黄巾《こうきん》の乱（宗教秘密結社の反乱）で、めちゃめちゃになった。これは都市に集中した貧民たちが、生活が思ったほど良くならないのを不満として起こしたものだったが、装備も訓練も政府軍におよばず、結局鎮圧されてしまった。

ところが、政府軍を指揮する将軍たちが今度は実権を争って、洛陽はクーデターの打ち合いの舞台となり、皇帝はあってなきがごとく、たちまち全国各地はそれぞれ自分に忠誠な軍隊を握る将軍たちに分割されてしまう。

しかも、内戦が続いて人手がとられ、農業に手がまわらないので、深刻な食糧不足に陥り、人口は五千万人強から一挙に十分の一以下の五百万人弱まで落ちこんで、これから四百年以上ものあいだ回復できない痛手を受けた。そのうち半分の二百五十万人を支配したのが華北《かほく》の曹操《そうそう》、残りの百五十万人は江南《こうなん》の孫権《そんけん》、百万人は四川《しせん》の劉備《りゅうび》が支配して、ここに三国時代となるのである。

この中国の大混乱と人口の激減のあおりで、それまで中国貿易の利権のうえにあぐらをかいていた博多の倭国王はひとたまりもなく失脚してしまった。これが「魏志倭人伝」の「倭国は乱れ、あい攻伐《こうばつ》して年を歴《へ》たり」である。そこで「鬼道《きどう》につかえてよく衆を惑わし、年はすでに長大なるも夫婿《ふせい》なき」卑弥呼がかつぎだされた。

「鬼道」というのは当時の用語で、一九〇～二一五年のあいだ、陝西《せんせい》の南部から四川の東部にかけて宗教共和国を建設した五斗米道《ごとべいどう》教団の神々のことである。卑弥呼は単なる倭人の女シャマンなどではなく、中国商人が日本列島に持ちこんだ秘密結社組織の祭司だったのであり、倭人の諸国の市場を横に連ねる華僑のネットワークのうえに乗っていたからこそ、中国皇帝の後ろ盾なしでも、何とか秩序を保てたのだ（『倭国』六三～六五頁参照）。しかしそれは、倭人の酋長たちのあいだに、他を圧倒する実力者が誰もいなかっただけの話で、卑弥呼自身には政治力はなかった。

このころ韓半島では、楽浪郡は弱体化して、その勢力は北部の大同江の渓谷にしかおよばなかった。そこへ二〇四年、遼寧省の遼陽で独立していた公孫度《こうそんたく》という将軍が死んで、息子の公孫康《こうそんこう》が後をつぎ、帯方郡という機関を漢江の渓谷に新設して、半島の中部・南部から日本列島に通じる貿易ルートの開拓に力を入れはじめた。この帯方郡が、卑弥呼の組織と接触したことは十分考えられるが、倭国王の称号を卑弥呼に与えたかどうかは不明である。

三世紀の東北アジアと中国

『三国志』時代

一方、華北の平原で勢力を築いた曹操は、自分では皇帝になろうとせず、後漢の最後の皇帝を名目だけの君主として洛陽においていた。その曹操の部下で、西北の陝西・甘粛方面の防衛を担当した司令官は夏侯淵《かこうえん》で、曹操の同郷人でもっとも信頼された将軍だったが、二一九年、出撃してきた劉備に敗れて戦死した。その後任に曹操が選んだのが、曹真《そうしん》という将軍で、曹操の一族だった。曹真の在任中、西北辺境方面に対する工作は大いに成績があがった。

曹操はその翌年の二二〇年に死んだ。曹操の息子の曹丕《そうひ》は、後漢の皇帝を退位させ、自分で皇帝になって魏朝《ぎちょう》を開いた。これが魏の文帝《ぶんてい》である。

曹真が西北方面を担当している間、南方の湖北《こほく》方面の前線を守ったのは司馬懿《しばい》という将軍で、文帝の即位前からの御学友だった。また東南方の安徽《あんき》方面に駐在して呉の孫権に対抗したのは、やはり文帝の一族の曹休《そうきゅう》だった。

現代の中国の人民解放軍で目立つ現象だが、いくつもの省にまたがる大軍区の司令員は、軍事ばかりでなく、地区の行政や党務にも大きな実力を持っていて、その意に反した人事など不可能である。これは人民革命をなしとげたのが、実は中国共産党ではなくて人民解放軍であり、党は軍のあとについていったものだからだが、三国時代でも同じことだった。ことに一八四年の黄巾の乱以来、果てしのない戦乱のため、中国の人口は激減し、以前の十分の一以下になっており、わずかな生き残りの人手をフルに利用しなければ、食糧の生産も、軍隊の維持もむずかしい状況だった。そこで曹操は、行政と軍事のあいだの垣根をとりはらい、地方行政官が軍司令官を兼任することにした。その結果、将軍たちはそれぞれの地区に根をおろして、子飼いの軍隊を率いる、事実上の軍閥になっていった。

友好国に働きかけて、朝貢使節団を呼び寄せるのは、各方面の国境の防衛を担当する軍司令官の腕だったが、魏の文帝の時代にいちばん成績をあげたのは曹真だった。文帝の即位した二二〇年には、曹真の工作のおかげで、焉耆《えんぎ》（カラシャール）王・于闐《うてん》（ホタン）王の使いが朝貢したし、二二二年には鄯善《ぜんぜん》（楼蘭《ろうらん》）王・亀茲《きじ》（クチャ）王・于闐王の使いがやはり朝貢した。魏はこれらの諸国に正式の答礼使を派遣し、国交を樹立して、中国側の窓口として、トゥルファン盆地のヤールホトに戊己《ぼき》校尉《こうい》の官をおいた。こうした西域諸国からの友好使節団の来訪は、王朝を建てたばかりの魏にとっては、まことに心強く、また必要なものだった。

文帝は二二六年に死に、息子の明帝《めいてい》が二十三歳の若さで帝位を継ぐことになった。文帝の遺言により、実力者の曹真・曹休・司馬懿と、近衛部隊司令官の陳群《ちんぐん》の四人が新皇帝を後見することになった。つまり集団指導制である。

明帝の時代になっても曹真の働きは目ざましく、二二七年には焉耆王が王子を送ってきて魏の宮廷に留学させた。そして二二九年には、大月氏王・波調《はちよう》の使いが来訪した。大月氏すなわちクシャンで、波調はカニシカ王の二代あとの王、ヴァースデーヴァのことである。

なにしろ、東は今の新疆ウイグル自治区の西部からトルキスタン、アフガニスタン、パキスタン、北インドまで支配する大クシャン帝国からの表敬訪問だから、魏がこれを大々的に宣伝に利用しないわけがない。ヴァースデーヴァには「親魏大月氏王」の称号を贈って、これほどの大国に支持されていることを、国の内外に誇示した。これでまた、曹真の株が一段とあがったことは言うまでもない。

ところが、これだけ成績をあげた曹真は、二三一年に病死した。ちょうどそのとき蜀《しょく》の諸葛亮《しょかつりょう》（孔明《こうめい》）が、軍を指揮して秦嶺《しんれい》山脈を越えて陝西に攻めこんできた。この危機を救うために、明帝は司馬懿を南方から移して西安《せいあん》に駐在させ、諸葛亮に対する防衛を担当させた。中国の軍隊は昔も今も、国家ではなく司令官個人に忠誠を誓うもので、本来なら、魏の西北方面軍は曹真の嗣子《しし》の曹爽が指揮すべき筋合いのものだった。しかしまだ若すぎたから、司馬懿が曹真の地盤を一時預かったのである。

諸葛亮はその後、二三四年にも大挙して侵入してきた。司馬懿が慎重に魏軍の兵力を温存して決戦を避けているうちに、諸葛亮は五丈原《ごじょうげん》で病死した。これを聞いた司馬懿がひきあげる蜀軍を追撃したところ、蜀軍が反撃の構えをみせたので、司馬懿は実は諸葛亮は生きているのではないかと疑って、追撃を中止した。これが有名な「死せる諸葛（孔明）が生ける仲達《ちゅうたつ》（司馬懿）を走らす」の故事である。

東方問題

これ以後、蜀とは自然休戦の状態で、西方は安全になったので、魏の明帝は東方の問題を解決しようとした。

このころの遼陽の公孫氏政権の当主は公孫淵であった。呉の孫権は二二九年、正式に皇帝を名のり、魏と対決の姿勢を示した。孫権の戦略は、海上から魏の背後をおびやかすことで、武漢《ぶかん》から南京《なんきん》に都を移すと、すぐ公孫淵に働きかけはじめ、二三二年、使者を遼陽に遣わして軍馬を買いいれようとした。魏の明帝はこれを気にして、河北・山東の軍隊に命じ、陸海から公孫淵を討伐させたが成功しない。公孫淵は自衛上、二三三年に南京に使者を送り、呉に同盟を申しいれた。孫権は大いに喜んで、公孫淵に燕王《えんおう》の称号を授け、一万人の将兵を船に乗せ、かずかずの珍宝の贈り物とともに海上から遼陽に送りこんだ。ところが公孫淵は、呉があまりに遠方で、まさかの時にあてにできないのを知っているから、呉との同盟にあまり深入りするつもりはもともとない。そこで公孫淵は、呉人の一行を抑留して贈り物の金銀財宝を着服し、呉の正使の首を斬って魏の洛陽に送り、誠意のあかしとして明帝と和解した。

これを知った呉の孫権は、公孫淵に翻弄されたと悟って激怒し、何が何でも自ら出陣して、海上から公孫淵を征伐し、首を斬って海に投げこんでやらなければ人にあわせる顔がない、と言いはったが、群臣になだめられてやっと収まった。

公孫淵に抑留されていた呉の使節団員四人が脱走し、鴨緑江の上流、山の中の高句麗国に逃げこみ、東川王《とうせんおう》の保護を受けて帰国してきた。これから呉と高句麗の同盟が成立したが、孫権は今度は高句麗に海上から軍隊を送りこもうとした。しかし、東川王は呉の使者の首を斬って、魏の前線司令部のある北京に送った。高句麗は公孫淵と対立状態にあったから、これによって魏の歓心を買おうとしたのである。

こうしたいきさつがあって、魏は、東北の公孫淵と東南の孫権の連合がいつまた再現するかと心配していたが、諸葛亮の死で西方の脅威が減少したのを幸い、二三七年、第二回の公孫淵討伐に着手した。

今度は、司馬懿の人脈につながる毋丘倹《ぶきゅうけん》という将軍が南方正面から北京に転出して指揮をとり、遼陽に向かって進軍した。ところが雨が十余日も降り続いて遼河が大増水したため、魏軍は行動の自由を欠き、なすところなくひきあげた。だいたい、遼寧の河川は冬は水位が低く渡りやすいのだが、厳寒のため軍隊の作戦には不向きである。といっても、夏は雨季だから渡りにくく、そのおかげで公孫氏は、五十年にわたって独立を保てたのである。

司馬懿の勃興

ここにいたって公孫淵は魏と断交し、燕王と自称して独立を宣言、ふたたび呉と同盟を求めた。魏の明帝は二三八年、司馬懿を西安から召還し、四万の兵を率いて第三回の公孫淵征伐に出発させた。その夏、司馬懿の軍は進攻して遼陽城を包囲したが、またも長雨が降って遼河があふれ、魏軍の陣地は水びたしになった。しかし司馬懿はあわてず、雨が止むのを待って包囲陣の工事を完成し、昼夜をとわず攻撃を続けた。秋にいたって遼陽城中は食糧が不足して人心が動揺しはじめた。

たまたま大流星が白く輝く尾をひいて遼陽の上空を飛び、城外の河の中に落ちた。これを見て城中は大騒ぎとなり、恐怖にかられた公孫淵は、数百騎とともに囲みを破って東南へ脱出しようとしたが、魏軍に敗れて斬られた。場所は、ちょうど流星の落ちた所であった。遼陽に入城した司馬懿は、城中の七千余人を殺して死体のピラミッドを築き、戦勝の記念とした。この作戦と並行して、魏軍の別働隊は山東半島から黄海を渡って韓半島の西岸に上陸し、楽浪郡・帯方郡を征服した。こうして公孫氏政権は亡びて、東北アジア一帯は司馬懿の地盤となった。

このころ洛陽では、明帝が死の床についていた。明帝には実子がなかったので、養子の斉王《せいおう》・曹芳《そうほう》を後継ぎに定め、伯父の燕王《えんおう》・曹宇《そうう》を後見人に指名した。ところで明帝の側近には、首席秘書官の劉放《りゅうほう》と次席秘書官の孫資《そんし》という二人がいて、信任が厚く、大臣たちの会議の決議でも、明帝は二人の賛成がなければ実施しなかった。しぜん二人は、燕王・曹宇一派の将軍たちからよく思われていなかった。たまたま燕王派の二人の将軍が、宮中で時報用に飼っている鶏の樹を見ながら、「樹が倒れれば、こいつらも長いことはない」とささやき合ったのを小耳にはさんだ劉放・孫資は、身の安全を心配して大いに恐れた。病床の明帝を説いて、むりやり燕王・曹宇の解任命令にサインさせ、代わりに曹真の息子の曹爽《そうそう》を後見人に指名させた。しかし年の若い曹爽だけでは荷が勝ちすぎるので、公孫淵征伐が終わって帰ってくる途中の司馬懿をも後見につけた。

司馬懿は、遼陽から帰還の途中、解任前の曹宇からの指令で、洛陽に立ち寄らず西安に直行するところだった。早馬で呼び寄せられ洛陽に急行、明帝の臨終に間にあい、曹爽とともに八歳の新皇帝の後見をくれぐれも頼むとの遺言を受けた。明帝は死んで、斉王が新皇帝となった。二三九年の正月のことである。

かつて文帝の死に際して、明帝の後見を託された四人の重臣のうち、曹真・曹休・陳《ちん》群《ぐん》はすでにこの世になかった。司馬懿は今や老臣の筆頭である。そのうえ、古くからの地盤の河南に加えて、新たに征服した東北方面にも勢力を植えつけ、さらに曹真の死以来預かってきた西北方面にも発言権を持つ、おしもおされもしない魏朝宮廷の第一人者になった。

「親魏倭王」卑弥呼の誕生

大国・邪馬台国のデッチあげ

これに対して曹爽は、実権を自分の手中に収めるため、周囲に多数の若く有能な官僚を集める一方、司馬懿には太傅《たいふ》（皇帝の最高顧問）の肩書きをはじめとして、あらゆる栄誉を捧げて祭りあげる方策をとった。その一環として演出されたのが、邪馬台国の女王・卑弥呼の朝貢である。

先に言ったとおり、曹爽の父の曹真は、西域諸国の工作に成績をあげた人で、そのハイライトは二二九年のクシャン王・ヴァースデーヴァの使節の中国訪問である。これを喜んだ魏の明帝は、ヴァースデーヴァに「親魏大月氏王」の称号を贈って内外に宣伝し、あわせて曹真の面子《めんつ》を立てた。ここにいたって、曹爽をはじめとする魏の宮廷は、司馬懿にも同等の名誉を与えることにした。そこで、新たに司馬懿の勢力圏に入った東北方面から、なるべく遠くの酋長として、倭の邪馬台国の女王が選ばれ、帯方太守・劉夏《りゅうか》の働きかけで、二三九年（明帝の死と斉王の即位の年）内に、早くも卑弥呼の表敬使節団が洛陽に到着した。司馬懿の面子を立てるため、ヴァースデーヴァと同格の「親魏倭王」の称号が卑弥呼に贈られた。

しかし、これはいかにも無理があった。「親魏大月氏王」のヴァースデーヴァは、クシャンという大帝国の君主なのに、「親魏倭王」の卑弥呼は、倭人の三十国すべてに君臨するわけでもない。伊都国には、紀元五七年に後漢の光武帝から「漢委奴国王」の金印を与えられた倭奴国王の後裔が残っているし、狗奴国の男王・卑弥弓呼は卑弥呼と張りあっていて、統一など思いもよらない。卑弥呼は、このような倭人諸国の名目上の代表として、魏の皇帝に選ばれただけのことである。

しかし「親魏倭王」の称号の手前、卑弥呼はヴァースデーヴァと同格の帝王、邪馬台国はクシャン帝国と同等の遠方の大国にしたてあげられなければならなかった。これは全く中国の内政上の事情、それも曹爽と司馬懿の間の面子の問題だったが、こうして無理に無理を重ねて作りだされたのが、「魏志倭人伝」の道里と方向、それに諸国の戸数なのである。

邪馬台国の道里と方向

「魏志倭人伝」から、帯方郡より邪馬台国にいたる道筋を書き抜いてみよう。

(1) 帯方郡から倭にいたるには、海岸沿いに航行し、南へ向かったり東へ向かったりしながら、狗邪《くや》韓国《かんこく》にいたるまでが七千余里。
(2) 一海を渡ること千余里で対馬国。
(3) 南へ一海を渡ること千余里で一支国。
(4) 一海を渡ること千余里で末盧国。
(5) 東南へ陸行すること五百里で伊都国。
(6) 東南へ百里で奴国。
(7) 東行すること百里で不弥国。

(8) 南へ水行二十日で投馬国。
(9) 南へ水行十日、陸行一月で邪馬台国。
(10) 帯方郡から女王国にいたるまで一万二千余里。
(11) 倭地は周旋《しゅうせん》五千余里ばかり。

要するに、韓半島の中部の帯方郡から、半島の東南端の金海《きんかい》の狗邪韓国までが七千余里、そこから女王の都の邪馬台国までが五千余里、合計が一万二千余里ということである。

中国の一里は三〇〇歩。一歩は左右の足を一回ずつ前に出して歩く距離、つまり一複歩。一歩を一・五メートルとすれば、一里は四五〇メートル。換算すると、帯方郡から七千余里の狗邪韓国は小笠原諸島あたりで、韓半島はインド亜大陸ほどの巨大な陸地になってしまう。さらにそこから五千余里というと、邪馬台国はグアム島あたりまでいってしまう勘定になる。どう逆立ちしても、日本列島の中には納まらない。

しかし、おかしいのは「魏志倭人伝」だけではない。「倭人伝」に先立つ「韓伝」も、韓半島南部の韓族の住地について、「方四千里ばかり」と言っている。三十八度線以南の半島のサイズは、どう見ても東西七百里、南北一千里ぐらいで、「方千里ばかり」ならいいが、「方四千里ばかり」では話にならない。しかしこれは誤記ではなく、帯方郡から狗邪韓国までを七千余里としたのとつじつまを合わせたから、こんなべらぼうな数字が出てきたのである。すべては、帯方郡から邪馬台国までを一万二千余里とする政治上の必要から起こったのである。

最初に言ったことだが、後漢の西域長史・班勇の報告では、クシャン帝国の都カーピシーは、洛陽を去ること一万六千三百七十里である。邪馬台国はどうかというと、出発点の帯方郡の位置が正確には分からないが、平壌の楽浪郡の南方からそれほど遠くない、漢江渓谷のソウルあたりだったにちがいない。その楽浪郡は、『続漢書』の「郡国志」によると、洛陽を去ること五千里となっている。これはきわめて正確な数字である。

現代の鉄道のマイル数でいくと、洛陽―鄭州間が七四・五マイル、鄭州―北京間が四三一・二マイル、北京―瀋陽間が五五二マイル、瀋陽―平壌間が一四六・六マイルで、合計一二〇四・三マイル、換算すれば約五千里になる。この五千里に、「魏志倭人伝」の「一万二千余里」を加えると、洛陽から邪馬台国までは一万七千里ほどになり、クシャン帝国の都とほぼ同じ距離になる。

邪馬台国の人口

また「魏志倭人伝」の人口のほうも、同じように作った数字である。念のため、諸国の戸数をあげよう。

（1）対馬国………千余戸

(2) 一支国……………三千余家
(3) 末盧国……………四千余戸
(4) 伊都国……………千余戸
(5) 奴国………………二万余戸
(6) 不弥国……………千余家
(7) 投馬国……………五万余戸
(8) 邪馬台国…………七万余戸

これを合計すれば十五万余戸で、クシャンの十万戸に匹敵する。ことに女王の都の七万余戸は、当時の人口の激減した中国から見ると驚くべき大きな数字である。『晋書《しんじょ》』の「地理志」によると、洛陽を含む河南郡の戸数は、十二県で十一万四千四百戸となっている。洛陽だけでは恐らく十万戸以下で、邪馬台国の七万戸と同程度だったにちがいない。

こうした倭国の戸口《ここう》の数字も、卑弥呼が遠方の大国の君主だというフィクションを支えるためにでっちあげたものなのだ。こんな史料をもとにして、日本の古代史を論じたところで、どれほど真相に迫れるやら、まことに心細いかぎりである。

さて、「魏志倭人伝」では、南へ南へと進んで邪馬台国に達するように書いてあり、「その道里を計れば、まさに会稽《かいけい》の東冶《とうや》の東に在るべし」と言う。これは福建省の福州市と同じ北緯二十六度ぐらいという意味である。これが嘘なことは言うまでもない。これもためにする宣伝である。

前に言ったように、司馬懿の公孫淵征伐は、呉の海上活動に魏が背後をおびやかされたために行なわれたのである。もし公孫淵征伐の成功のおかげで、新たに友好国となった邪馬台国が、呉の背後の熱帯の大国だとすれば、魏は邪馬台国を通じて呉を逆に背後からおびやかせることになる。そうすれば、司馬懿の勲功はいっそう高くなる。邪馬台国の方位は、そうした政治的な意図をひめた歪曲である。

晋朝の創業

晋朝と「倭人伝」

さて、曹爽は、父の曹真の古い地盤だった西北を司馬懿の手から回収するため、二四四年、十余万の兵を率いて西安を出発し、蜀の征伐に向かった。もちろん、司馬懿は危険だと反対したが、曹爽は本気で戦争するつもりはなく、蜀軍と交戦しないでひきあげた。つまり、合法的に司馬懿系の人脈を排除して、父の系統でおきかえる隠れみのだったのである。

これに対して司馬懿も負けてはいない。同年から二四六年にかけて、子分の毋丘倹らに命じ、東北境外の諸民族に対して大々的な軍事行動を行なわせ、高句麗の王都を占領して王を亡命させ、魏軍の進軍は夫余《ふよ》、沃沮《よくそ》、挹婁《ゆうろう》、濊《わい》、韓の諸国におよんだ。倭の女王・卑弥呼の大夫の難升米《なんしょうべい》に黄幢《こうどう》（軍旗）を授けたのも、この作戦の一環だった。司馬懿はこれで東北の足場を固めるとともに、戦果を誇示して、曹爽派との権力闘争の武器にしようと図った。

その後、卑弥呼は二四七年に死んで、一族の十三歳の少女の台与《だいよ》が女王に立てられる。

ところで、司馬懿にとって運のいいことがおこった。十六歳に達した皇帝が、同年輩の仲間を集めて乱暴な遊びにうつつをぬかすようになり、皇帝の側近を固める曹爽派の新官僚の責任が問われるようになったのである。司馬懿は、明帝の未亡人の皇太后が現皇帝とはなさぬ仲なのにつけこんで、ひそかに連絡をとった。卑弥呼の死の二年後の二四九年正月、明帝の命日に皇帝と曹爽らが洛陽城を出て、城南の洛河を渡り、大石山のふもとの明帝の墓・高平陵《こうへいりょう》に参りにいった留守に、クーデターをうった。皇太后の命令で洛陽の城門をことごとく閉じ、武器庫をおさえ、近衛部隊の指揮権を接収して、皇帝に曹爽派の解任を要求した。これが成功して曹爽派はことごとく失脚、逮捕されてあっけなくみな殺しにされた。

この二四九年のクーデターで、魏朝の全権は司馬懿の手中に帰した。しかし、もう七十一歳の高齢だった司馬懿は、翌々年の二五一年に死んだ。長男の司馬師《しばし》が後をつぎ、二五五年に司馬師が死ぬと、弟の司馬昭《しばしょう》が後をついだ。

『晋書』の「四夷列伝」に、倭人は「文帝（司馬昭）が相《しょう》となるに及んで、またしばしば至った」とあるから、邪馬台国の女王・台与は、因縁の深い司馬家と交際を続けていたのである。

二六五年に司馬昭が死んで、息子の司馬炎《しばえん》が、もはや名目だけの皇帝だった魏の元帝を廃位し、自ら皇帝となって晋朝を開いた。これが晋の武帝である。倭の女王はさっそくその翌年、使者を晋に送って祝意を表している。

そうみると、二四九年のクーデターが、事実上の晋朝の創業だった。そして、それを可能にしたのは、公孫淵征伐の成功と東北の地盤だった。この事情が「魏志倭人伝」の成立の背後にあるのである。

晋朝の時代にも、東北は帝室の創業の地として重視された。衛瓘《えいかん》という人は、さきに蜀を征服した魏軍の将軍たちが、成都《せいと》で同士討ちを演じて遠征軍が混乱に陥ったとき、うまく収拾した功績があった。その手腕を買われて、二七一～二七八年、北京に派遣され、東北辺境の統治を担当した。その在任中から、東夷の諸国の朝貢使がほとんど毎年、洛陽の晋朝の宮廷を訪問するようになり、東夷の実情はこの時代の中国人にはよく知られていた。

『三国志』成立の事情

張華の活躍

衛瓘の次に、この方面で成績をあげたのは張華（二三二〜三〇〇）である。張華は北京の近くの固安《こあん》県の出身で、若いときは貧乏で羊飼いをしたほどだが、才能を同郷人の劉放に認められてその娘と結婚し、その縁で司馬昭の秘書室に勤めるようになった。武帝が即位すると次席秘書官に任命され、重要な決定に参画した。

しかしその影響力を貴族の有力者に憎まれて、東北辺境の司令官に出され、「持節《じせつ》・都督《ととく》幽州諸軍事《ゆうしゅうしょぐんじ》・領烏桓校尉《りょううがんこうい》・安北将軍《あんほくしょうぐん》」の肩書きで幽州《ゆうしゅう》（北京）に駐在した（二八二〜二八七）。その結果は『晋書』の「張華列伝」に、「東夷の馬韓の新弥《しんみ》の諸国の、山に依り海を帯び、州（幽州、北京）を去ること四千余里で、歴世《れきせい》いまだ附しなかった者の二十余国が、並びに使いを遣わして朝献した」とあるとおりで、晋の勢力は韓半島に深く浸透した。

しかし、あまりに成績があがりすぎて、張華は再び危険視され、中央に召還された。

晋の武帝の死後、後をついだ恵帝《けいてい》とその妻の賈《か》皇后が、政権を握る武帝の未亡人の楊太后の一族と反目し、二九一年、賈皇后は軍隊をひきいれてクーデターをうち、楊家をことごとく滅ぼした。このクーデターには張華も加担して、中央の実権を握り、皇帝の首席秘書官、副総理の地位を占めた。しかし、三〇〇年にいたって第二のクーデターで賈皇后の一族が打倒されたとき、張華も殺された。

『三国志』の著者・陳寿

この張華の庇護を受けたのが、『三国志』の著者・陳寿である。陳寿は蜀の人で、官職についていたが、父親の服喪中、病気になり、女中に丸薬《がんやく》を作らせた。儒教では「三年の喪」といって、二十五カ月間は厳重に謹慎して引きこもらなければいけない。ことにセックスのタブーがきついのだが、陳寿は病臥中とはいえ、異性を自分の寝室に立ちいらせたのである。これを見た見舞い客が言いふらし、世間に排斥されて、陳寿は失脚した。蜀が亡びても、これがたたって浮かびあがれなかったが、張華が陳寿の才を愛して推薦してくれたので、晋朝の編纂官に任命されて『三国志』を書いたのである。

張華は陳寿を武帝に推薦して秘書官にしようとしたが、張華を憎む重臣の風当たりが強く実現しなかった。呉を滅ぼした将軍・杜預《とよ》の推薦で、陳寿はやっと法務顧問官に任命されたが、母親の死によって休職しなければならなくなり、そのうえ母の遺言にしたがって、洛陽に葬ったために、郷里に帰ろうとしない不孝者と非難され、またも失職した。それから何年かたって、皇太子付きに任命されることになったが、就任にいたらないうちに、陳寿は病死した。そのころ張華は二九〇年のクーデターで中央政界に復活し、大きな実権を握っていた。その後援で『三国志』を公認するよう請願が出て、勅令をもって正史の資格が『三国志』に与えられ、後世に伝わることになった。

こうしたいきさつがあってできたのが『三国志』であり、その一部分が「魏志倭人伝」なのだから、著者の陳寿の立場としては、たとえ真実でも、晋の帝室の名誉にかかわることを書くわけにはいかず、嘘と分かっていても、政治の建て前ならば書かずにすますわけにはいかない。そんなことをすれば、自分ばかりかパトロンの張華にもわざわいがおよぶからである。『三国志』の「魏書」に、外国関係の巻としては「烏丸・鮮卑・東夷伝」しかなく、「西域伝」を立てていないのはこのためである。

「西域伝」を書くとすれば、当然、「親魏大月氏王」ヴァースデーヴァに触れなければならないが、それでは司馬懿が暴力で倒した政敵の曹爽の父である曹真の功績をたたえることになる。陳寿に「西域伝」が書けるわけがない。

これにひきかえ「烏丸・鮮卑・東夷伝」は、まず、公孫氏の地盤だった東北アジアの異民族ばかりを対象としている。だから公孫淵を倒してその地盤を継承した司馬懿にも縁が深い。なかでも倭人は、「親魏倭王」卑弥呼を語るためには、ぜひ必要な項目である。

日本の実情に詳しい陳寿

「親魏倭王」は、司馬懿の公孫淵征伐の成功と、新皇帝・曹芳の後見役という名誉のクライマックスの象徴である。それは、やがて司馬懿のクーデター（二四九年）、晋朝の建国（二六五年）へとつながっていく、晋の武帝にとっても、張華にとっても、陳寿にとっても、きわめて意義の大きな事件だった。

そのうえ陳寿のパトロンの張華は北京の地元の出身で、東北アジアの事情にはもともと詳しいし、それに東北方面軍総司令官の職にあって、韓半島南部の馬韓諸国に晋朝中国の影響を伸ばす工作に腕を振るった人である。また張華の前任者の衛瓘も、陳寿を引きたてた杜預《とよ》や張華と仲がよかったから、張華の庇護のもとに『三国志』を書いた陳寿は、日本列島の実情について十分な知識を持っていたにちがいない。

陳寿は『三国志』の「魏書」「明帝紀」のなかで、公孫淵討伐作戦を司馬懿と相談する明帝の言葉として「四千里の征伐」と言わせている。これは洛陽から遼陽までの距離だが、きわめて正確である。前に言ったとおり、現代の鉄道のマイル数で計算すると、洛陽―鄭州―北京―瀋陽間は合計一〇五七・七マイル、また瀋陽―遼陽間は四〇マイルで、これを換算すれば三九〇〇里となる。

さらに、先に引用した『晋書』の「張華列伝」に、北京から韓半島南部の馬韓諸国までの距離を「四千余里」とある。『晋書』それ自体は唐代の編纂で新しいが、この記事は張華自身の報告によったものである。この数字も正確で、やはり鉄道のマイル数で計算すると、遼陽から楽浪郡のある平壌までが一一〇〇里ぐらい、洛陽から平壌までは五〇〇〇里となる。陳寿と同時代の人、司馬彪《しばひょう》が書いた『続漢書』の「郡国志《ぐんこくし》」にも、楽浪郡は洛陽の東北五千里とあって、当時の人はこの方面の道里を正確に知っていたのである。ともかく、これに基づいて北京から「四千余里」を測ると、平壌から一〇〇〇里ほど先に馬韓があるわけで、これはまさしく韓半島の南端に近い。

それにもかかわらず、陳寿は「烏丸・鮮卑・東夷伝」で帯方郡以南の韓半島の大きさを、距離にして四倍、面積にして十六倍に誇張しなければならなかったし、「倭人伝」で邪馬台国の実態を書くことはできなかった。それは、これに司馬懿の名誉がかかっており、ことは現帝室の名誉にかかわる、重大な政治問題だったからである。そのかわりに陳寿が採用したのは、二三九年の当時、卑弥呼に「親魏倭王」の称号を授けるについて、司馬懿派がでっちあげた誇大な報告書である。これが陳寿にとって、唯一の身を守る道だった。「魏志倭人伝」の道里も、戸数も、方位も、こうしてわれわれに伝わったのである。

偉大なる邪馬台国も、神秘の女王・卑弥呼も、こうした三世紀の中国の家庭の事情が作りだした幻影だった。日本列島のどこかに、中国人が卑弥呼と呼んだ老いた巫女《ふじょ》がいて、その住む町が邪馬台という名前であったことは事実だろう。

また卑弥呼の宗教的権威を利用して、中国人が卑弥呼を倭人の代表に選び、中国の名誉総領事のような役割を果たさせたこともまちがいあるまい。しかし女王・卑弥呼が、同時代の倭人たちから見て、実際どの程度の王権らしいものを持っていたか、「魏志倭人伝」からうかがい知ることはできない。まして「魏志倭人伝」の道里記事をどうひねって見ても、邪馬台国がどこにあったのか、分かるはずがもともとないのである。

「魏志倭人伝」がそんな心細い史料であるところへもってきて、『日本書紀』も七世紀末から八世紀はじめの日本列島の政治情勢が作りだした書物で、七世紀はじめの時代についてさえ真実を伝えていない。事跡はともあれ、王朝の系譜のうえでは、四世紀末の仁徳天皇まではどうやらさかのぼれるが、それ以前の大和時代の天皇は、すべて架空の人物であり、それも七世紀末の新しい創作である。

大和朝廷は存在しなかった。少なくとも『日本書紀』にあるような天皇たちはいなかった。

そうなってくると、邪馬台国と大和朝廷が同じか違うかということ自体がノンセンスである。まして卑弥呼が天照大神《あまてらすおほみかみ》か、倭迹迹日百襲姫《やまとととびももそひめ》か、倭姫《やまとひめ》か、神功皇后か、問題にするまでもないことである。要するに、邪馬台国という国家などは、存在しなかったのである。

第四章　倭人とシルク・ロード

中国の交通路

倭人と地中海は結びついていた

「シルク・ロード」というのは、どうも日本語らしい。英語ではシルク・ルート（silk route）というのが普通である。この言葉は、ドイツの学者アルベルト・ヘルマンが一九一〇年に出した『中国・シリア間の古代の絹街道』という書物でひろまったもので、ドイツ語の「絹街道」はザイデンシュトラーセン、その日本訳がシルク・ロードで、英訳がシルク・ルートということになる。

この絹街道は、いうまでもなく中国特産の絹が、中央アジアの陸路を通ってローマ帝国に運びこまれる貿易ルートのことで、紀元二世紀にエジプトのアレクサンドリアで活躍したギリシア人の地理学者プトレマイオスの著書にある説明で見ると、ローマ帝国の東方領の首都である、地中海のアンティオキア市（いまのトルコ領のアンタキヤ）から、シリア、イラクの北部を通って、イラン高原を東に横断し、いまのソ連領西トルキスタンから、パーミル山を「石塔」という所で越えて、ホルメテリオンに出る。これが新疆ウイグル自治区のカシュガルで、ここからタクラマカン砂漠のへりを迂回し、北道は天山の南麓を、南道はアルティン・タグの北麓を東に進み、玉門関から甘粛の回廊に入って、セラ・メトロポリス、すなわち漢の首都の長安（西安）に達する。もっとも、中国の首都が長安だったのは前漢時代の話で、プトレマイオスのころの後漢朝は、すでに洛陽に遷都していた。

しかしシルク・ロードは、実は長安・洛陽で終点なのではない。ここからさきは、中国大陸を縦横に結ぶ、河川を利用した商業交通路の大ネットワークに接続し、そのまた一本がはるか東方に伸びて、韓半島を縦断し、日本列島にまで達していた。

つまり、弥生時代の倭人諸国は、すでに地中海世界と間接ながら結びついていたのだ。この国際貿易ルートの性質が、どれほど深刻に倭人たちの運命に影響したかについて話をしよう。

黄河中流を中心とした水路

中国の漢族の居住地帯の北限は、いうまでもなく万里の長城である。西は甘粛省の北境からはじまって、寧夏《ねいか》回族《かいぞく》自治区・陝西省・山西省・内モンゴル自治区との間を分けるこの長城は、この線が漢族の居住地帯の自然の北限だからここに築かれたので、長城線が引かれたから、漢族がここまでしか進出できなかった、というわけではない。またモンゴル高原からの遊牧民族の侵入を防ぐため長城を築いたわけでもない。中国の長い歴史を通じて、長城が侵入を食いとめるのに役立った例はただの一回もなかった。いつもやすやすと突破された。むしろ長城は、二つの異なった世界の間の境界標、といった象徴的な性質のものである。

それでは、長城線を境いにして何がいちばんちがっているか。それは交通の様式である。北側では、交通は陸路にきまっているのに、南側、つまり本来の漢族の世界では、水路が交通の基本である。これが実は、黄河の渓谷に中国文明が興った根本の原因である。

しかし皮肉なことに、黄河は有史以来、中国人に災害ばかりもたらしてきた厄介物だった。まず第一に、黄河は南北の交通をさまたげる。青海省《せいかいしょう》の高原、バヤン・カラ山脈から出た黄河は、北に流れてモンゴル高原に入り、東に方向を転ずる。大昔はそのまま東に進んで、北京のあたりで渤海湾に入った。のちに地盤の傾斜が変わり、方向を南に転じて、急流をなして馳《は》せ下り、秦嶺《しんれい》山脈にぶつかって、古い渭河《いが》の河道《かどう》を奪いとって、東へ流れる。ここまでは激流のうえに、両岸は水に浸蝕されやすい黄土層だから、高さ百メートル以上の垂直な断崖絶壁になっていて、渡るのは不可能に近い。

しかし、河南省に入って洛陽の北をすぎるあたりから両岸は低くなり、平野に出るので流速も落ちる。それとともに、水にとけていた黄土の沈澱がはげしくなって、増水期には、開封《かいほう》以東の河北・山東の大平原は一望千里、地平線のかなたまで泥の海と化《か》す。

とても人間の住めるところではないし、まして交通路が発達するはずもない。

ところが、よくしたもので、洛陽から東、開封にいたるまでの、二〇〇キロメートルたらずの間だけは、黄河の両岸が低くて河道が安定している。流れもゆるやかで、ここだけが渡れる。

だから、中国の南北を結ぶ古くからの交通路は、ことごとく一度この間に集中し、またひろがることになる。これが、黄河中流の渓谷に中国古代文明が興ったもっとも根本の原因である。

洛陽から四通八達した貿易路

なかでも中心の位置にあるのが、後漢の都、洛陽である。

ここから北へ孟津《もうしん》の渡しで黄河を越えれば、太行《たいこう》山脈の南端で、有名な羊腸坂《ようちょうはん》を上って、山西高原を北へ、太原《たいげん》市を通り、雁門関《がんもんかん》を出れば大同の盆地で、内モンゴルに入る。

内モンゴルからは、西へ陰山山脈の北を回って、天山山脈の東端へ直行する順路がある。天山の北麓を通って西トルキスタン、そこから南ロシアかイランに通じるルートは、プトレマイオスの地理書には出ていないけれども、これも立派なシルク・ロードで、草原の住民にとってはむしろこのほうが表街道だった。

また内モンゴルからは、ゴビ砂漠を西北へ横断して、セレンゲ河の流域に出るルートもあった。ここからは西へハンガイ山、アルタイ山を越えて天山北路に接続してもいいし、またセレンゲ河を下って、バイカル湖、アンガラ河、イェニセイ河、オビ河、トボル河と、シベリアの大河伝いにウラル山脈を越えて、ヴォルガ河に入ってドン河で黒海に出るか、またはバルト海に出る道もあった。

もう一度、洛陽にもどって太行山脈の東麓に沿って北へ進むと、北京で道は二つに分かれる。西北にいけば居庸関《きょようかん》、張家口《ちょうかこう》でモンゴル高原だし、東北にいけば灤河《らんが》の渓谷から大凌河《だいりょうが》に越えて下り、遼河《りょうが》デルタに出る。北に迂回して上流で渡り、瀋陽市、そこから南下して遼陽市、ここから東南に向かって朝鮮半島に入り、大同江の渓谷の平壌《へいじょう》市に達する。

また瀋陽からさらに東北に向かえば、松花江《しょうかこう》を下ってアムール河に入り、サハリン島に達する。（四〇～四一頁の地図参照）

以上の黄河以北の古い貿易路は、すべて水路があまり利用できず、基本的に陸上交通路であるという点で共通している。ところが黄河以南では、まったく水路だけでどこまでもいけるようになっている。まさに、これこそ漢族の本来の生活環境なのである。

中国の成立

内陸を舟に乗って

洛陽のあたりは、黄河の南岸にくっついた小さな盆地になっていて、水害の心配もない。古い時代の幼稚な技術で排水や灌漑をして、都市生活を営むのに必要なていどの農耕を維持するには適当なサイズだった。しかし、農耕があれば都市ができるというわけではない。

都市の発生の機縁は商業であり、商業都市ができてはじめてその周囲に農村が発達するのである。その逆ではない。中国は商業国家ではあるが、農業国家ではない。

洛陽盆地は、秦嶺山脈の東端に抱かれている。この洛陽が伝説上の中国最古の王朝、夏《か》の都のあったところとされている。ここから東南に嵩山《すうざん》を越えれば禹《う》県の町があり、そのまた東方に杞《き》県の町があるが、どちらも歴史時代に夏人の町として知られていた。ところで、禹県も杞県も、淮河《わいが》の支流の水源地で、ここから舟に乗れば、東南へ流れを下って安徽省《あんき》・江蘇省《こうそ》の水郷地帯に入る。ここは黄河・淮河・長江（揚子江）の下流のデルタが重なりあうところで、複雑にからみあいつながりあった分流やら湖沼やらをうまく利用すれば、北は山東省の泰山山塊から、南は浙江省の杭州湾まで、内陸を舟に乗ったまま自由に往来できる。

さらに洛陽の南方の南陽市《なんよう》も、歴史時代に夏人の一大商業都市として有名だった。ここからは舟で白河《はくが》を下って漢江の中流に入り、漢江を下って武漢市で長江の中流に出られる。このへんも湖北・湖南の両省にまたがった大水郷地帯だ。長江から洞庭湖《どうていこ》に入って、湘江《しょうこう》をどこまでも南へ上っていくと、広西《こうせい》チワン族自治区の興安県《こうあんけん》の平坦地で、灕《り》江《こう》の上流ときわめて接近している。

秦の始皇帝は、紀元前二一四年、ここに霊渠《れいきょ》という水路を切り開き舟が通れるようにした。それ以前でも、わずか三〇キロメートルの楽な道だから、ここが古代の表街道だったことはまちがいない。灕江は桂林《けいりん》市で桂江《けいこう》となり、さらに下って梧州《ごしゅう》市で西江《せいこう》となり、広東《カントン》省に入って東に流れ、広州市に達して南シナ海に入る。

この広州市が、むかしから中国貿易の主要港で、ここからはヴェトナムの海岸沿いにマレー半島に通じ、クラ地峡かマラッカ海峡を経て、アンダマン、ニコバル、セイロン、南インドに達するか、ガンジス河に入って北インド、パンジャブ、カシミール、アフガニスタンとシルク・ロードに合流するか、である。南インドのアリカメードゥの港にはローマ商人の町の遺跡が発見されている。

つまり、南陽市に発する内陸水路は、南インド、アラビア、紅海、エジプトをへて地中海につながっていたのである。もう一つ、漢江の上流の陝西省の褒城《ほうじょう》も、夏人の一族の古い都市で、ここから北へ秦嶺山脈を越えれば、プトレマイオスの地理書にいうシルク・ロードに乗れるのである。

つまり、夏人の古い都市は、すべて南方から舟で北上してきた人々が、山にぶつかって舟を下りて、そこに定住し、北方から陸路を下ってくる人々と交易を開いた、その地点にある。そして黄河の渡し場を押さえたのが洛陽である。

夏に関する神話や伝説には必ず竜が登場する。竜（*grian）はもともと東南アジアの水神で、その名は水路を意味する江（*kran）と語源が同じである。タイ語の「掘割《ほりわり》」のクローンもこれである。つまり、中国最初の王朝を作った夏人は「南蛮」で、稲を作り舟に乗って海洋や河川を航行する人々だった。

中国人という人種はない

ところがそこへ、北方から殷《いん》人が侵入し、夏朝を征服して夏人の商業網を押さえてしまう。

殷人は山西高原から南北アジアへ連なる森林地帯の狩猟民族で、いわゆる「北狄《ほくてき》」だったが、夏人の東南アジア系の言語を採用し、夏人がすでに発明していた漢字をさらに発達させた。

殷王朝は、甘粛省の「西戎《せいじゅう》」出身の周にとってかわられ、周王朝にかわった秦は、やはり甘粛省方面から出てきた「西戎」、すなわち遊牧民族の出身だった。これらに対して「東夷《とうい》」というのがある。「夷」はもともと「低」「底」と同音で、山東・安徽・江蘇方面の水郷地帯の原住民のことである。その文化は南蛮と大差はない。

要するに、古代中国にはもともと漢族というものはなかった。蛮・夷・戎・狄が接触して、その交渉をもった中間地帯に都市が生まれ、出身の種族に関係なく、都市生活を営むようになった連中が中国人になったので、元来、中国人とか、漢族とかいう種族があったわけではない。

ここで面白いのは、「夏」が「賈《か》」と同音で、商人を意味し、標準語を意味する「雅言《がげん》」が「夏言《かげん》」で夏人の言語であるとともに、「牙言《がげん》」としてはブローカーの言語を意味することである。

そういえば、殷の本名は「商《しょう》」で、殷人はすなわち「商人」であり、「狄」も、貿易・交易の「易」と同音で、商売を意味する。黄河以南の商人は夏人、黄河以北の商人は狄人で、洛陽は東南アジア系の商業圏と、東北アジア系の商業圏の接触点だったのである。

この二つの性質の異なる商業圏が統合されてできた中国という商業国家の経営方式は、首都から水路に沿って伸びる貿易ルートの上の要地に、とびとびに軍隊を送りこみ、城郭都市を建設し、その周囲に人民公社式の農園を開拓し、その地方一帯の商品の集散を支配することである。

これがいわゆる県城《けんじょう》で、「県」とは首都直属を意味する。もっとも、首都からあまり遠くなると、直属といっても意味がないので、数十県ごとに交通上の要衝の都市を選んで方面軍司令部をおき、常備軍をひきいて貿易ルートの保護に当たらせる。これが郡で、「郡」とは「群」「軍」と同じく、常備軍を意味する。郡の司令官が世襲ならば封建制、任命ならば郡県制である。

中国は、基本的にはそうした水路と県城の点と線からなっているもので、ある面積をおおうものではない。県城と県城の中間は蛮地で、夷狄のすみかである。ただ県城の四角な城壁の内側だけが中国であり、そこに住んで首都の言葉を話している人たちが、たとえ出自は城外の蛮人たちと同じでも、中国人であり漢族なのである。

要するに、中国人は人種ではなく、首都の王なり皇帝なりと君臣の契約を結んでいるという政治的観念であり、都市に住んで中国語を話し漢字を使うという文化的観念なのである。

韓半島から日本列島にいたる貿易ルート

中国から韓半島へ

ところで問題は、韓半島を縦断して日本列島に達する貿易ルートのことである。前に言ったとおり、洛陽から北は、北京・瀋陽・遼陽をへて平壌に達するまで、すべて陸路で、航行に適する河川はない。だからこのあたりは、狩猟民族の北狄出身の殷人の活動範囲だった。現に、この沿線には殷代後期から西周前期へかけての遺物の出土が多い。殷の王族の賢人、箕子《きし》の伝説や、殷の遺臣、伯夷《はくい》・叔斉《しゆくせい》兄弟の伝説の舞台もこのへんである。

ことに箕子は、朝鮮に封ぜられたとか、朝鮮の民にはじめて文化を伝えたとか言われている。もちろん史実ではないが、周代に入って北京の殷人のコロニー（聚落）を引きついだ燕国が、のちに韓半島に進出したために、殷の遺民が持っていた箕子の伝説が朝鮮と結びついたのだろう。

しかしどうも、燕人よりも先に、越人が韓半島に進出したのではないかと思われる。越人は夏人の子孫という伝説を持つ。やはり東南アジア系の文化をもった海洋民族で、華南の浙江省の海岸に住んでいた。紀元前四七三年、越王・勾践《こうせん》は江蘇省の呉王・夫差《ふさ》を滅ぼすと、一気に北上して、山東半島の南岸、いまの青島《チンタオ》市に近い琅邪《ろうや》山の地に都を定めた。

この地は、当時の華北では唯一の良港であるうえ、膠州《こうしゅう》湾から膠萊《こうらい》河を使えば、舟で山東半島のつけねを横断して渤海湾に出ることができる。山東の斉国、河北の燕国とも貿易ができる。また山東半島の北岸の登州《とうしゅう》からは、廟島《びょうとう》群島の島伝いに、遼東半島の旅順口に行ける。そこから東に向かえば、大同江口を入って平壌に達する。琅邪の地は泰山山塊の南側にあるので、冬は西北風がさえぎられて、五度以上も暖かい。それに、山東半島の尖端では寒流と暖流がぶつかるので、魚が多く、南方系の漁撈民族である越人には、もってこいの環境である。

越王国はこの琅邪の地に一世紀半にわたって繁栄したが、前三三三年ごろ、楚《そ》王国に滅ぼされて、越人は四散した。しかしそれまでに、越人が平壌以南の韓半島の地に来なかったはずはない。

平壌から大同江を下り、支流の載寧江《さいねいこう》を南へ上って、さらに支流の瑞興江《ずいこうこう》を東へ上る。車嶺《しゃれい》で滅悪《めつあく》山脈を越えると、礼成江《れいせいこう》に出る。礼成江を下り、江華《こうか》湾に出て、すぐ江華島を右に見て漢江口に入る。ソウルを左、広州の町を右に見て、南へ南へと漢江を上っていくと、忠州の町につく。忠州から鳥嶺《ちょうれい》で小白《しょうはく》山脈を越えて聞慶《ぶんけい》の町に出る。聞慶からは洛東江の流れを下って、釜山で海峡に出ると、対馬島が見える。

韓半島から日本列島へ

対馬から壱岐をへて博多湾に入り、瀬戸内海を東航して大阪湾に達する。つまり、平壌から大阪までは、ほとんど舟だけで、すらすらといける。ことに平壌から釜山までの内陸水路の性質は、華中・華南と同じである。これが韓半島の西岸沿いの航行となると、潮汐《ちょうせき》の干満の差が極端に大きく、七メートルから十メートルにもおよび、海岸線が複雑に出入《しゅつにゅう》していて小島や暗礁が多く、潮流が速くて、きわめて危険である。大同江・漢江・洛東江を結ぶ内陸水路が、古来の半島の表街道なのであり、事実、考古学の遺物もこの沿線に集中している。

この平壌から大阪にいたる自然の商業水路を最初に利用した外国人は越人だったろうが、前三三三年にかれらの王国が亡びたあとも、琅邪は華北で唯一の海港としての命脈を保ち、その地には、海のかなたの楽園の伝説が残っていた。

前二一九年、秦の始皇帝ははじめて琅邪を訪問して、すっかり気にいり、宮殿を建て三万戸の民を移住させて大都市を建設した。始皇帝が琅邪で聞いたところによると、東方の海中に蓬萊《ほうらい》・方丈《ほうじょう》・瀛洲《えいしゅう》の三神山があって、不老不死の仙薬がそこにある、という話だった。その結果、琅邪を基地として海上探険の航海がさかんに行なわれ、とどのつまり、斉人・徐市《じょふつ》（徐福《じょふく》）が童男童女数千人を船に乗せ、三神山を求めて琅邪を出航することになった。よく知られているこの三神山の伝説は、おそらく琅邪に越王国があった時代の越人の海外活動のなごりだろう。なお、同じ時代に日本列島で弥生《やよい》文化がはじまり、しかも華中・華南と共通の要素を持っていることは面白い。

越人にかわって韓半島に進出したのは燕人で、平壌以南の「真番《しんばん》、朝鮮を略属《りゃくぞく》して、ために吏《り》を置き、障塞《しょうさい》を築いた」と『史記』にある。つまり内陸水路ぞいの要所要所にとりでを築いて将兵を駐屯させ、日本列島に通ずるこの貿易ルートの利権を確保したのである。ここで「真番」というのは洛東江渓谷、「朝鮮」というのは、大同江から漢江へかけての渓谷の原住民のことである。

しかし、燕国の狙いはあくまでも日本列島にあった。それは、日本列島がいくらでも需要を開拓する余地のある、巨大なマーケットだったからである。

豊かな日本列島

少しのちの時代になるが、森浩一《もりこういち》氏は日本全国の古墳の総数を約十五万基と推定しておられる。

古墳が作られた時代は、四世紀から七世紀へかけて、約三百年と見るのが常識だから、平均して毎年、五百基の古墳が築造された計算になる。これは想像を絶する盛況で、あれだけの人力と資力と時間を要する古墳が、ひっきりなしに作られ続けるということは、いかに日本列島の人口が多く、かつ生活が豊かだったかという証拠である。

これに比べれば、韓半島は物の数でもない。歴史時代の人口では、韓半島はいつも日本列島の三分の一程度だったし、古墳を見ても、副葬品こそ日本列島に見られない金製品が多いけれども、古墳自体は貧弱で小さく、慶州《けいしゅう》盆地の新羅《しんら》古墳でも、直径百メートルに達するものはほとんどない。

こうした事情は、中国の韓半島支配が、実は日本列島の市場の利権を目的としたものだったことを示している。

シルク・ロードと直結した日本列島

秦の始皇帝とシルク・ロード

燕国は前二二二年に秦に滅ぼされ、その翌年に秦の中国統一が完成する。始皇帝は遼陽に遼東郡という軍管区司令部をおいて、韓半島の日本貿易ルートを管轄させた。また前二一四年には、西北方の遊牧民族、匈奴《きょうど》族を追い払ってシルク・ロードを確保し、同時に南方でも、前述の霊渠を切り開き、灘江から桂江・西江を下って、いまの広西に桂林郡、広東に南海郡、北ヴェトナムに象《ぞう》郡をおいて、インド洋に通ずるルートを手中に収めた。

まさにこのとき、日本列島は、確実にシルク・ロードと連結したのである。

しかし前二一〇年の始皇帝の死とともに秦の統一は崩壊し、戦国時代の諸国がいっせいに再興したが、燕王国もその一つだった。しかしこの燕は、戦乱のため余裕がなく、韓半島から駐屯軍をひきあげてしまった。前一九五年にいたって、漢の高祖はこの燕国を攻めて叩きつぶし、遼東郡は漢の直轄領になったが、やはり戦乱の後遺症で半島に介入する余裕はなく、日本貿易ルートは、平壌に拠って朝鮮王を自称した燕からの亡命中国人・満《まん》の支配下に入った。

この当時の漢は統一帝国ではなく、諸王国の連合で、漢王が皇帝の称号を持っているにすぎなかった。これがいわゆる漢の郡国制である。王国全部を合わせても、漢の皇帝の勢力圏は華北・華中に限られ、西北のシルク・ロードは、内モンゴルの匈奴帝国に押さえられているし、華南の浙江・福建・広東・広西の海岸地帯には、それぞれ東甌《とうおう》（温州）・閩越《びんえつ》（福州）・南越（広州）の諸王国が独立していたので、中国は四方八方から封じこめられ、わずかに琅邪の港だけが外界に開いていた。

そのうちに国内の統一が進んで、前一四一年に武帝が即位すると、回復した国力をあげて、対外貿易の利権の回収にのりだした。

まず、閩越と東甌の紛争に介入して、東甌を内地に移住させた。ついで南越と閩越の衝突に乗じて閩越を討とうとしたのは、江西省から閩江《びんこう》を下って台湾海峡に出る水路を押さえようとしたものだった。南越に対しては、貴州省の山岳地帯に道路を切り開き、夜《や》郎《ろう》国から濛江《もうこう》を下って西江から広州に出る水路を押さえようとした。四川省からは霊《れい》関道《かんどう》を開いて、東チベットを横断し、アッサムからブラフマープトラ河を下ってベンガル湾に出るルートを押さえようとした。

さらに日本貿易ルートに対しては、前一二八年の秋から前一二六年の春にかけて、濊東郡から白頭山の南を回って咸興《かんこう》市で日本海に出、そこから韓半島の東海岸を南下して日本列島に達するルートを切り開こうとした。

しかし、この壮大な計画は、一時に実現するには規模が大きすぎて、間もなく放棄され、しばらくは西北のシルク・ロードの開拓に総力が集中された。

やがて連年の征伐で匈奴が内モンゴルから駆逐され、西域三十六国が漢と同盟して、シルク・ロードが中国の手に入った前一一〇年代になると、西南夷のインド・ルートに五郡がおかれる。また南越王国が征服されて、南海ルートに九郡がおかれる。

日本ルートでも、前一〇八年に朝鮮王国が滅ぼされて、半島には楽浪・真番・臨屯《りんとん》・玄菟《げんと》の四郡がおかれる。

日本古代史の第一ページ

なかでも真番郡は、韓半島の南端、洛東江の流域にあって、ここに十五県が建設された。

県城一つにつき千人としても、一万を越す中国人が、日本列島の目と鼻の先に入植し、しかも日本列島の市場の開拓に従事したのである。もちろん、中国の商船は定期的に日本列島に来航して、海岸や河口の舟着き場に市場が成立し、土着民が集まって中国商人と取引きをはじめることになる。

こうして日本列島にも都市が発生し、そこに酋長が出現して、国の萌芽が生まれる。ただし、武帝の五十四年にわたった積極政策のため、漢の国力はひどく消耗したので、武帝の死後の前八二年になって、真番郡は廃止され、日本貿易は小白山脈の北の楽浪郡の管轄に移された。

しかし、二十六年もつづいた真番郡の活動の結果、日本列島のいたるところに「国」と称される商業都市が成長していた。それが「漢書地理志」に出てくる「楽浪の海中に倭人あり、分かれて百余国となる。歳時《さいじ》をもって来たりて献見《けんけん》す」の、倭人の百余国である。ここで初めて、倭人が歴史に登場する。つまり華商の活動が、日本古代史の第一ページを開いたのである。

さらに後になって、王莽《おうもう》が漢朝の帝位をのっとり、その王莽の失政で中国が全面的な内乱状態に陥り、後漢の光武帝の手で統一が回復されるまで二十年を要した。この内乱で中国の人口は四分の一に激減し、とても境外の利権を確保する実力がなくなったので、光武帝は紀元五七年、博多の奴国の酋長を「漢委奴国王《かんわなこくおう》」に任命し、日本貿易の管理の責任を負わせた。この漢委奴国王の直系が、三世紀に伊都国にいた王であろう。

しかし後漢朝の中国は、一八四年に起こった黄巾《こうきん》の乱と、それから半世紀にわたって続いた戦乱のために、人口が十分の一以下に激減し、国内は多くの軍閥が割拠した。これが有名な三国時代だが、このとき東北方面は遼陽の公孫氏の支配下にあった。公孫氏は三世紀のはじめ、韓半島への進出にのりだし、漢江の渓谷にあらためて帯方郡をおいた。もちろん日本貿易のためである。

ところで黄巾の乱以来、半島の中国人たちは多数、南方の真番郡の故地《こち》、すなわち洛東江の流域に避難し、土着民の間に自分たちの都市を建設して、本物の華僑になった。日本列島に流れこんだ華僑の数はさらに大きかったに相違ない。韓半島の華僑の一部は、公孫氏が帯方郡を開拓したときにとり返されたが、大部分はそのまま定着した。二三八年、魏の将軍・司馬懿が公孫氏を滅ぼして、楽浪郡・帯方郡を華北の中央政府に直結させた。これより先、後漢以来とだえていた中国と西域諸国との交通も、魏の将軍・曹真の努力のおかげで再開していたので、これによって倭人たちは、久しぶりにシルク・ロードにつながったのである。

倭国とシルク・ロード

日本貿易ルート上の華僑

ところで、「魏志東夷伝」を見ると、日本貿易ルート上の華僑の活動のさまが伝えられていて面白い。

それによると、漢江渓谷の西側の山中は、野蛮未開な馬韓《ばかん》族の住地で、その五十余国には王もなければ城郭もなく、社会の秩序も未発達である。それに比べて、鳥嶺《ちょうれい》を南に越えた、洛東江流域から慶州盆地へかけての地帯には、辰韓・弁辰の二十四国といわれる城郭都市が入りまじって散在し、さかんに商業が行なわれた。特産品の鉄の地金は、楽浪・帯方の二郡から、韓・濊《わい》・倭にわたる国際貿易の決済に用いられていた。

しかも、辰韓・弁辰の言語はほぼ同じだったが、辰韓の古老の言い伝えによると、かれらは古い亡命中国人の子孫で、秦の暴政を逃れて韓国に避難し、馬韓からその東界の地を分けてもらって入植したものだという。実際、辰韓語には秦（陝西省）方言の要素があって楽浪・帯方の中国人のような燕（河北省）・斉（山東省）の方言とはちがっていて、辰韓を秦韓と呼ぶこともある、という。

これは辰韓人が、陝西方言が中国の標準語だった前漢の時代に半島に入植した古い華僑の子孫だったことを示している。また辰韓産の鉄の地金が倭人との取引きの決済に用いられるという事実は、この洛東江上の古くからの日本貿易ルート沿いに都市を建設していた辰韓系華僑こそが、日本列島の倭人諸国の市場の商権を握っていた証拠である。

倭人の三十国は商業都市

さらに同じ「魏志東夷伝」の倭人の条、すなわち「魏志倭人伝」を見ると、「国々には市があって有無《うむ》を交易し大倭をしてこれを監《かん》せしめる」とあって、いわゆる倭人の三十国なるものが、それぞれ市場を中心にして発達した商業都市であることを明らかにしている。それればかりではない。市場監督官が倭人であることをわざわざ断っているのは、その市場に店を出しているのが倭人ではなく、中国商人であることを雄弁に物語っている。

つまり倭人の諸国は、それぞれ華僑が作ったチャイナ・タウンであり、倭人の酋長たちは商税のあがりで食っていたのである。

邪馬台国の位置とシルク・ロード

ところで、前の第三章で詳しく論じたように、有名な邪馬台国の位置問題も、シルク・ロードと大いに関係がある。

「魏志倭人伝」に書いてある、倭人の諸国の方向と里程からすると、帯方郡から一万二千余里の先にある邪馬台国は、フィリピンとハワイの中間の太平洋上で、グアム島あたりになってしまう。これは、魏の都の洛陽を中心にして、東方の「親魏倭王」の都の邪馬台国と、西方の「親魏大月氏王」の都のカーピシーが対称の位置にくるようにでっちあげたものである。邪馬台国の位置問題が、シルク・ロード上の大国クシャンと魏朝中国との交渉の歴史によって歪められていることは、倭人とシルク・ロードのなみなみならぬ因縁の深さを思わせるものである。

第五章　日本建国前のアジア情勢

日本の建国はいつか

「日本建国前のアジア情勢」といえば、まず問題は、日本の建国がいつだったか、ということになる。大東亜戦争の終わる前の学校教育では、紀元前六六〇年に大和《やまと》の橿原《かしはら》で神武天皇が御即位になったのが、すなわち日本の建国ということになっていた。それがいまだに後を引いているようで、前六六〇年はあまりに古すぎるから、それから何年さし引いたら、建国の年代として妥当かというような発想になりやすい。そうした発想の基礎にあるのは、皇室の起源、大和朝廷の起源と、日本の建国を同一視する考え方だ。

こうした同一視には、実は根拠がない。建国というからには、それは統一国家ができたときでなければならない。その統一国家の成立がいつかということになると、いろいろな説がある。最近では江上波夫《えがみなみお》氏の「騎馬民族説」と俗に言われるものがある。この説では、四世紀から六世紀の間のいつか、だいたい五世紀ぐらいに、どういうふうにしてか分からないが、大陸から馬に乗った人たちが渡ってきて日本列島を征服し、そこに始めて統一国家をうちたてた、それが日本の建国だ、ということになっている。この「騎馬民族説」は、『日本書紀』にのっている神武天皇の御東征伝説の焼きなおしであり、神話の合理化にすぎない。神様を人間と読みかえれば、神話が歴史になるという、昔からある手法のあいも変わらぬ繰り返しで、「騎馬民族説」は学説というよりは空想であり、新版の神話だと言ったほうがいい。

そういった非科学的な話ではなくて、厳密な歴史学の立場から、日本の建国はいつだったか、またそれ以前にアジアに存在して、日本の建国を必然ならしめた情勢とはどんなものであったかについて、これから、説明する。

結論からさきにいうと、日本の建国は紀元六六八年であり、創業の君主は天智天皇である。これは東洋史学の立場から見て、疑いのないことだ。

倭から日本へ

倭の記録の最初と最後

日本列島の住民は、最も古くは紀元前一世紀に、中国の文献に「倭」という名前で現われている。詳しく言うと、『漢書』の「地理志」に前一世紀の末の二〇年代の情報として、有名な「楽浪の海中に倭人あり、分かれて百余国となる。歳時をもって来たりて献見す」という記事が出ている。

日本列島の住民は、これから始まって、ずっと「倭」という名前で中国の文献に登場する。これは日本語にも入っていて、「和風」「和服」「和食」などの「和」は、この「倭」を同音の「和」でおきかえたものである。また「大和」を「やまと」と読むのも、やはりもともとは「大倭」と書いたものだ。

この「倭」に代わって、「日本」という字面《じづら》が外国の文献に初めて登場するのは、七世紀の六七〇年である。高麗《こうらい》王朝において一一四五年に編纂された『三国史記』という歴史書の「新羅本紀《しんらほんぎ》」のなかの、文武王の治世を記した部分の、六七〇年十二月の項に、「倭国が更《あらた》めて日本と号した。自ら言うところでは、日の出る所に近いので、もって名となした」と書いてある。『三国史記』は、七世紀のことを五百年も後の十二世紀に書いたものだから、一般的に言って史料としての価値は、八世紀に成立した『日本書紀』より低いのだが、この文武王の時代に関する部分だけは特別に詳しいので、信頼がおけるということになっている。

そこで『日本書紀』を見ると、「天智天皇紀」の六七〇年九月の項に「阿曇連頰垂《あづみのむらじつらたり》を新羅に遣わした」と書いている。この人が新羅に着いて、初めて日本国の使者と名乗ったのだと思う。一方、その前年の六六九年の項には「河内直鯨《かふちのあたひくぢら》らを遣わして大唐に使いせしめた」とあるが、『新唐書』ではこれに相当して、六七〇年に倭国が使いを唐に遣わして、高句麗の平定を祝賀している。これが倭国が中国の記録に現われる最後である。このことから、六六九年から六七〇年にかけて、「倭国」が「日本」と変わったということが分かる。

なぜ日本という国名を使いだしたか

ところで、国の名前が変わるということは、どういう意味だろうか。国名が必要なのは、外国に対するときだけだ。国内向けには、国名は必要ない。なぜ「日本」を使いだしたのか。なぜ「倭国」ではすまなくなったのか。

中国文化圏では、国名を変えることは革命を意味する。「革命」という熟語は本来、天が命を革《あらた》めること、天命が一つの王朝から他の王朝に移って、中国を支配する王朝が交代することを意味する。中国には、昔は「中国」という国名はなかったので、そのときどきに「漢」とか、「魏」とか、「晋」とか、「隋」とか、「唐」とかいった。七世紀の倭人たちも、もちろんそれを知っていた。

そういう中国文明の漢字文化圏の中に育った倭人たちが、突然、日本という国名を使いだした。これには、自分たちはもはや倭人ではなく、日本国の日本人なのだ、倭人とは異質のものだという主張が含まれていなければならない。

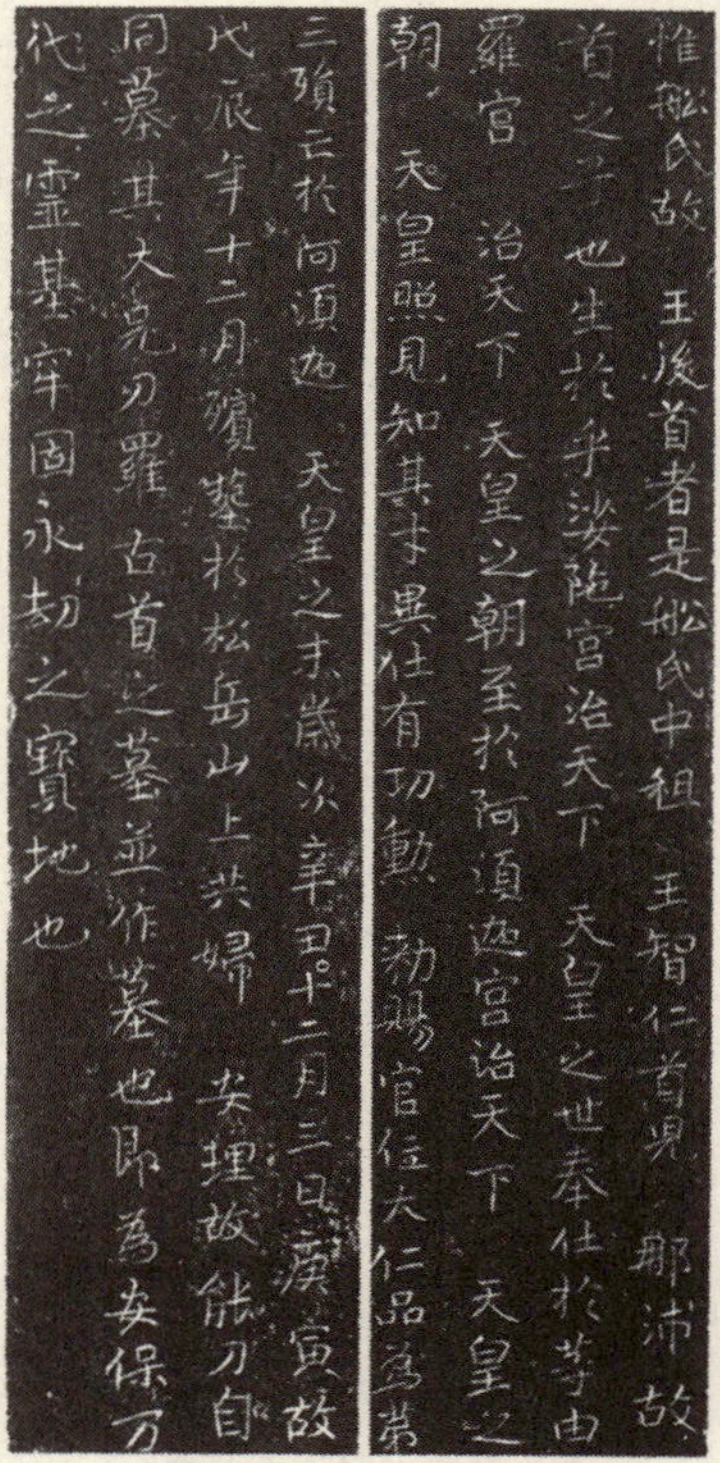

船首王後墓誌銘　大阪府で出土した銅板で、668年の日付がある。年代の明らかな金石文としては、天皇号が見える最古の例。

そのことは、『日本書紀』自体の中に表われている。題名自体が『日本書紀』で、しかも歴史時代の叙述は紀元前六六〇年の神武天皇の即位から始まっている。ということは、『日本書紀』の公式の立場は、この日本列島には、前六六〇年以来、日本国という国があって、その支配者は代々、天皇と称してきたのだ、という主張なのだ。

ところが、この主張は事実に反している。「日本」という国号は、六七〇年に初めて出現するので、それ以前に存在したことは証明できない。さらに、「天皇」という王号も、日本の金石文によれば、そんなに古いものではない。薬師寺の東塔の銘や、『上《じょう》宮聖徳法王帝説《ぐうしょうとくほうおうていせつ》』に引用された天寿国繡帳《てんじゅこくしゅうちょう》の銘で見ると、推古天皇と聖徳太子の時代、すでに天皇という字面《じづら》があったように見える。しかしこうした銘文は、昔から日本の国史学界で偽作と疑われている。

そうした疑いのない、正真正銘の「天皇」の初出は、大阪府南河内郡国分町の松岡山古墳から出土した銅板の「船首王後墓《ふなおびとおうごぼ》誌《し》銘《めい》」だが、これには六六八年の陰暦十二月の日付がある。それ以前には、天皇という王号があったという確かな証拠はない。

六六八年の意味

さて、この六六八年、または六七〇年という年代はなにを意味しているのだろうか。

『日本書紀』によれば、六六八年は、天智天皇が近江の大津の京で即位した年である。そしてもう一つ大事なことは、同時に、『近江律令《おうみりつりょう》』という、日本最初の成文法典が制定されたということだ。

『日本書紀』の「天智天皇紀」には、律令の制定に直接触れた記事はないが、六七一年の正月の項の、新しい冠位《かんい》と法度《はっと》を施行した記事の下に、細字の注で「法度・冠位の名は、つぶさに新しい律令に載せてある」と書いてあり、これが『近江律令』であることは確かだ。そして同じ項には、冠位と法度だけでなく、太政大臣《だいじょうだいじん》・左大臣・右大臣・御《ぎょ》

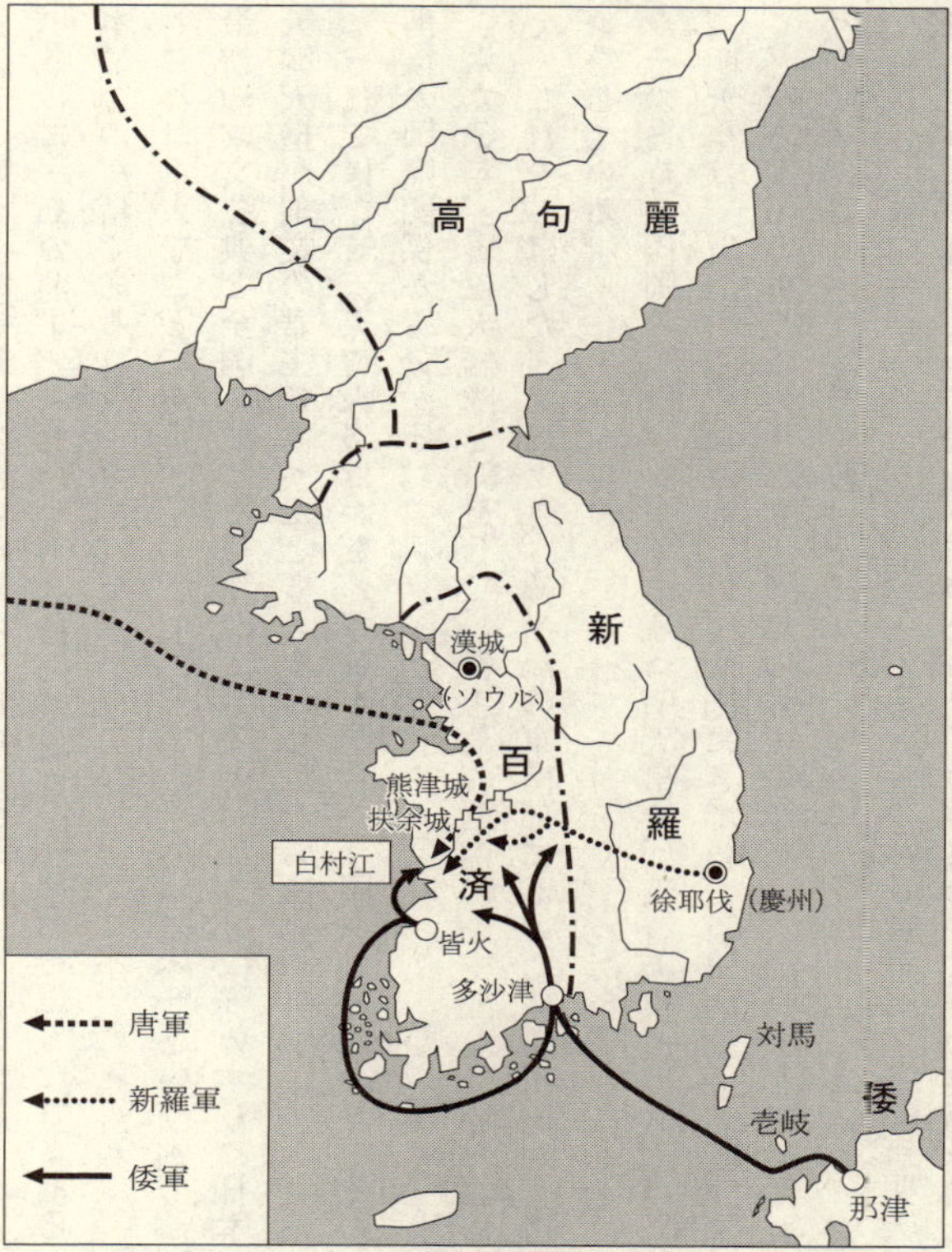

白村江の戦い　白村江は現在、錦江という。百済の最後の王都であった忠清南道の扶余郡の下流の河口で、この戦いがあった。

史《し》大夫《たいふ》という、中央政府の官職が初めて任命されたことも書いている。

さらに、その前年、六七〇年の二月の項には、「戸籍を造った」とあるが、これが日本最初の戸籍である『庚午年籍《こうごねんじやく》』だ。

これは重大なことである。「天皇」という王号と、「日本」という国号が同時に現われ、最初の成文法典と全国を通じた戸籍ができるということは、要するに日本の建国であり、天智天皇が創業の君主であったと考えなければならない。

それではなぜ、天智天皇はわざわざ日本国という国を創ったのか。その理由は、その前後の国際関係から分かる。

六六〇年、唐は大艦隊を派遣して、韓半島の西南部を支配していた百済《ひやくさい》王国を攻撃して、これを滅ぼした。このとき、韓半島の東南部にあった新羅《しんら》王国が、唐と協同して作戦をしている。

その当時の倭国の王は、女王である斉明天皇で、天智天皇・天武天皇兄弟の母である。斉明天皇は、百済の滅亡に直面して、倭国にきていた百済の王子・扶余《ふよ》豊璋《ほうしよう》をおしたてて、百済王国の再興にのりだす。翌年の六六一年、二人の息子をひきつれて、全宮廷あげて博多に移り、大本営を設けた。

しかし、斉明天皇は、すぐに博多で亡くなる。『日本書紀』の「斉明天皇紀」には、朝倉社《あさくらしや》の木を切り払って宮殿を作ったので、神が怒って宮殿の建物を壊したり、宮中に鬼火が現われ、天皇の側近に病死する者が多かったりしたこと、また天皇の死後、朝倉山の上に大笠を着た鬼がいて、喪列を見物していたことを記していて、当時の異常な精神的状況がうかがえる。

倭人にとっては、韓半島と中国だけが世界だったので、アジア大陸を席巻する大帝国の唐と敵味方になったのでは、ヒステリーになるのは当然だ。

斉明天皇が百済の復興を果たさずに亡くなった後、皇太子だった天智天皇が遺志を継いで、百済の救援を指揮するが、二年後の六六三年、白村江《はくそんこう》（現在の錦江）の河口で、倭人の艦隊は唐の艦隊に大打撃を受けて全滅する。

それを境いにして、倭人は韓半島から追い出されて、日本列島だけに閉じこめられてしまった。

百済・高句麗の滅亡

その後、六六八年、皇太子の天智天皇が即位する。この年、唐の軍隊は、今度は満洲から韓半島北部にかけて支配した高句麗王国に攻めこんで、首都の平壌を占領し、高句麗を滅ぼしてしまう。しかし唐は、百済・高句麗の故地をそのまま占拠しないで、すぐに遼河の西にひきあげる。その結果、ちょうど現在の北緯三十八度線を境いとして、韓半島の南部は新羅《しんら》王国によって統一され、遼河から東、三十八度線から北は、力の真空地帯になった。

百済・高句麗の滅亡という、この事態が、倭人にとって、いかに重大な危機だったかということは、今からでは、ちょっと想像もつかないほどだったのである。日本では、ついこ近ごろまで、「世界の孤児になる、世界の孤児になる」とよく言ったが、この七世紀には、倭人は文字どおり世界の孤児になったのだ。倭人は、世界帝国の唐と、新たに韓半島の南部を統一した新羅という、この二大敵国に直面したが、そのほかには外国というものを知らなかったのである。

それだけではない。倭人はそれまで、日本列島だけに頼って生活を立てていたのではなかった。倭人が必要としたテクノロジーと人的資源は、アジア大陸から韓半島経由で輸入して、経営してきたのだ。倭人にとって、大陸との経済関係、貿易が、王権の基盤であり、社会の基盤だった。それが、もはや頼れなくなってしまった。

それまでの倭国は、まったく西向きであって、大阪を経済の中心とし、北九州にかけて港々を押さえているという形態の海洋国家だった。それが、アジア大陸から切り離されたために、にわかに東国に力を入れ始め、西向きから東向きに方向を変えた。そして、そうした変化が、ちょうど「日本」という国号、「天皇」という王号の出現の前夜に起こった。これが関係がないわけはない。

私の見解では、天智天皇の即位のあった六六八年が、日本の建国の年であり、天皇位の始まりの年であることになる。

そこで、それ以前のアジア情勢が、どんなものだったかという話の本題に入る。

建国以前のアジア情勢

百十一年ぶりの遣隋使

七世紀の後半に日本の建国があったとして、その直前の日本列島の政治情勢がどうだったかというと、中国の『隋書』の「東夷列伝」に面白い記録が残っている。

それによると、隋の文帝が南朝の陳《ちん》を併合して、ほとんど三百年続いた中国の南北分裂を統一した五八九年から、十一年後の六〇〇年、新羅の東南の海中にある倭国から、倭王が隋の都の大興《だいこう》（現在の西安）に使いを遣わしてきた。倭国の使者が中国の皇帝を訪問するのは、四七八年に南朝の宋にきて以来、百十一年ぶりの、珍らしい事件だった。

六〇〇年に隋の朝廷に来訪した倭王の使者に、接待の係官が質問したのに答えて、使者はこう言っている。倭王は姓は阿毎《あま》、字《あざな》は多利思比孤《たらしひこ》、号は阿輩鶏弥《おほきみ》という。王の妻は号を鶏弥《きみ》という。太子は利歌弥多弗利《りかみたふつり》と名づける。倭王は天をもって兄となし、日をもって弟となす。王は天がまだ明けない時に出てきて政務を執《と》り、あぐらをかいて座る。

日が出ると執務をやめて、「我が弟に委《まか》せる」という。これを聞いた隋の文帝は、「これは、はなはだ筋が通らない」といって、これを改めるように諭《さと》したということだ。

六〇九年の答礼使節が見た倭国

隋の文帝の後を継いだのが煬帝《ようだい》だが、その煬帝の在位中の六〇八年にまた倭王・多利《たら》思比孤《しひこ》の使者が隋に朝貢して、「海の西の菩薩天子《ぼさつてんし》が仏法を再興していると聞いたので、使いを遣わして朝礼に参加させる」と言い、それと同行して数十人の僧侶が隋に仏法を学びにきた。その時に持ってきた倭王の国書に「日出づる処の天子、書を日没する処の天子に致《いた》す。恙《つつが》なきや」という文句があった。煬帝はこれを見て悦ばず、担当の鴻臚卿《こうろけい》（外務大臣）に「蛮夷の手紙に無礼なものがあれば、今後は奏上するな」と言った。

それでも煬帝は、翌六〇九年に、裴清《はいせい》（『日本書紀』は裴世清《はいせいせい》という）を答礼使節として倭国に派遣する。その道筋は、山東半島から船出して、韓半島の百済の西の海上を南に下り、竹島までくると、南方に耽羅《たむら》国（済州島）が見えた。それから大海のまん中の都《つ》斯麻《しま》（対馬）国をへて、その東の一支《いき》（壱岐《いき》）国にいたり、それから竹斯《つくし》（筑紫）国にいたる。この竹斯国はもちろん博多である。そこからさらに東へいくと、秦《しん》王国に着いた。不思議なことに、この秦王国の住民は「華夏《かか》に同じ」、つまり中国人だった。裴清は、ここは伝説の夷洲《いしゆう》の地ではないかと疑ったが、はっきりしたことは分からなかった。

この秦王国から、さらに十余国をへて、「海岸」に達したと『隋書』は言っている。この「海岸」は、受けるものがその前にないので、倭国の海岸に相違ない。その証拠に、その次に「竹斯国より以東は、みな倭に附庸《ふよう》している」とある。「附庸」というのは、春秋時代の古い用語で、大国に外交権を委託して、戦争の時には兵力を供出する義務を負っている小国のことである。この『隋書』の言い方からすると、壱岐と対馬は倭国の勢力圏外にあることになるし、北九州の筑紫から東も倭国ではなく、倭国に附庸はしていても、いちおうは独立の国々であり、倭国というのは、河内・大和などの現在の近畿地方の中心部だけだということになる。

つまり倭国は、日本列島全体を統一する国ではなかったのである。

信用できない『日本書紀』

聖徳太子は実在しなかった

これは驚くべき発見だが、もう一つ重大な発見がある。先ほど引用した、有名な「日出づる処の天子」の国書は、これまでの常識では、聖徳太子が隋の煬帝に送ったものということになっている。

ところが、『隋書』の文面をちゃんと読めば、そういうことにはならない。なぜかというと、倭国の使者が隋にきた六〇八年、隋の使者・裴清が倭国にいった六〇九年、裴清の帰国を送る倭国の使者が隋に到着した六一〇年という時期は、『日本書紀』では推古天皇の在位中であり、聖徳太子が摂政だったことになっている。いうまでもなく、推古天皇は女王だ。ところが、『隋書』では、この時期に倭国の王位にあったのは、アマ・タラシヒコ・オオキミという人で、名前からみて男王であることはまちがいなく、しかも裴清はこの男王自身に直接会って話をしている。摂政である聖徳太子を王ととり違えたのだという説は成りたたない。なぜなら、太子は王と王妃のほかにいたと、『隋書』はちゃんと書いているからだ。そういうわけで、「日出づる処の天子」の国書を送ったのは聖徳太子ではなく、『日本書紀』には名前がのっていない、誰か別の倭王だったことが分かる。これはどう考えても、『隋書』のほうが正しく、『日本書紀』は史料として信用できないことになる。

つまり、もし倭国の王座についているのが推古天皇のような女王だったなら、そのことを隋の使者が報告しない理由はない。裴清だって、「魏志倭人伝」くらいはちゃんと読んでから倭国にいったので、その証拠に『隋書』には、倭王の都の「邪靡堆《やまと》」のことを「すなわち魏志のいわゆる邪馬台なるものなり」と注記してあるくらいだ。有名な邪馬台国の女王・卑弥呼の故事を知っていた裴清が、もし倭王が女王ならば、それをわざわざ隠して、しかも土語の王号まででっちあげて男王にしなければならない事情は、隋の側にはない。そうすると、『日本書紀』は七世紀はじめという、日本建国の直前の時代について、たいへん重大な嘘を言っていることが、疑問の余地なくはっきりする。しかも先ほどいったとおり、日本列島の内部はまだ統一されていない。倭国は邪靡堆という首都を中心とした、ごく限られた一地域を支配しているだけだ。それ以西には、それぞれ独立している諸国があり、その中には中国人の国もあることが『隋書』で分かる。

これが、『日本書紀』の与える伝統的な日本史のイメージとあまりにかけ離れているので、これまでは、これは何かのまちがいだとか、中国人のことだから、どうせでたらめを言ったのだろうとかいって片づけていた。しかし、でたらめを言うならいうで、それには相応の理由がなければならないが、この場合、そうした理由は考えられない。そうなると、『日本書紀』のほうが間違っていることになる。

一つの時代が終わったという戦慄

もともと、『日本書紀』という歴史書は、天武天皇が、自分たちの進めている日本国の統一事業の正当性を主張するために、編纂に着手したものだ。

それまで畿内の一部分だけを支配していた倭国を解体し、それ以外の、日本列島の全土に点在していた諸国を統合して、新たに「日本」という国を作りあげる。これまでの倭国大王の家柄に「天皇」という王号を採用して、天皇を新たな国家の元首にしたてあげる。そういう仕事を正当化するために、それ以前の日本列島にも常に統一国家があって日本と呼ばれており、天皇という王が治めていたのだという政治的な主張を書いたものが『日本書紀』だ。七世紀以前の日本列島の実態を後世に伝えようとして『日本書紀』を書いたのではない。これは、『日本書紀』が日本で最初に書かれた歴史の書物であるからには、当然のことである。

だいたい、どこの国でも、はじめて歴史の書物を書くときには、決して本当のことばかりは書かないものだ。その当時の政治情勢にとって都合のいいことを書くものである。その点、『日本書紀』ばかりが嘘を書いているのではない。ただ嘘にもつく根拠があって、全くのでたらめばかりではない。例えば、『日本書紀』が日本建国の年としている紀元前六六〇年は、後漢の鄭玄《じょうげん》という大学者の歴史理論に基づいている。

鄭玄が注釈した書物の断片が、日本の三善宿禰《みよしのすくね》清行《きよつら》という平安朝の学者（文章博士《もんじょうはかせ》）が九〇一年に醍醐《だいご》天皇にたてまつった「革命勘文《かくめいかんもん》」という、革命改元の勘文《かんがえぶみ》として残る最古の上申書に引用されて残っている。それで分かることは、鄭玄の理論では、文明は千三百二十年を一サイクルとして循環することになっている。

これを、『日本書紀』に適用すると面白いことになる。第一代の神武天皇の即位の年である紀元前六六〇年から千三百二十年後は、紀元六六一年で、この年は斉明天皇の崩御の年であり、百済の滅亡の翌年でもある。しかもこの年は、六十干支《かんし》では辛酉《しんゆう》に当たる。鄭玄の理論では辛酉は「革命」の年、つまり天命が改《あらた》まる年ということになっている。これに対して、辛酉の三年後の甲子《かっし》の年は「革令《かくれい》」の年、つまり制度が改まる年だが、この甲子は六六四年で、白村江の敗戦の翌年に当たる。これは何を意味するのだろうか。

歴史というものは、何か一つの時代が終わったという実感があり、新しい時代が始まったという主張があって、はじめて書かれるものだ。われわれが日記をつけるのでも、一日が終わって夜になった、さあ、あとは寝るだけだという時でないとつけない。昼間、仕事をしている最中に日記をつける人はいない。

『日本書紀』で、紀元前六六〇年が建国の年代になっていること自体が、倭人にとって、六六一年に一つの時代が終わった、これから全く新しい時代が始まるんだ、という、身もおののくような思いがあったことを暗示している。

中国史の一部分だった日本列島

始皇帝から中国史が始まる

それでは、六六一年の大変動以前の日本列島の歴史はどんなものだったか。一言で言って、中国史の一部分だったのだ。

もっと厳密に言うと、六世紀の末、五八九年に隋が南北朝を統一するまでは、アジア史はすなわち中国史だった。これは、中国という国家がアジア全体を支配していたという意味ではない。アジアの歴史で主要な事件が起こる舞台が、今日、中国と呼ばれている地域にかぎられていたという意味である。そうした中国史＝アジア史という時代は、紀元前二二一年、秦の始皇帝がはじめて中国を統一した時から始まった。

その秦の始皇帝の統一の意義は、簡単にいうと、陝西省の咸陽を中心とした商業都市網が完成したことにあると言える。

中国とは何かと言えば、一つの人種、一つの言語、一つの国土という意味での国家ではない。われわれは近代的な国家の観念に慣れているので、国というからには、単一の人種が住んでおり、単一の国語が通用しており、はっきりした国境に囲まれた一つの国土があるものだと、つい思いがちだ。しかし、そういう意味での国家は、西洋史でさえ、つい最近、十八世紀末のフランス革命までは存在しなかった。

フランス革命が世界の歴史にとって、画期的な意義があったことは、「国民国家」（ネーション・ステート）という観念を生みだしたことである。それ以来、フランス人が住んでいるところがフランスであるということになった。

それ以前には、イギリス王がボルドーに住んでいたり、ドイツの神聖ローマ皇帝の領地がイタリアにあったりするのは、別に不思議ではなかった。君主の領土ではなく個人の財産であり、遺産相続で変動するもので、父方・母方から相続したり、奥方が輿入《こしい》れのときに持ってきたりして、それがまぜこぜになって、モザイク状にあちこちに飛び地になっているのがふつうの状態で、国境はなく、国家という形態はなかった。それがフランス革命でルールが変わったのだが、これは東アジアでも同じことだった。

中国の組織は大総合商社

秦の始皇帝に始まる中国の組織は、現在でたとえれば、大規模な総合商社で、首都に本社があり、皇帝は社長である。その支店網が、首都から東方と南方に向かって、内陸の水路に沿って展開する。交通路沿いの形勝の地を選んで、支店に当たる都市を建設する。四角に城壁を築いて、四面にそれぞれ門をつくり、頑丈な扉をつける。

こうした城郭都市は「県」と呼ばれて、軍隊の駐屯地であり、また市場でもある。城壁の内側の住人は、戸籍に登録されている軍人・官吏・商人・手工業者で、これらが「民」であり、中国人である。

これに対して、城壁の外側の住人は、非中国人として扱われ、「蛮・夷・戎・狄」と呼ばれる。つまり、中国人と非中国人の区別は、人種の差ではなく、都市の戸籍に登録されているかどうかの違いである。

こうした城郭都市網が内陸の水路沿いに広がるのだが、その起点となる秦の咸陽、前漢・唐の長安（西安）は陝西省の渭河《いが》の渓谷にある。ここは、土地の農業生産力が比較的高く、大きな定住人口を集められるので首都があっただけで、中国の本当の中心は河南省の洛陽だ。

洛陽から東には、黄河下流のデルタ地帯が広がっているが、黄河は始末におえない暴れ河だ。現在の中国の地図を見ると、山西省の台地の東の縁が太行《たいこう》山脈で、その裾に沿って鉄道がある。なぜもっと東の平らなところを通らないかというと、この辺は人口が少なくて、塩分の多い水で悪い土地のうえ、黄河の氾濫が頻繁にある。黄河は土砂の沈澱が非常に早く、増水期には堤防が切れやすい。堤防工事を繰り返していると、たちまち河底が地上十メートル、二十メートルという天井河になってしまう。堤防が切れれば、北は北京から南は徐州にかけて、地平線の彼方まで、一面の泥の海になってしまう。そんな低地に人間が住めるわけはないので、古い聚落は太行山脈の麓にある。

南船

この黄河の沿岸で、いちばん南北に渡りやすいところが、洛陽のあたりである。洛陽から南に向かうと、漢江を下って湖北省の武漢で長江（揚子江）に出る。武漢から洞庭湖に入って、湖南省の湘江を南に遡っていくと、広西壮族《こうせいチワンぞく》自治区に入り、漓江から西江を下って広東省の広州に出る。ここから先は、もう南支那海だ。海上に出てからは、インドシナ半島の海岸に沿って南下して、シャム湾を横断してマレー半島に達し、クラ地峡を通るか、あるいはマラッカ海峡を回ってインド洋に出る。南インドの海岸の港からは、ペルシア湾や紅海経由で地中海世界と連絡する航路が開けている。これが中国の諺《ことわざ》に言う「南船北馬《なんせんほくば》」の「南船」で、洛陽はそうした水上交通路網の起点なのである。

北馬

それでは、洛陽から北京方面に向かう、「北馬」のほうはどうだろう。洛陽から北に黄河を渡れば、太行山脈の東麓沿いに、黄河デルタの縁を回って北京方面にいける。いきどまりの北京は、西北に向かってモンゴル高原に上がれば、中央アジアを通って地中海世界に通ずる「シルク・ロード」と「草原の路」の起点である。北京から東北に向かえば、山を一つ越えたところに大凌河《だいりようが》という河がある。この大凌河を東に下ると、遼河デルタの西端に出る。これを北に迂回して、瀋陽で遼河を東に渡り、その南の遼陽から南下して大同江畔の平壌に達する。ここまでは陸路である。山東半島から船で黄海を渡っても、大同江口に入って平壌につく。

平壌からは、韓半島の内陸の水路が利用できる。平壌から少し大同江を下って、黄海にでる前に、載寧江《さいねいこう》という支流に入って南へ遡り、瑞興《ずいこう》で滅悪《めつあく》山脈を、ボートを肩にかついで越え、向こう側の礼成江《れいせいこう》に下ろして下ってくれば、江華島に出てくる。ここで西に向かうと黄海に出てしまうから、東へ曲がり、漢江に入る。漢江の北岸がソウルで、南岸が百済の最初の王都のあった広州だ。漢江をさらに南に遡り続けると、上りつめたところに忠州《ちゆうしゆう》の町がある。忠州から、小白山脈を鳥嶺《ちようれい》の峠で越えると、南側は洛東江《らくとうこう》である。洛東江を南に下ってくると、その西岸に沿って、後世に「任那《にんな》」とか「六伽耶《ろくかや》」とか「駕洛《から》」とか呼ばれた国々があり、河口のところが金海《きんかい》の町だ。

この金海が、「魏志倭人伝」で有名な狗邪韓国《くやかんこく》または弁辰狗邪《べんしんくや》国、一名は金官駕洛《きんかんから》国である。この洛東江が金海で海に流れこむところに発達したのが、現在の釜山《ふざん》市だ。釜山までくると、天気のいい日には対馬が見える。そこで少し西寄りの固城《こじよう》の海岸に下って、ここから船を出して海流に乗れば対馬に到着する。

対馬からは壱岐をへて九州の北岸、それから瀬戸内海に入って大阪湾に達する。大阪までいけば、あとは大和川を遡って奈良盆地へいってもいいし、淀川を遡って琵琶湖に出てもいい。琵琶湖からは、北陸の海岸へも、伊勢湾へも抜けられる。

このように、平壌から先は、ほとんどが内陸の河川か内海で、平底の川舟で十分であり、特別の外洋航海の技術は必要ない。これは内陸水路の交通に慣れた中国人にとって、都合のいいことであったにちがいない。

魅力ある日本列島の市場

もう一つ、大事な事情がある。現在でもそうだが、韓半島の人口は、日本列島に比べてはるかに少なかった。日本列島の人口は、いつも韓半島の三倍から四倍ある。行って御覧になれば分かるが、山がちの北朝鮮に比べて平地の多いほうの韓国でも、日本よりは平地が少なく、人の住めるところが狭い。慶州盆地でさえ、奈良盆地に比べてはるかに規模が小さい。昔も人口はあまり多くなかったに相違ない。

一方、日本はというと、森浩一の見積りでは、古墳が十五万基あるという。日本の古墳時代の長さは、常識でいって四世紀から七世紀までの約三百年である。そうすると、毎年少なくとも五百基の古墳を作らなければならない。これはよほど豊かであったか、人手があまっていたかだが、その両方だろう。

これで見れば、古い時代から、日本列島は人口の多い、物産の豊かなところだった。

商業都市網を基礎とし貿易によって経営している皇帝制度の中国にとって、日本列島ははなはだ魅力のあるマーケットだったに相違ない。そのマーケットを押さえて、中国の製品を売りこみ、日本列島の産物を買いとるのだが、日本列島の産物の主要なものは、恐らく砂金だっただろう。後世でも、マルコ・ポーロの『東方見聞録』に「黄金の国ジパング」として有名なとおり、日本は世界有数の産金国だった。金がとりつくされて産銀国になり、銀が掘りつくされて産銅国になり、江戸時代に銅も掘りつくされたので、やむをえず養蚕《ようさん》などを始めて生糸の輸出国になったのだ。

この魅力のある日本列島の市場を中国が押さえるのには、手間暇はいらない。韓半島北部の平壌に前進基地をおけばいいのだ。この当時は、東支那海を横断する航海術がまだ発達していなかったから、平壌さえ制圧すれば、いながらにして、瀬戸内海をとおって日本列島の中心部にいたるルートを支配できたのである。

『史記』の「朝鮮列伝」によると、紀元前三世紀の初め、北京にあった燕王国が真番・朝鮮を支配していた。真番は洛東江の渓谷の住民で、ここは後の辰韓・弁辰諸国の興ったところだ。辰韓が新羅になり、弁辰が任那になる。朝鮮とは、大同江から漢江へかけての渓谷の住民のことである。

この真番・朝鮮に燕が駐屯軍をおき、官吏をおいて、通行税をとったことが『史記』に書いてある。これは日本列島に通ずる貿易路を支配したということでなければならない。この状態は、紀元前二二一年に燕王国が亡びて、秦の始皇帝が中国を統一してからも同じだった。

その後、前漢が秦にとって代わったが、秦末の戦乱で中国の国力が低下したので、前漢は韓半島を通ずる対日本列島貿易ルートを自ら押さえることができなかった。そこで前漢は、平壌の地方的な親分の満《まん》を朝鮮王として公認し、特約を結んで、貿易の安全を保障させ、その見返りに前漢が満に武器を供給した。しかしこれも一時的な措置で、紀元前一〇八年になると、前漢の武帝は満の孫の右渠《うきょ》を滅ぼして、韓半島の利権を回収し、大同江畔の平壌に楽浪郡をおいた。楽浪郡の南には真番郡をおいたが、里程から判断して、真番郡の位置は現在の釜山あたりと思われる。

真番郡には十五の県があったと伝えられている。「県」は四角に城壁をめぐらした都市で、それが洛東江の流域の比較的狭いところに十五も建設されたのである。送りこまれた軍人や商人は、少なく見積もっても万をもって数えることになる。

それだけの数の中国人が韓半島の南端に送りこまれたのだ。こうした郡・県の経営方式は、中国では後世にいたるまで変わらない。経費は中央政府の予算から賄《まかな》うのでなく、必ず現地で財源を調達する。つまり、真番郡は対日本列島貿易の利潤で食っていけというこどだ。それに、十五もの県をおいたということは、利潤がそれほど大きいと期待したことを示している。しかし実際には真番郡は赤字続きで、ついに黒字にはならなかったらしく、武帝が五十四年間の長い在位のあと亡くなると、紀元前八二年に廃止されてしまう。それとともに、漢の前線は小白山脈の北側まで後退し、代わって楽浪郡が前線となる。

中国商人の貿易の仕方

華僑の発生

真番郡が存在していた、前一〇八年から前八二年までの二十六年間に、この地に送りこまれた万を越える中国人は、利潤をあげるために、貿易船をしたてて、対岸の人口の多い未開の島々、日本列島に商売にいったに相違ない。二十六年というと、昔の平均寿命の短かかった時代では、親子二代ぐらいの長さだ。それによって、日本列島の海岸寄り、川岸の船着き場の周囲に住んでいる倭人たちは、毎年やってくる中国商人が持ちこむ商品に触れられるようになった。

その貿易の実際の様子は、後世の中国人商人が東南アジアに進出した時のやり方から類推できる。来航した中国商人は、船が着いても、最初は原住民を警戒して陸に上がらない。原住民のほうが小舟で漕ぎ寄せてくる。そして甲板に上がって、船に積んできた商品をあれこれ手にとって見る。ここで混乱を防ぐために、原住民の中から機転が利いて中国語がいくらか話せる人が保証人にたって、商品を信用で貸しつける。当時の日本列島には貨幣経済がないから、現金決済ではなくて物々交換だ。原住民たちは商品をかついで船を下り、小舟を漕いでいってしまう。それから岸に上がって、中国商品を背負って山の中の村々まで分けいって、物々交換で地方の産物を集めて、船着き場にもどってくる。船着き場では中国商人が泊めた船の中で待っている。それに地方の産物を渡して、値打ちを計って、これでよろしいとなって初めて取引きが成立、出航して帰るということになる。

このように、中国商人は最初のうちは自分の船で待っている。船着き場の地元だけで物々交換をやっているうちはいいが、交易ルートが奥地まで広がると、商品の代価がもどってくるまで、何カ月も半年もかかるようになる。帰りの航路の風向きなどを考えると、年を越さなければならないこともありうる。そうなると、中国商人は船から陸に上がって、最初は原住民の酋長の家などに泊まりこむ。そのうちにさびしさをまぎらすために、原住民の女を妻にして家を構える。本国にも妻がいるから、二つの家庭の間を往復して、両方に子どもを作る。こうして華僑が発生する。

食糧生産が上がり定住へ

中国人の定期的な来航の影響は、もう一つある。中国人はたくさん飯を食う。十六世紀にフィリピンのマニラにきたスペイン人が王様に報告しているが、中国人一人はフィリピン人五人分よりもたくさん、しかも値段にかまわずいちばんいいものを食うというのだ。

紀元前二世紀に日本列島にきた中国人も同様だっただろう。それまで原住民がつましい食べ物で満足していたところへ中国人がくると、いっぺんに食糧の需要が出てきて、作れば作るだけ売れるということになる。食糧の生産が急ピッチであがり、食糧の供給が豊かになり、港に人が集まり、定住人口が発生する。日本考古学の教えるところでは、古い時代の住居阯《あと》はほとんどが丘の上か山の中腹の高地にあったのが、このころから河口の低地に下りてくる。『日本書紀』にいう仁徳天皇の難波《なには》の高津宮《たかつのみや》は、現在の大阪城のあたりにあったようだが、こうしたところにチャイナ・タウンができる。

なぜ古い時代には海岸や河口に人が住まなかったかと言うと、寄生虫病が主な原因のようだ。大阪には明治にいたるまでマラリアの風土病があったそうだが、マラリアは恐ろしい病気で、昔は人がどんどん死んだ。だから、海岸の低湿地に人が住まなかったのは、何も「魏志倭人伝」のいうような「倭国大乱」のせいではない。ところが、貿易が開けると海岸に人が集まって聚落が成長してくる。そこへ真番郡が赤字経営で引き合わないからというので、紀元前八二年に廃止になってしまう。しかし、原住民のほうはそれではすまない。

中国貿易に慣れてぜいたくになっている。また中国側でも、楽浪郡に統合された県を食わせていくためには、やはり日本列島貿易は必要だ。韓半島の楽浪郡時代の遺跡の出土品に金細工が多いことは知られている。同じ時代の漢の植民地の遺跡でも、ヴェトナムのドンソン文化には金細工はほとんどない。この違いは、日本列島産の黄金だろう。楽浪郡の富は漢代の文献にも有名だった。

紀元前二〇年の倭人諸国

そうしたわけで、今度は日本列島の原住民の酋長たちが、自分で船をしたてて、韓半島を縦断する内陸水路を通って、楽浪郡に貿易にやってくるようになる。これが「漢書地理志」の「楽浪の海中に倭人あり、分かれて百余国となる。歳時をもって来たりて献見す」という、紀元前二〇年代の状況である。

ここで百余の「国」というのは、もちろん国家ではない。漢字の「国」の本来の意味は、城壁で囲まれた都市のことで、「中国」とは、中央の都市すなわち首都の城壁の内側のことである。もっとも日本列島は中国に比べて平和なところだったから、「国」とはいっても城壁はなかったようで、「魏志倭人伝」にも倭人の都市の城壁については言及がない。要するに、倭人の諸国とは、港や船着き場を中心に発達した、チャイナ・タウンの市場をとりまく聚落で、そこに倭人の酋長がいるという性質のものだと思う。そうした倭人の諸国が、中国の商業網の末端に組みこまれて成長してきたということだ。

中国の戦乱と倭国

王莽の乱と漢委奴国王

ところが、そのすぐ後の前漢の末になって、王莽の乱が起こる。

王莽は前漢の帝室の外戚で、皇帝の位をのっとった人だが、儒教というイデオロギーを信奉して、理想主義的な政治改革を強行した。それがあまりに過激だったので、中国は大混乱に陥り、内戦が二十五年も続いた。その結果、中国の人口は激減する。王莽の登場の直前、紀元二年の人口統計が残っているが、それでは五九、五九四、九七八（約六千万）人である。それが二十五年間の王莽の乱をへた後、後漢の光武帝が統一を回復した時は、わずかに五分の一の一千数百万人に減っている。

それで、前漢のままの規模では経営が困難なので、光武帝は多くの郡や県を廃止したり統合したりするが、ことに辺境は悲惨な状況だった。その対策の一環として、紀元五七年に、有名な金印の「漢委奴国王」が出現したわけである。

今や前漢の時代のように、楽浪郡の艦隊が中国商人の貿易の安全を保障することはできなくなった。その代わりに、昔の朝鮮王・満のように、奴国（博多）の倭人の酋長に委託して、中国商人の保護と紛争の解決の責任を負わせる見返りとして、倭人が中国と交渉する際には、必ずこの奴国の倭王の手を通すことにする。倭王は中国の名誉総領事のようなもので、ヴィザの発給権を持っている。

これが倭王の起源だが、倭国という国家があってその王がいるというものではない。中国側が倭王というポストを作って、それに貿易の独占権を認めたということなのだ。

そうなると、倭人の諸国としては、倭王を通さずに楽浪郡にいっても受けつけてもらえないし、貿易もできない。倭王のほうでは、諸国の貿易の利潤の上前《うわまえ》をはねることができるようになる。こうして、中国皇帝との特約関係に寄りかかった倭王の勢力がだんだん日本列島に浸透する。それでも国家の体制などと言えるものではない。

黄巾の乱と卑弥呼

ところが、紀元一八四年になって、中国では王莽の乱の規模をはるかに越える大変動が起こる。

これが黄巾の乱で、宗教秘密結社の全国的大反乱である。原因は、後漢の経済の急成長と、人口の都市集中だ。下層階級の不満は、経済成長が急激な時期ほど噴出しやすいもので、こういう富の分配の不公平はいやだ、新しい正義の社会を実現しようとして革命運動に走ったのである。この反乱自体は間もなく後漢の国軍に鎮圧され、革命は失敗するが、今度は国軍の将軍たちの間の勢力争いに発展して、中国は四分五裂の状態となった。

人口はまたもや激減して、乱の前の紀元一五七年の五六、四八六、八五六（約五千六百万）人から、乱の後の二三〇年代（三国時代）には、十分の一以下の五百万人たらずに減少する。戦争が続いて耕作が中断され、農園が荒廃し、食糧の備蓄がつきて大量の餓死者が出た。人口というものは一度ある限度以下に減少すると、回復はなかなか困難だ。中国でも、人口は極端に少ないまま、五八九年の隋の南北朝統一を迎える。

そういうわけで、一八四年の黄巾の乱を境いとして、中国の経済は崩壊し、人口は激減して、華北の平野部はほとんど無人地帯になる。魏の曹操は、その空白を埋めるために、北方辺境の遊牧民・狩猟民を華北に強制移住させた。その結果、華北は非中国人地帯と化し、やがて三〇四年に始まる五胡十六国の乱と、それに続く鮮卑《せんぴ》系の北朝の時代をへて、隋・唐時代の中国人は、もはや秦・漢時代の中国人の子孫ではなく、北方から移住した遊牧民・狩猟民の子孫がとって代わっている。だから、現代の中国人も、実はもともと非中国人たちの子孫なのだ。

黄巾の乱で中国が崩壊した結果、中国皇帝の威光を後ろ盾にして成りたっていた博多の倭王が没落し、代わって邪馬台国の女王・卑弥呼が倭人諸国の選挙で代表になった。このころ韓半島は、遼陽を本拠とする公孫氏軍閥の勢力下にあったので、日本列島の卑弥呼も公孫氏と関係を結んでいただろうが、二三八年、魏の将軍・司馬懿が公孫氏を滅ぼして遼河デルタと韓半島を平定したので、卑弥呼も司馬懿と関係を結び、翌年「親魏倭王」の称号を受ける。その後、司馬懿は二四九年にクーデターで魏の実権を掌握した。司馬懿の息子たちがその後をついで、とうとう二六五年には司馬懿の孫の司馬炎（晋の武帝）が魏の最後の皇帝を廃位して自ら皇帝となり、晋朝を創立する。この間、邪馬台国の女王はずっと司馬氏との特別な関係から利益をえていたのだが、三〇〇年にいたって趙王・倫の乱と八王の乱が起こって、晋朝の統一は破れ、中国は再び崩壊する。一度、千八百万人台にまで回復していた人口も、また激減する。この変動のあおりで、邪馬台国の女王も没落したようだ。

河内王朝と倭の五王

邪馬台国の没落の後の四世紀には、代わって畿内の難波を中心として、仁徳天皇を初代とする、いわゆる河内王朝が出現した。これが『宋書』にいう「倭の五王」だ。

この河内王朝は、頼るべき中国皇帝がないので、韓半島の百済王と結びつく。当時の韓半島では、北方から高句麗王国の勢力が南下してきたので、百済王は対抗上、戦略的な後背地として日本列島の確保を必要とし、新たな倭王を公認した。

こうして成立した河内王朝の倭王は、百済を中継地として華中の南京にある南朝と貿易を営む。これは当時の華北が戦乱続きの不安定な状態で、華中の南朝が比較的安定していたからだが、その南朝の最後の陳が五八九年、北朝の鮮卑系の隋に併合されて、中国が再統一されたころには、中国の経済の中心は華北を去って、華中の揚州に移っていた。隋は中国統一の勢いにのって、東北アジアをも回収しようとし、高句麗をくりかえし攻撃するが、成功しないまま滅亡する。隋の後をついだ唐がまず六六〇年に百済を、ついで六六八年に高句麗を平定したことは、すでに述べた。

韓半島と日本列島の人口構成

それでは、六六八年に天智天皇が日本を建国する前、七世紀前半の韓半島の人口構成はどうだったのだろうか。六三六年に唐が編纂した『隋書』の「東夷列伝」によると、百済の国人は、新羅人・高句麗人・倭人の混合であり、また中国人もいる。新羅の国人も、中国人・高句麗人・百済人の混合である、と書いている。この記事では、百済には倭人がいるのに、新羅には倭人がいないのが目立つ。これは新羅が、倭から百済をへて南朝にいたる貿易ルートを外れているのが原因だと思う。

それでは日本列島ではどうだったか。ここで、同じ『隋書』に伝えられる、六〇九年に隋使・裴清が立ち寄った秦王国のことを思い出してほしい。博多の竹斯国のすぐ次が秦王国であり、しかもその先十余国をへてから倭国の難波の津に到着することから考えれば、秦王国は瀬戸内海の西部沿岸の下関の付近だろうと思うが、そこに中国人だけの秦王国という都市が実際にあったことは、疑う余地がない。そうして見ると、韓半島だけでなく、日本列島も人口構成は似たようなもので、倭人以外の種族が混じって住んでいたことになる。

八一五年に編纂された『新撰姓氏録《しんせんしょうじろく》』で見ても、畿内の摂津・河内・大和・山城などの諸国の千を越える氏族のうち、大きな部分が「諸蕃《しょばん》」すなわち非倭人だが、この諸国はかつての倭国の中心地帯である。九世紀の平安朝の初期でもまだそうだったから、まして もっと古い、七世紀の日本建国以前の日本列島の人口は、多くの種族の混合だったにちがいない。

日本列島がそういう状況だった六六〇年代に、それまで倭国の友好国だった百済が滅亡し、敵対国だった新羅が韓半島南部を統一した当時、天智天皇や天武天皇はどう感じただろうか。韓半島も日本列島も人口構成では似たようなもので、しかも日本列島には政治的統一がない。倭人の諸国の中では倭国は最大だが、倭国大王が直接支配するのは、せいぜい河内・大和・山城・播磨・近江の範囲で、そのほかの諸国とは、附庸《ふよう》と表現されるゆるい同盟関係しかない。

日本列島の倭人たちはそんな弱体の状態で、唐という世界帝国と、それと同盟して韓半島南部を統一した新羅という宿敵に直面したのだ。日本列島に住んでいる百済人・新羅人・高句麗人・中国人の故郷がすべて、倭人にとっては敵地になってしまった状況では、唐と新羅は、その意志さえあれば、日本列島を容易に制圧できたはずだ。

そうした危機に対抗してとられた措置が、それまでの倭国とその他の諸国を、一度解体して再統合すること、すなわち、日本の建国だったのだ。これによって、倭人も、その他の中国人などの多くの種族も、一つの国民となって日本人と総称されるようになった。これこそが本当の国づくりであったと、私は思う。

第六章　中国側から見た遣唐使

奮闘する遣唐使

「遣唐使」と言うと、どんなイメージを抱くだろうか。衣冠束帯《いかんそくたい》の貴人たちの一行が、小舟で万里の荒波を乗り越え、難破の危険を冒して、はるかに西方の大陸の、光り輝く世界帝国、大唐の都、長安へ、新しい文化、珍らしい宝物を求めて旅立ってゆく姿ではないだろうか。

たしかにずっと末期に近い、八世紀や九世紀の時代の遣唐使について言えば、新しい文化の輸入という目的が目立つが、七世紀の初期の遣唐使は、そんな平和な意味ばかり持っていたのではない。当時のアジア大陸には、たいへん規模の大きな変動が起こっていて、われわれの祖先たちは、国際情勢の変化に押し流されそうになりながら、夢中で奮闘していたので、遣唐使もそのひとつの現われだった。そこで、この中国側から見た遣唐使についてお話しようと思う。

東アジア最大の強国との関係

最初の遣唐使が中国の記録に姿を現わすのは六三一年のことで、この年、「倭国」の使いが「方物《ほうぶつ》」つまり、土地の産物を持って唐の都の長安を訪れ、太宗《たいそう》皇帝にお目どおりをしたことが伝えられているが、この六三一年という年には意味があるのだ。

中国大陸では四世紀以来、漢民族の人口が激減して、華北には北方から侵入した騎馬民族が、また、華中には生き残りの漢民族がそれぞれ政権を作って、国家が南北の二つに分裂したまま、三百年近くも経った。六世紀の末になって、華北の遊牧民系の隋という国家が、華南の陳という国家を併合することに成功し、はじめて中国の統一が再現した。

この隋の朝廷に、六〇〇年に倭国王アマ・タラシヒコ・オホキミという人の使者が表敬訪問にやってきたのをはじめとして、六〇八年にも同じ王の使者が来訪したので、翌年、隋の皇帝は、裴世清《はいせいせい》という使者を遣わして倭国を答礼訪問させた。

そのときの使者の見聞によると、日本列島はまだ統一国家ではなくて、多くの小国の連合であり、倭国王はヤマトに都《みやこ》して、倭国と呼ばれる範囲は、その周辺一帯に限られていたうえ、諸国のうちには、中国人の住民だけからなる国もあった、ということだ。さらに翌年、アマ・タラシヒコ・オホキミ王の使者は、裴世清を送って、みたび、隋の朝廷を訪れている。

ところでわが国で最古の歴史の書物である『日本書紀』（『古事記』は九世紀に作られた、にせもの）によると、アマ・タラシヒコ・オホキミが倭国王であった時代には、推古天皇という女帝がいて、娘婿の聖徳太子が摂政だったことになっている。これを見ても、この時代についての『日本書紀』の言うことが当てにならないことがわかる。その後まもなく、倭国では王家の血統が断絶して、舒明《じょめい》天皇という人があらたに王位についたことになっている。

これはたぶん本当だろうが、さきに言った六三一年の第一回の遣唐使は、この倭国の新王家の出現直後なので、おそらく中国の皇帝から外交上の承認をとりつけて、日本列島の内部の諸国に対して押さえがきくようにする必要があったのだと思う。

大唐帝国の成立

『日本書紀』では、これを、六三〇年の秋に犬上君三田耜《いぬかみのきみみたすき》を大唐に遣わした、と簡単に書いているだけである。一方、この時期は、唐の側でも非常に大きな意味のある時期だった。それは突厥《とっけつ》（チュルク）帝国に対する勝利である。

せっかく、中国の統一を回復した隋の国家は、東北アジアの強国であった高句麗王国に対する大規模な征服作戦の失敗がきっかけで、まもなく内乱で倒れてしまい、隋と同じ遊牧民系の唐が統一を回復する。

しかし、その間に、モンゴル高原にトルコ人の祖先が建てた突厥帝国が強大になって、唐の皇帝といえども頭があがらなくなっていた。これは唐の建国に、突厥の援助を受けたという事情もあったのだが、唐の太宗皇帝は六三〇年の春、大軍をモンゴル高原に進撃させて突厥帝国を滅ぼし、これによって唐は、突厥に代わってアジア最大の強国になった。

北アジアの遊牧部族の代表が集まって、太宗皇帝を自分たちの君主に選挙し、「天可《てんか》汗《がん》」という称号を贈った。こうして太宗皇帝は、北はシベリアから南は南シナ海にいる、広大な東アジアの多数の民族の共通の君主となったのだ。

倭国王の舒明天皇が犬上君三田耜を唐に派遣したのは、同じ六三〇年の秋のことだから、この国際関係の大変動のニュースは、ただちに日本列島にも伝わったのだろう。

「朝貢」とは

外国の使者が、方物を持って中国の皇帝に表敬訪問をすることを「朝貢」と言うが、「朝」は朝廷で朝礼に出席すること、「貢」は手みやげを持っていくことを意味する。

中国の皇帝のところへ外国の使者が来ると、まず係官が使者を尋問して、これが偽者ではなく、間違いなくその国の王からきた者であることを確かめて、聞き書きを作る。そして謁見《えっけん》の日取りを決める。謁見は、朝礼のときに、皇帝に会うのだ。朝礼は、毎月

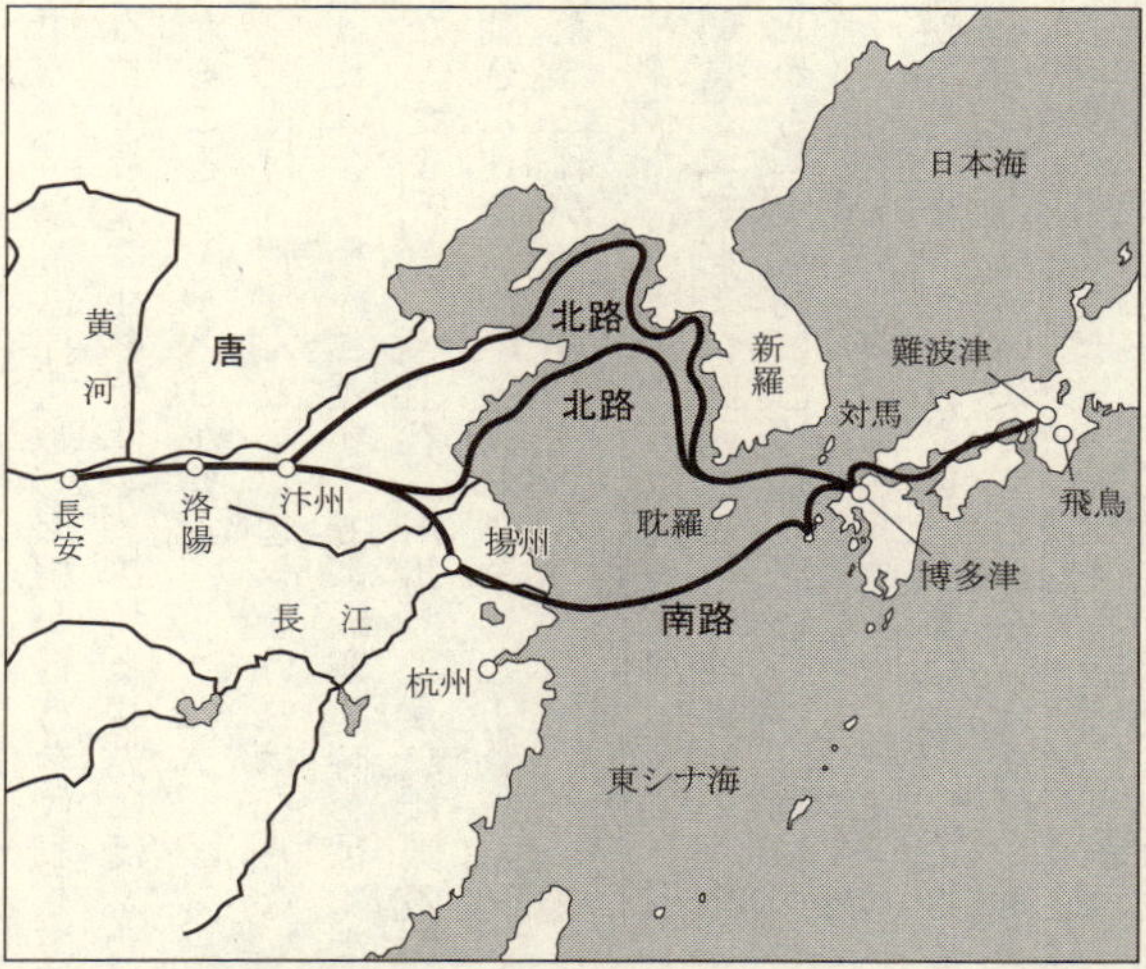

日唐交通路（遣唐使の経路）

決まった日に行なわれる。古くは多分、満月の夜明けだったのだろう。その日の朝は、まだ真っ暗な午前四時ごろに、百官は正装して、宮中に参内《さんだい》し、正殿の前庭に整列する。この朝礼の行なわれる庭が、すなわち「朝廷」である。百官のそれぞれが立つ場所は、ランクによって決まっている。その場所が「位」で、字形で分かるとおり、「位」の本来の意は「人」が「立」つ場所である。

時間が早いので、冬などは非常に寒く、百官はがたがた震えながら待っている。一方、皇帝も夜半過ぎには起きて、身を清め、神を祭って犠牲を捧げる。夜のしらじら明けに、皇帝は正殿に出御《しゅつぎょ》して、殿上《でんじょう》の玉座に座る。百官は宰相に率いられてひざまずいて、皇帝に拝礼し、宰相が百官を代表して皇帝に挨拶をする。これが「朝賀《ちょうが》」である。皇帝はこれを受けて、これより先にほふった犠牲の肉を百官に分配する。朝礼が終わるころ、やっと日が昇る。

朝礼は、朝うんと早く起きなければならないことや、朝廷の石畳の上で長時間待たなければならないことなどで、厳寒の時だけでなく、雨風の強い時にも、実につらい行事だったようだ。犬上君三田耜のような倭国の使者も、こうした朝礼に出席して、前夜、朝廷に運びこんで陳列しておいた方物を皇帝のお目にかけ、倭国王からの手紙を奉呈した。これが「朝貢」である。

朝貢は、べつに臣属関係の表明ではない。日本の東洋史学界では、どういうわけか、朝貢を「アジアの諸国あるいは諸部族の、中国に対する形式的な服属関係」と定義し、しかも「実質的には特殊な形態の外国貿易であった」と見なして、これを「朝貢貿易」と呼ぶのが通り相場になっている。ところが、これはとんでもない間違いである。朝貢が貿易であるわけはない。朝貢はただ、友好のしるしまでに、適当な手みやげを持って、中国の皇帝に会いに行くことを言うだけである。別に、中国の皇帝の臣下であることを表明するものではぜんぜんない。むしろ、独立の友好勢力の代表であることを表明する手続きだ。実を言うと、朝貢を行なうのは、外国の君主や部族長にはかぎらないので、中国の国内でも、地方長官が皇帝に会いに行くときは、これを朝貢という。こういう基本的な事実を、一般に知らせないばかりでなく、専門家たち自身が認識していないほど、日本の歴史教育はなっていないのが実情で、まことに申しわけないと思う。

朝貢は、そうした友好の意志の表明だったが、六三〇年の第一回の遣唐使が太宗皇帝に正式に謁見して使命を果たしたのは、翌六三一年の正月のことだったようだ。このとき、太宗皇帝は、長安に来訪していた外国の君主や使者たちをことごとくひきつれ、西南郊外の昆明池《こんめいち》の湿地帯で大規模な巻狩《まきがり》を行なった。

巻狩というのは一種の軍事演習で、数万人の兵士が勢子《せこ》になり、周囲何十キロメートルにわたる大円陣を作って、何日もかけてだんだんせばめていき、最後に一個所にぎっしりと押しつめられた、おびただしい野獣たちが湯の沸くように躍り上がり跳ね回る中へ、皇帝以下が次々と進みいり、馬上から心ゆくまで獣を射てとるスポーツだ。

倭国使も新羅国使とともに参加を許された。これはもちろん、大唐皇帝の威勢を示すデモンストレーションであった。

遠くの倭国と新羅が、新たにアジアの最強国となった唐に対して、いち早く友好の態度を示したのに、より中国に近い高句麗と百済は、かえって唐に脅威を感じて、警戒の態度を示した。

果たして唐は、六四五年、太宗皇帝自身の指揮のもとに陸上から高句麗を攻撃したが、撃退されて作戦は失敗に終わった。太宗皇帝のあとを継いだ高宗皇帝も、六五五年、遠征軍を高句麗に送って失敗している。

世界帝国を敵にして孤立

一方、倭国は、第一回の遣唐使以来、二十年以上も中国に使者を送らなかった。それが六五三年になって、にわかに第二回の遣唐使を送り、それが帰国しないうちに、またも六五四年に第三回の遣唐使を送っている。

このあわただしさは、唐の高句麗攻撃が切迫していることを知って、あらかじめ自国の安全のために打った手にちがいない。第二回の遣唐使については、中国側の記録がないが、第三回の遣唐使については、この年の末に高宗皇帝に謁見し、斗《ます》ほどの大きさのコハクと、五升の器ほどのメノウを献上したことが伝えられている。

その後、六五七年、唐軍は中央アジアの西突厥帝国を滅ぼして、シルクロードをことごとく支配下にいれ、残る独立国は高句麗と百済だけになる。両国に対する唐の戦争準備がまた活発になると、倭国はあわてて六五九年、第四回の遣唐使を派遣する。

このときの二隻のうち、一隻は難破して南海の島に漂着し、島人に滅ぼされるが、もう一隻は安着し、一行はその冬、洛陽で高宗皇帝に謁見し、連れていった蝦夷《えみし》の男女二人を献上し、冬至《とうじ》の日の朝礼でも優遇された。

ところがその後、「来年、東方で軍事行動があることになったから、お前たち倭国の使者は帰国させない」といわれ、長安に連れ去られて一年ほど閉じこめられた。その間、六六〇年、唐軍は海上を渡って韓半島の南部に上陸し、新羅軍と共同作戦をとって百済王国を滅ぼす。

これに脅威を受けた倭国は、方針を変えて百済の復興を計画するが、六六三年の白村江の戦いで、救援の倭軍は唐軍に敗れて全滅する。この行動によって、倭国は世界帝国を敵に回し、海の中に完全に孤立してしまったことになった。

日本国の誕生

当時、倭国の中心人物であった天智天皇は、非常事態に対応する手段として、倭国と諸国の古い連合組織を解体して、新しく日本列島をおおう統一国家を作りあげ、六六八年、大津で即位して「天皇」という王号を採用する。その間に唐軍は同じ年、高句麗王国をも滅ぼしている。

天智天皇はこの国際情勢を受けいれ、遣唐使を派遣した。この一行は翌年、高宗皇帝に謁見して、高句麗征服のお祝いを言上《ごんじょう》している。これが倭国からの最後の遣唐使だった。

同じ六七〇年の末に新羅王国に来た使者は、国号が日本国と変わったことを通告している。新しい統一国家・日本の登場である。しかし、日本国を名のる遣唐使が長安をはじめて訪れるのは、三十年以上もあとの七〇二年のことだった。

そういうわけで、七世紀の初期の遣唐使の歴史は、そのまま、巨大な唐帝国にのみこまれ、独立を失なうまいとする、われわれの祖先の必死の努力の歴史だった。

遣唐使が、中国の高度な文化の吸収のための平和の使節となるのは、八世紀に入ってからの話である。

第七章　「魏志東夷伝」の世界

三世紀の東北アジア世界

晋の陳寿の著作『三国志』の第一部「魏書」の第三十巻は「烏丸《うがん》・鮮卑《せんぴ》・東夷伝《とういでん》」である。その内容は前半の「烏丸・鮮卑伝」と後半の「東夷伝」の二つの部分に分かれていて、それぞれに序文がついている。「烏丸」と「鮮卑」は、大興安嶺山脈の東斜面からモンゴル高原にかけて分布した遊牧民である。

これに対して「東夷伝」は、「夫余《ふよ》」「高句麗」「東沃沮《とうよくそ》」「挹婁《ゆうろう》」「濊《わい》」「韓」「倭人」の七つの種族をとり扱う。これらは満洲から韓半島・日本列島にかけての住民である。この後半の部分がここで言う「魏志東夷伝」で、その最後の「倭人」の項だけをとりだしたものが、いわゆる「魏志倭人伝」なのである。

この「魏志東夷伝」が、三世紀の東北アジア世界をどのように描きだしているかを語ろう。

韓半島に住む種族の名として、もっとも古く中国の記録に現われるのは「朝鮮」「真番」「臨屯」の三つであって、これらは『史記』に出ているから、前二世紀の後半から前一世紀のはじめの司馬遷の時代の知識である。これは、前漢の武帝が前一〇八年に朝鮮王国を征服したあとの情報だろう。朝鮮は、現在の大同江の渓谷から漢江の渓谷へかけての住民、真番は、洛東江の渓谷の住民、臨屯は、東岸の日本海沿岸の住民である。

これが、一世紀末の班固《はんこ》の『漢書』ともなると、さらに「濊」または「穢貊《わいばく》」と、「辰国《しんこく》」がこれに加わる。その理由は、現在の形の『史記』には、司馬遷が武帝の治世を記したはずの「今上本紀《きんじょうほんぎ》」が欠けていて、その代わりに「封禅書《ほうぜんしょ》」からの抜書きがこの巻を埋めているからである。『漢書』の「武帝紀」には、前一二八年に当たる元朔《げんさく》元年の秋の項に、「東夷の濊君南閭《なんりょ》らの口《こう》二十八万人が降ったので、蒼海郡《そうかいぐん》となした」とある。

これと同じ事件を、『史記』の「平準書《へいじゅんしょ》」には、「彭呉《ほうご》が朝鮮を賈滅（?）して、滄海の郡を置いた」という。ところが「平準書」とほとんど同文の『漢書』の「食貨志《しょっかし》」には、「彭呉が穢貊・朝鮮を穿《うが》って、滄海郡を置いた」という。これを比べると、『漢書』

のほうが字形が正しくて、『史記』の「貫」が「穿」の誤り、「滅」が「濊」の誤りであることを示すようである。濊と穢貊は同じ種族で、満洲東部から韓半島にかけての山地の住民である。「滄海郡」はすなわち「蒼海郡」である。

さらに『史記』の「朝鮮列伝」には、武帝に討伐された朝鮮王・右渠《うきょ》について、「真番の傍らの衆国《しゅうこく》が、書をたてまつり天子にまみえんと欲すれども、また雍閼《ようあつ》して通ぜず」とある。

つまり、中国皇帝に手紙をさしあげたりお目見えしたりしようとしても、妨害して通さなかったという。『漢書』の「朝鮮列伝」には、同じことを「真番の傍らの衆国」ではなく、「真番・辰国」と記しており、ここで「辰国」が出現する。辰国は、後の「魏志東夷伝」の辰韓・弁辰と関係がありそうで、しかも辰韓・弁辰の住地は、まさに真番の故地《こち》に当たる。これらの文字の違いは、『史記』の衆国と『漢書』の辰国のどちらが正しいのか、論じてみてもはじまらない。ここで注目していい点は、「韓」という種族名が、まだ姿を現わさないことである。

これは『史記』の著者の司馬遷の時代には、少なくとも「韓」の名は知られていなかったことを示す。そして『漢書』の著者の班固の時代にも、「韓」はまだ種族名として定着していなかった。

班固が十三歳の紀元四四年、すなわち後漢の光武帝の建武《けんぶ》二十年に、はじめて「韓」

が史上に登場したかに見える。『後漢書』の「光武帝紀」には、この年の「秋、東夷の韓国の人が衆《しゅう》を率《ひき》いて楽浪にいたって内附《ないふ》した」、つまり友好の意を表明したという。やはり『後漢書』の「東夷列伝」にも、「建武二十年、韓人の廉斯《れんし》の人蘇馬諟《そばし》らが楽浪にいたって貢献した。光武は蘇馬諟を封じて漢廉斯邑君《かんれんしゆうくん》となし、楽浪郡に属せしめ、四時に朝謁せしめた」、つまり季節ごとに楽浪郡に来訪して接待を受ける権利を公認したという。

ところが、厳密に言うと、これは「韓」という種族名の初見ではない。『後漢書』は一世紀の光武帝の当時の史料ではなく、五世紀の宋の范曄《はんよう》の著作である。ということは、三世紀の晋の陳寿の『三国志』の影響を強く受けているということである。

ことに『後漢書』の「東夷列伝」は、『三国志』の「魏書」の「烏丸・鮮卑・東夷伝」、すなわち「魏志東夷伝」のほとんど丸写しである。もっとも、『三国志』の影響というより、『三国志』より先にできあがっていた晋の王沈《おうちん》の『魏書』から写したものと考えたほうがよい。いずれにしても、『後漢書』は、『魏書』なり『三国志』なりが詳細に描写した三世紀の「韓」の状態を、予備知識として持ったうえで書いたことはたしかである。

だから、いくら『後漢書』に「東夷の韓国の人」といい、「韓人の廉斯《れんし》の人」といっても、それだけでは、この四四年の朝貢について、一世紀当時の後漢朝の公式記録に

「韓」の字が使ってあったと、気軽にきめこむわけにはいかない。

だいたい『後漢書』の「東夷列伝」が、蘇馬諟を「韓人の廉斯の人」と呼んでいることがそもそも異様で、奇妙な書き方だ。これは「韓の廉斯の人」に「人」が一字よけいに入っただけのことかもしれず、写本を作るときの書き誤りの可能性があるから、深くは追究しない。しかし、このとき光武帝が蘇馬諟に授けた称号が「漢廉斯邑君」だけであって、「韓」の字が入っていないことは注目に値する。

中国の人口激減の影響

この四四年の「漢廉斯邑君」は、その十三年後の「漢委奴国王《かんわなこくおう》」と一対のものとして理解すべきものだ。この二つの称号の出現は、中国の人口の変動を反映しているのである。

『漢書』の「地理志」には、紀元二年に当たる前漢の平帝《へいてい》の元始《げんし》二年の帝国の総人口を、五九、五九四、九七六（約六千万）人としている。これは王莽《おうもう》の即位前夜の数字だが、これはいかにも人口過剰である。中国の人口は、このあと、王莽の末年の内乱で急激に減少し、『漢書』の「食貨志」によれば、十分の二に転落したという。六千万人弱の十分の二といえば、千数百万人ということになる。事実、王莽の滅亡のあと、戦乱を鎮定して中国の統一を回復した後漢の光武帝が死んだときの紀元五七年の人口は、二一、〇〇七、八二〇（約二千百万）人と伝えられる。この数字が信用できることは、そのあと、後漢の皇帝たちの治世の末年の人口が、この二千百万人を基礎として、それに年二％の増加率をかけたものに一致することから分かる。ちなみに、現在の中華人民共和国の人口増加率が、やはり年二％である。

光武帝が中国の再統一を完成したのは、紀元三七年だった。この年から人口の回復がはじまったとして、年二％の増加率を適用すると、二十年後の紀元五七年に二千百万人に達するには、紀元三七年の中国の総人口が約千五百万人だったとしなければならない。これから見て、『漢書』の「食貨志」の言う、一挙に五分の一という人口の激減は、事実だったと考えられる。

それにしても、六千万人から千数百万人への転落というのは、想像を絶する激変である。その深刻な影響は、当然、中国の社会のあらゆる面におよんだが、境外《きょうがい》のいろんな種族に対する政策も、もちろん変わらないわけはない。その結果の一端が、「漢廉斯邑君」と「漢委奴国王」の出現なのである。

韓半島は、前一〇八年に前漢の武帝が朝鮮王国を滅ぼして、楽浪・真番・臨屯・玄菟の四郡をおいてから、ずっと中国政府の直轄下にあった。もっとも武帝の五十四年の長い治世の間に推進された内外の積極政策のおかげで、政府の財政が破産状態に落ちこんだので、前八七年の武帝の死後、昭帝《しょうてい》は前八二年、真番郡を廃止して楽浪郡に統合した。臨屯郡も同様に楽浪郡に吸収されたが、その時期は不明である。

こうして、楽浪郡だけで韓半島の治安を維持することになった。その後、昭帝をはじめとする歴代の皇帝の努力のかいがあって、さきに述べた紀元二年の総人口が六千万人弱という盛況を現出したのである。それが千万人台に激減すれば、これまでどおりの郡県制度も維持できなくなる。光武帝は、人口が少なくなりすぎた都市を整理して、八郡・四百余県を廃止、統合した。これまで韓半島をおさえてきた楽浪郡も、実力を失なって弱体化したに相違ない。

『後漢書』の「光武帝紀」と「循吏列伝《じゅんりれつでん》」によると、紀元二五年、楽浪郡では、土地の人の王調《おうちょう》なる者が、楽浪太守の劉憲《りゅうけん》を殺し、大将軍・楽浪太守と自称したが、三〇年、光武帝が楽浪太守・王遵《おうじゅん》を遣わして攻撃させると、王調は部下に殺されたという。

さらに、「魏志東夷伝」によると、この同じ三〇年に、辺境の郡の都尉《とい》（軍司令官）が廃止された。その結果、それまで楽浪郡の不而県《ふじけん》に駐在して、「領東七県」の地、すなわち韓半島の脊梁《せきりょう》山脈の東側の臨屯郡の故地を守った東部都尉は廃止され、七県の濊族の住民の酋長たちはみな県侯《けんこう》の位を授けられた。昭明県《しょうめいけん》に駐在して真番郡の故地を守った南部都尉も廃止されたに違いないが、そのへんの事情については、「魏志東夷伝」は何も言っていない。晋の司馬彪（三世紀半ば～四世紀はじめ）の『続漢書』の「郡国志」には、楽浪郡の十八城の一つとして、昭明の名をあげているが、これが前漢の時代に南部都尉が駐在した昭明県と同一の地だという保証もない。

しかし東部都尉の廃止と、領東七県の放棄が、濊の政治的成長をうながしたことはまちがいない。南部都尉の廃止も、中国の実力が極端に衰えた結果だったから、これが韓半島南部の原住民にも深刻な影響をおよぼさないはずがないのである。

初期前漢の事情

ここで、前漢の初期の事情をふりかえってみよう。『史記』の「朝鮮列伝」によると、はじめ、燕王国の全盛時代に、すでに真番・朝鮮を征服して、その地に官吏をおき、境界の要塞を築いたという。燕が大国となったのは、易王《いおう》が前三二三年に、韓・趙とともに王号を称したころからだから、燕が韓半島を支配下においたのも、前四世紀末か前三世紀はじめのことだろう。

『史記』の「朝鮮列伝」は、それに続けて、秦が燕を滅ぼすと、真番・朝鮮は遼東郡の境外に属したという。この表現はあいまいで、真番・朝鮮の地に、燕の時代と同じく、秦の時代にも、官吏が駐在し要塞を維持したのかどうか明らかではない。しかし、「朝鮮列伝」のあとのほうで、朝鮮王の満の亡命先を、秦のもとの空地の上手と下手の境界の要塞と言っていることからみて、秦の時代にも、韓半島には中国の施設があったと考えるべきである。遼東郡の境外に属したというのは、その施設の運営の直接の責任を負ったのが遼東太守だったことを意味すると思う。

ところで、秦代の末から前漢時代のはじめにかけての中国は、その二百年あまり後の王莽から光武帝までの時期とよく似た状態だった。したがって、前漢の初代皇帝となった高祖《こうそ》がとった対外政策も、のちの光武帝の政策と変わりはなかった。すなわち、『史記』の「朝鮮列伝」には、漢が興ると、真番・朝鮮が遠くて守りにくいために、また遼東郡のもとの境界の要塞を修理し、浿水《ばいすい》（清川江《せいせんこう》）までを境界とし、燕に属したといっている。この燕は、復活した燕王国である。

よく、前漢の高祖は、秦の始皇帝の郡県制度の失敗に鑑みて、郡国制度を採用した、などと言われる。これは歴史の実態を知らない者の言うことであって、前漢の高祖は、決して秦の統一をそのまま回復したのではなかった。そのころ並立した多くの王国の一つが漢王国で、漢王が同格の中の筆頭として、皇帝の称号を戴いているものだったにすぎない。

前漢のはじめの遼東郡は、だから漢の皇帝の遼東郡ではなく、再興した燕王国の遼東郡であった。『史記』の「朝鮮列伝」にいう、真番・朝鮮が遠くて守りにくいために、また遼東郡のもとの境界の要塞を修理し、浿水（清川江）までを境界としたというのは、その主体はこの燕王国で、この表現は、燕王国にとっては、中原方面に対する国境防衛が急務なので、韓半島から手を抜いたことを示している。

しかし前一九五年、漢軍が黥布《げいふ》・陳豨《ちんき》を滅ぼすと、燕王・盧綰《ろわん》は匈奴に逃げこみ、燕王国は崩壊、遼東郡は漢の皇帝の直轄領となる。『史記』の「朝鮮列伝」によると、このとき、燕の人・満が亡命し、千余人の仲間を集めて東方に走って境界を出、浿水を渡って、秦のもとの空地の上手と下手の境界の要塞に拠った。だんだん、真番・朝鮮の異種族、およびもとの燕王国・斉王国の亡命者を服従させて、かれらの王となり、王倹《おうけん》を都とした。たまたま時期が恵帝・呂太后のとき（前一九五〜前一八〇）で、中国がはじめて安定したばかりだった。そこで、遼東太守は、満と契約を結んで皇帝の同盟者とし、境外の異種族を統制して中国領を侵犯させないようにし、異種族の酋長たちが皇帝に謁見のため中国に入ろうと希望すれば、妨害させないことにした。皇帝に申しあげると裁可した、という。

ここで漢の遼東太守がとった措置の意味は、国境の外の治安維持を一括して満に委託するというものである。満は、漢の皇帝と異種族の酋長との間の交渉の仲介を一手に引きうけ、これまで遼東郡が果たしていた機能の重要な部分を分担した。その代償として、朝鮮王の称号を漢朝から公認され、異種族に対して皇帝との特殊な関係を利用することができるようになった。

満が遼東太守と特約関係に入った当初の勢力は、それほど大したものではなかったが、ひとたび朝鮮王として公認されると、漢との軍事上・経済上の結びつきを利用してどんどん勢力を伸ばし、王国らしい外見を備えはじめることになる。『史記』の「朝鮮列伝」にはこのことを、

「故《ゆえ》をもって満は兵威と財物を得て、その傍らの小さい聚落を侵《おか》して降《くだ》らせ、真番・臨屯はみな来て服属し、数千里四方に及んだ」

と言っている。

ここで、話を後漢のはじめにもどそう。

光武帝が紀元三〇年に辺境の郡の都尉を廃止したことは、もはや境外の異種族の治安維持に漢がみずから介入する余力がなかったからで、人口の急激な減少は、辺境駐屯軍の兵力の弱体化をまねいていたのである。この事態に直面した光武帝にとって、採るべき方策は、前漢の恵帝・呂太后の時代の遼東太守のやり方を見習って、異種族の酋長たちの中で友好的な者をもり立てて、辺境防衛の責任を負わせることしかなく、しかもこれがもっとも安あがりである。

つまり、紀元四四年の「漢廉斯邑君」も、また五七年の「漢委奴国王」も、かつての

朝鮮王・満と同じように、中国側の都合で創りだされ、育成されたものである。仲間の異種族に対して最初からそれほど大きな勢力を持っていたとは思われないが、皇帝との同盟契約に基づく軍事上・経済上の特権を利用して、だんだん勢力を伸ばしはじめる。そうして、彼らを中心として、「韓」とか「倭」とか呼ばれる集団が成長し、それぞれ独自の種族らしい外見を呈するようになっていくのである。

ただし、海のかなたにあって、これまでも楽浪郡の統制力が直接およんでいなかった倭人のほうは、すでに『漢書』の「地理志」に記された、紀元前二〇年代の東アジアの人文地理の叙述のなかで、

「楽浪の海中に倭人あり、分かれて百余国となる。歳時をもって来たりて献見す」

といわれ、その名も出ていれば、実態は何であれ、「国」とよばれるものを持っていたことも認められている。

ところが、韓のほうは、『漢書』の「地理志」にも現われないし、「漢委奴国王」と違って、「漢廉斯邑君」の称号のなかにも「韓」の字はない。さらにいえば、倭の代表者が郡の太守と同格の「国王」なのに、韓の代表者が県令なみの「邑君」なのは、いかにも、楽浪郡の統制力に直接さらされた韓半島の原住民が、それまで政治的成長の余地と機会をえられなかったことを示している。それほど影の薄かった韓が、飛躍的に成長するよい機会がやってくる。それは一八四年の黄巾の乱である。

前に言ったとおり（二六四頁）、後漢の光武帝が中国の再建に着手してから、人口は年二％の増加率で順調に伸びた。五七年の二一、〇〇七、八二〇（約二千百万）人から、七五年の三四、一二五、〇二一人、八八年の四三、三五六、三六七人、一〇五年の五三、二五六、二二九人と増加して、やや過剰気味となり、また減少して、一二五年の四八、六九〇、七八九人、一四四年の四九、七三〇、五五〇人、一四五年の四九、五二四、一八三人、一四七年の四七、五六六、七七二人と、五千万人弱の適正規模で安定した。ところがその後、ふたたび上向きになり、一五七年には五六、四八六、八五六人を示して、またも人口過剰になりつつあった。

一八四年に中国全土にわたって爆発した黄巾の乱の原因の一つは、この過剰人口の圧迫だったと思うが、乱の鎮定に当たった将軍たちの勢力争いが全面的な内戦に発展して、食糧の生産が阻害された結果、またも中国の人口は激減して、王莽の末年よりはるかに深刻な事態となった。

中国の統一が晋の武帝によって回復するのが二八〇年で、実に百年を要した。このこと自体が、中国の社会が受けた打撃が、いかに重大であったかを示している。当時の人の言葉に、「今の天下の戸口《ここう》（人口）は、昔の一郡の地のそれに相当する」という表現がある。

これは誇張ではない。三国時代の末、魏が蜀を併合した二六三年の両国の人口の合計は、わずかに五、三七二、八九一（約五百四十万）人となっている。この数字は呉の人口を含んでいないが、呉が拠った江南の地に中国人が大量に移住したのは、黄巾の乱以後のことだから、これはそれほど考慮する必要はない。長江の北では、激減した人口で食糧の生産を維持し、同時に内戦のための軍備をも維持しなければならなかったから、人口の回復は遅々として進まなかった。この事情から考えて、一八四年の黄巾の乱の直後の中国の人口の減少は、やはり十分の一以下という激烈なものであったと考えていい。

中国と東夷諸国

こうした中国の内情の激烈な変化は、またしても韓半島の原住民に大きな影響をおよぼすことになった。ことに一八九年、後漢の遼東太守・公孫度《こうそんたく》が遼東・玄菟・楽浪の三郡を率いて独立し、兵力を西方の中原方面に振り向けたので、韓半島には力の真空状態が現われた。「魏志東夷伝」に言う、「倭国が乱れてあい攻伐して年を歴《へ》た」というのは、この黄巾の乱の直接の影響で、これまで中国皇帝の権威のもとに倭人に勢力を持ってい た漢委奴国王が、権力の基盤を失なって倒れたことを示す。のちに、倭の伊都国にいて邪馬台国の女王に統属していた王は、この漢委奴国王のなごりであろう。

韓半島では、黄巾の乱の影響は、さらに直接だった。「魏志東夷伝」に、後漢の桓帝・霊帝の治世（一四六〜一八九）の末に、韓・濊が強く盛んで、郡県は統制ができず、民は多く韓国に流れこんだ、と言っている。これは、黄巾の乱に際して、中国人が大量に韓人の住地に避難し、華僑のコロニーが韓半島に出現したことを明らかに示している。韓・濊の強く盛んになったのは、中国の人口激減に伴う影響力の衰退の相対的な効果であり、それと同時に、この華僑の流入が、都市の成長と商業の隆盛をもたらした結果でもあった。

「魏志東夷伝」は、いま引用した文に続けて、建安《けんあん》年間（一九六〜二二〇）、遼東の公孫康が楽浪郡の屯有《とんゆう》県以南の荒れ地を分けて帯方郡とし、公孫模《こうそんぼ》・張敞《ちょうしょう》らを遣わしてのこりの民を収集させ、兵を興して韓・濊を伐《う》ったので、もとの民はだんだん出てきた。これから後、倭・韓は帯方郡に属することになった、と言っている。これで見ると、帯方郡の設置のおもな目的は、華僑の移住によって発展した韓半島南部の利権の回収だったのである。この黄巾の乱のあとの、韓・濊・倭の地における華僑社会の出現が、「魏志東夷伝」を解釈するときに、深く考慮すべき点である。

その後、二三八年に、司馬懿の指揮する魏軍が公孫淵を滅ぼし、楽浪郡・帯方郡は魏の中央政府の支配下に入った。この軍事上の大成功で、司馬懿の政界での運命が変わった。司馬懿は帝都の洛陽に立ち寄らず、まっすぐ任地の長安に帰るよう、指令されていた。ところが、このとき魏の明帝は死の床にあり、養子の斉王・芳《ほう》の後見を、叔父の燕王・宇《う》に命じた。明帝の側近の中書監《ちゅうしょかん》（皇帝付きの首席秘書官）劉放《りゅうほう》と中書令《ちゅうしょれい》（次席秘書官）孫資《そんし》は、燕王・宇の一派の将軍たちとかねて関係が悪かったので、隙をうかがって明帝を説得し、決定をくつがえして、曹爽と司馬懿に後見させることに成功した。帰任の途中、温県《おんけん》（河南省）の故郷にいた司馬懿は、急使をもって召喚されて、明帝の枕もとで遺言を受けた。これで司馬懿は政界の中心にのし上がり、やがて二四九年、クーデターによって相棒の曹爽を倒し魏朝の実権を独占した。二五一年の司馬懿の死後は、その息子の司馬師と司馬昭があいついで政権を執《と》り、二六五年の司馬昭の死とともに、その息子の司馬炎（武帝）が魏にかわって晋朝を建てたのである。

そういう事情で、もと公孫氏が拠っていた東北方面は、司馬氏にとっては創業の地であり、大切な地盤であった。二四四年から二四六年にかけて、幽州刺史《ゆうしゅうしし》・毌丘倹《ぶきゅうけん》、玄菟《げんと》太守・王頎《おうき》、楽浪太守・劉茂《りゅうぼう》、帯方太守・弓遵《きゅうじゅん》が、高句麗・沃沮・濊・韓の大規模な討伐作戦を行なった。この作戦は、魏朝のためというより、司馬懿個人の地盤の拡大を目的としたものだった。だから武帝が即位してからの晋朝も、東北方面に力をいれ、蜀を征服した大きな功績のある衛瓘《えいかん》を、二七一年、征北大将軍・都督幽州諸軍事《ととくゆうしゅうしょぐんじ》・幽州刺史・護烏桓校尉《ごうがんこうい》に任命して幽州（北京）に派遣した。衛瓘は、二七八年、中央にもどって尚書令《しょうしょれい》（内閣官房長官）になるが、その幽州在任中から、東夷の諸国との交渉がにわかに活潑になる。『晋書』の「帝紀」から関係の記事を抜き書きすれば、次のとおりである。


咸寧《かんねい》二年（二七六）二月、東夷の八国が帰化する。七月、東夷の十七国が内附《ないふ》する。

三年（二七七）この歳、西北の雑虜《ざつりょ》、及び鮮卑、匈奴、五渓《ごけい》の蛮夷、東夷の三国、前後十余輩《よはい》が、おのおの種人の部落を帥《ひき》いて内附する。

四年（二七八）三月、東夷の六国が来献する。この歳、東夷の九国が内附する。

五年（二七九）十二月、粛慎《しゅくしん》が来て楛矢《こし》・石砮《せきど》を献ずる。

太康元年（二八〇）六月甲申《こうしん》、東夷の十国が帰化する。七月、東夷の二十国が朝献する。

二年（二八一）三月、東夷の五国が朝献する。六月、東夷の五国が内附する。

三年（二八二）九月、東夷の二十九国が帰化し、その方物を献ずる。

七年（二八六）八月、東夷の二十一国が内附する。この歳、扶南《ふなん》等の二十一国、馬韓等の十一国が使いを遣わして来献する。

八年（二八七）八月、東夷の二国が内附する。

九年（二八八）九月、東夷の七国が校尉に詣《いた》って内附する。

十年（二八九）五月、東夷の十一国が内附する。この歳、東夷の絶遠《ぜつえん》の三十余国、太熙《たいき》元年（二九〇）　西南夷の二十余国が来献する。
永平元年（二九一）　二月辛丑《しんちゅう》、東夷の七国が朝貢する。この歳、東夷の十七国、南夷の二十四部が、並びに校尉に詣って内附する。

以上の「帝紀」の記載を、同じ『晋書』の「四夷列伝」と対照すると、二七七・二七八の両年の分には馬韓、二八〇・二八一・二八六年の分には馬韓と辰韓、二八七・二八九・二九〇年の分には馬韓が入っていることが分かるが、二七六・二八二・二八八・二九一年の分は何国とも知れない。おそらく倭国も、これらの東夷の諸国の中に含めて数えてあるのだろう。

張華

とにかく、こうした東夷の諸国の目ざましい登場は、別に彼らの自発的な行動の結果ではなく、晋朝の側からの積極的な働きかけの結果だった。そのことは、『晋書』の「張華《ちょうか》列伝」によって知られる。

張華は范陽《はんよう》郡の方城《ほうじょう》（河北省の固安県）の人で、若いとき親をなくして貧しく、自ら羊飼いをしたほどだったが、同郷人の劉放《りゅうほう》に才能を認められて、娘と結婚した。これは、魏の明帝に説いて司馬懿の後見を実現した、あの劉放である。

同じ郡の人である盧欽《ろきん》の推薦で司馬昭の側近となり、佐著作郎《さちょさくろう》（編纂官補佐）から長《ちょう》史《し》（事務局長）に栄転し、中書郎《ちゅうしょろう》（皇帝付き秘書官）を兼任した。晋の武帝の即位の後も、中書令（次席秘書官）となって政府の重要人物であった。しかし、貴族に妬《ねた》まれて地方に出され、二八二年、持節《じせつ》・都督幽州諸軍事《ととくゆうしゅうしょぐんじ》・領護烏桓校尉《りょうごうがんこうい》・安北将軍《あんほくしょうぐん》として東北方面に赴任した。

その幽州在任中は、「新・旧を撫納《ぶのう》し、戎《じゅう》（異種族）・夏（中国人）はこれに懐《なつ》いた。東夷の馬韓の新弥《しんみ》の諸国の、山に依《よ》り海を帯《お》び、州を去ること四千余里にして、歴世《れきせい》いまだ附せざりし者の二十余国が、並びに使いを遣わして朝献した。ここにおいて遠夷《えんい》は賓《ひん》服《ぷく》し、四境は虞《おそ》れがなく、しきりと歳ごとに豊かに稔《みの》って、士馬《しば》（軍隊）は強盛《きょうせい》であった」と『晋書』の「張華列伝」は伝えている。

ところが、あまり成績があがったので、張華に軍事権を握らせておくことを不安とする意見があって、張華は中央に召還されて太常《たいじょう》（宮内庁長官）となった。その年代は正確には分からないが、二八七年に太廟《たいびょう》（帝室の祖先の祭祀所）の改築が始まっているから、そのころだろう。二八九年に太廟が完成して位牌が奉遷《ほうせん》されたが、その年末に太廟の梁《はり》が折れる事故があり、張華はその責任を問われて免官になった。

その翌年、武帝が死んで第二子の恵帝が即位した。後見の任に当たったのは楊駿《ようしゅん》で、武帝の皇后だった楊太后の父だった。しかし恵帝は楊太后の産んだ子ではなく、楊太后の従姉だった前皇后の子だった。そのうえ、恵帝の皇后の賈氏《かし》は気が強く頭のいい女で、恵帝は賈皇后の尻に敷かれていた。

ついに二九一年、賈皇后は鎮南将軍・楚王・瑋《い》を呼び寄せ、その兵力を借りてクーデターを打ち、楊駿を殺し、楊太后を廃位し、その一党の一族・親類・縁者をことごとく死刑にしたが、その一人は、東北アジア関係担当官の東夷校尉の文淑《ぶんしゅく》だった。

賈皇后はさらに楚王・瑋に命じて、他の実力者の太宰《たいさい》・汝南王《じょなんおう》・亮と太保《たいほ》・衛瓘を殺させておいて、その罪を責めて楚王・瑋を殺した。

張華はこの陰謀に加担して、その功績によって中書監（皇帝付き首席秘書官）に返り咲き、その才略と、出身がいやしく、中立であることと、人望があることを買われて重用され、二九六年、司空《しくう》（副総理）にまで昇進した。

しかし、張華の必死の努力にもかかわらず、三〇〇年にいたって、軍事権を握る皇族たちの勢力争いが爆発、梁王・肜《ゆう》、趙王・倫《りん》のクーデターで賈皇后は廃位され、張華は殺された。これが八王の乱の発端で、晋の中国統一はみるみる崩壊し、やがて、五胡十六国の乱（三〇四～四三九）の時代が始まる。

そういうわけで、二九一年という年は、晋朝の政治が安定を失なって、破滅の淵に向かって暴走をはじめた年であり、これ以後は境外に介入する余力はもうなくなった。ことに、東夷校尉・文淑まで殺されてしまったのだから、この二九一年が、東夷の諸国の朝貢が伝えられる最後の年になったのも当然だった。

『三国志』の著者・陳寿

ところで、『三国志』の著者の陳寿は、この張華の庇護を受けた人で、そのため『三国志』自体が、張華の政治上の立場を反映したものになっている。

陳寿は、もと蜀に仕えた官吏だったが、父が死んで、喪に服している間に病気になり、女中に薬を丸めさせた。つまり、自分の寝室に異性を立ち入らせたのだが、これを見舞い客が見て、儒教の戒律を破ったとして、同郷人仲間の問題になった。これがたたって、二六三年に蜀が魏に併合されたあとも、陳寿は官職につけないままだった。

しかし、その才を愛した張華のはからいで、陳寿は推挙されて孝廉《こうれん》という資格をえ、佐著作郎（編纂官補佐）に任命され、著作郎（編纂官）のとき『三国志』六十五篇を書いて評判がよく、良い史官たるべき才能があるという名声をえた。喜んだ張華は、「『晋書』も君に頼もう」と言ったという。

張華は、陳寿を中書郎（皇帝付き秘書官）に推薦して、武帝の側近に加えようとしたが、張華の政敵の策動で、陳寿は長広太守《ちょうこう》（山東省にあった長広郡の長官）に任命され、中央から遠ざけられることになった。しかし陳寿は、母の老齢を理由に、この任命を辞退した。張華と仲のよかった鎮南大将軍《ちんなんだいしょうぐん》・都督荊州諸軍事《ととくけいしゅうしょぐんじ》の杜預《とよ》の推薦で、陳寿は御史治書《ぎょしちしょ》（法務顧問官）に任命されたが、母の死で、喪に服するため、辞職しなければならなかった。そのうえ、母の遺言にしたがって、洛陽に葬ったところが、郷里の巴西《はせい》郡安漢《あんかん》県（四川省南充《なんじゅう》県）に遺骸を送って葬らなかったといって悪い評判が立ち、そのため復職できなくなった。

数年たって、おそらく二九一年に中央政界に復帰した張華の斡旋で、陳寿は太子中庶子《たいしちゅうしょし》（東宮職の舎人、皇太子の副官）に任命されたが、まだ就任しないうちに六十五歳で病死した。陳寿の死後、同郷人たちから『三国志』を公認するよう請願があり、これを受けて、勅令が河南尹《かなんいん》（首都のある河南郡の長官）と洛陽令《らくようれい》（首都の市長）に下り、陳寿の家に人を派遣して『三国志』を筆写させた。ここにはじめて、『三国志』は正史の地位を獲得したのである。

このように、陳寿は旧敵国である蜀の出身で、世間の風当たりが強かったのに、張華の知遇にたよって『三国志』を書けた。そのまた張華が、貴族に目の敵にされた存在で、才能と学識だけを頼りに、政界で身を立てた人である。いきおい『三国志』の書きぶりも、こうした張華と陳寿の立場を反映しているわけで、慎重にならないわけにはいかない。陳寿は、史学の大家の譙周《しょうしゅう》の弟子だが、『三国志』の書きぶりが謹厳で簡潔と称せられるのは、それればかりが原因ではない。簡潔とは、悪く言えば、遠慮がすぎて舌足らずということである。宋の裴松之《はいしょうし》が『三国志』に、事実の補足を主とした、異例の注を書かなければならなかったこと自体、陳寿にとって、いかにさしさわりが多かったかを、雄弁に物語っている。

こうした『三国志』成立の背景を念頭において、その構成を眺めなおすと（二一九頁参照）、「魏書」の三十巻、「蜀書」の十五巻、「呉書」の二十巻は、それぞれきりのいい数字だし、『晋書』の「陳寿列伝」にも「魏・呉・蜀の『三国志』、およそ六十五篇」とあるから、現行本の『三国志』には欠けている巻はなく、完全であると認められる。そしてその「魏書」の最後の巻にあたる第三十巻が「烏丸・鮮卑・東夷伝」である。

なぜ「西域伝」がなく「東夷伝」があるのか

ところで問題は、なぜ烏丸・鮮卑と東夷だけが伝を立てられているのか、なぜ他の異種族については記さないのか、ということである。南蛮は呉の背後にあって、魏との交渉は少なかったかもしれない。しかし、なぜ西戎《せいじゅう》は除かれたのか。「魏書」の「文帝紀」によると、黄初《こうしょ》三年（二二二）二月、鄯善《ぜんぜん》・亀茲《きゅうじ》・于闐王《うてんおう》がおのおの使いを遣わして奉献したので、詔《しょう》して「西戎の即ち叙《つい》ずる、氐《てい》・羌《きょう》の来王するは、『詩』・『書』にこれを美《ほ》む。頃《ころ》は西域の外夷《がいい》、ならびに款塞《かんさい》内附す。それ使者を遣わしてこれを撫労《ぶろう》せよ」といい、これより後、西域はついに通じたので、戊己校尉《ぼきこうい》をおいた、という。

また「明帝紀」によると、太和《たいわ》元年（二二七）十月には、焉耆王《えんぎおう》が子を遣わして入侍《にゅうじ》せしめ、三年（二二九）十二月癸卯《きぼう》には、大月氏王・波調《はちょう》（Vasudeva《ヴァースデーヴァ》）が使いを遣わして奉献したので、調《ちょう》をもって親魏大月氏王とした、という。

さらに「三少帝紀」によると、

「陳留王《ちんりゅうおう》の咸熙《かんき》二年（二六五）閏月庚辰《じゅんげつこうしん》、康居《こうきょ》・大宛《たいえん》が名馬を献じたので、相国府《しょうこくふ》（司馬炎の邸）に帰《おく》り、もって万国を懐《なつ》け遠きを致すの勲《いさお》を顕《あらわ》した」

という。

魏朝にはこれだけ西域との交渉があったのに、なぜ陳寿は「魏書」に「西域伝」を立てなかったのか。親魏倭王・卑弥呼については、「東夷伝」であれほど詳しく叙述しているのに、その先例である親魏大月氏王・波調については、なぜ同じ取扱いをしなかったのか。

史料がなかったはずはない。現に、陳寿と同時代人の魚豢《ぎょかん》は、その著書『典略《てんりゃく》』の一部である「魏略」に「西戎伝」を立てており、その全文が裴松之によって、「魏志東夷伝」の末尾の注に長々と引用されているではないか。『三国志』に「烏丸・鮮卑・東夷伝」があって「西域伝」がないのは、決して偶然ではなく、陳寿にはそうすべき十分な理由があったのである。

陳寿が「烏丸・鮮卑・東夷伝」を立てた理由は、まず第一に、この東北方面の辺境が、司馬懿が公孫淵征伐の功績をたてた晴れの舞台だったこと、第二に、それゆえこの地方が司馬氏の晋朝の創業の基盤となったこと、第三に、これが最も重要だが、張華が活躍したのもやはり東北方面であって、陳寿がこの地方について詳しく叙述すればするほど、パトロンの張華の功績も持ちあげられる効果があること、である。

これに反して、西北方面の事情については、あまり深く立ちいれない理由があった。二二二年の鄯善・亀茲・于闐の朝貢と戊己校尉の設置、二二七年の焉耆王子の入侍、二二九年の大月氏の朝貢があった当時、魏の西北辺境の防衛を担当したのは、曹操の一族の子の曹真だった。二一九年、漢中を守っていた魏の征西将軍・夏侯淵《かこうえん》が蜀の劉備に敗れて死んだ後、曹真は征蜀護軍となって陳倉《ちんそう》に駐屯し、翌年、曹操が死んで曹丕（魏の文帝）が魏王をつぐと、曹真は鎮西将軍・仮節《かせつ》・都督雍涼州《ようりょうしゅう》諸軍事となり、二二二年、洛陽にかえって上軍大将軍・都督中外諸軍事となり、節鉞《せつえつ》を仮せられた（一時的に独裁権を与えられた）。同年の鄯善・亀茲・于闐の使者の朝貢は、おそらく曹真の手みやげだったろう。

二二六年の文帝の死で、曹真は中軍大将軍・給事中の肩書きで、陳群・曹休・司馬懿とともに遺言を受けて明帝を後見し、大将軍・大司馬に昇進したが、あい変わらず蜀の諸葛亮に対する防衛にみずから活躍し、二三一年に死んだ。

曹真の死後、西北のその地盤をあずかったのが司馬懿である。しかし正統の相続人は、曹真の嗣子の曹爽である。二三九年の明帝の死にさいして、遺言を受けて明帝の養子の斉王・芳《ほう》を後見したのは、大将軍・仮節鉞《かせつえつ》・都督中外諸軍事・録尚書事《ろくしょうしょじ》の曹爽であり、それと並んだのが司馬懿だった。この曹爽を、司馬懿が二四九年のクーデターで殺して、魏朝の実権を奪ったことは、すでに説明した。

西域諸国との友好関係の開拓は、司馬懿が倒した政敵の父の功績である。司馬懿の子・司馬昭の側近の出身である張華をパトロンとして、しかも弱い立場にある陳寿が、『三国志』に「西域伝」を立てるに、はばかりがあるのは当然だろう。だからこそ、『三国志』には「烏丸・鮮卑・東夷伝」しかないのだ。

「魏志東夷伝」が道里を大きく誇張していることは、よく知られている。「韓伝」に韓の住地を「方《ほう》四千里ばかり」というのと、「倭人伝」に帯方郡から狗邪韓国にいたる沿岸航路を「七千余里」というのとは、よく一致している。また、帯方郡から倭の女王の都《みやこ》する邪馬台国までを「万二千余里」とし、倭地の周旋《しゅうせん》（全長）を「五千余里ばかり」とするのは、一二、〇〇〇里から七、〇〇〇里をさし引いて五、〇〇〇里という計算で、やはり一致している。

こうした誇張は、曹真の面子をたてた「親魏大月氏王」に対抗して、司馬懿が「親魏倭王」をでっちあげるための作為なのである。

西トルキスタン、アフガニスタン、北インド全域から、東トルキスタンの一部まで支配した、クシャン帝国のヴァースデーヴァ一世にくらべたら、卑弥呼はおよそ問題にもならない、ちっぽけな勢力だった。

だからこそ、司馬懿の名誉のため、ひいては晋朝の正統化のために、韓半島と日本列島の大きさは思い切って誇張され、邪馬台国の位置は、はるか南方の熱帯の「会稽《かいけい》の東《とう》冶《や》（福建省福州市）の東」に持っていかれ、「有無するところは儋耳《たんじ》・朱崖《しゅがい》（海南島）と同じ」とされなければならなかった。

「魏志東夷伝」の成立には、そうした政治上の事情が働いているから、その利用には、十分に気をつけなくてはいけない。

「韓伝」に見える奇妙な現象

最後に、「韓伝」に見る奇妙な現象について、ひとこと言っておこう。それは、馬韓がいかにも否定的に描かれていることだ。

まず、馬韓が「山海の間に散在して、城郭がない」といわれる。城郭都市の生活に慣れた中国人の眼には、これはいかにも未開と見えたに相違ないが、それだけではない。さらに「その俗は綱紀《こうき》（まとまり）が少なく、国邑《こくゆう》（国の都市）には主帥《しゅすい》（酋長）があるとはいえ、邑落《ゆうらく》（聚落）は雑居（いりまじって分布）して、善《よ》くあい制御する能《あた》わず、跪拝《きはい》の礼もない。また、その北方の帯方郡に近い諸国は、やや礼俗（礼儀作法）を暁《さと》るが、その遠い処《ところ》は、ただに囚徒（囚人）・奴婢《どひ》（奴隷）のあい聚《あつ》まるがごとくである。また、諸国にはおのおの別邑《べつゆう》（離れ聚落）があって、これを名づけて「蘇塗《そと》」となし、大木を立てて鈴・鼓を懸《か》け、鬼神に事《つか》える。もろもろの亡逃《ぼうとう》してその中に至《いた》るものは、みなこれを還《かえ》さず、好んで賊をなす。その蘇塗を立つるの義《ぎ》（趣旨）は浮屠《ふと》（仏教徒）に似たところがあるが、行なうところの善悪には異なりがある」という有名な記事も、文化人類学的な解釈は別にして、中国人の嫌悪感があらわに出ている。

さらに馬韓の居処は、草屋の土室を作り、形は冢《つか》のごとく、その戸は上にあり、家をあげてその中にあって、長幼・男女の別がない。牛馬に乗ることを知らず、牛馬は送死《そうし》（葬式）に尽きる（屠殺《とさつ》してしまう）、などという観察もある。

これに対して、辰韓の株は高い。城郭のない馬韓とはちがって、辰韓には城柵《じようさく》がある。礼を知らない馬韓に対して、辰韓の嫁娶《かしゅ》（婚姻）の礼俗（礼儀作法）は男女に別がある。つまり中国人同様、婦人を隔離する風習がある。その俗は「行く者があい逢えば、みな住まって路を譲る」という記述もある。また馬韓は牛馬に乗ることを知らないのに、辰韓は牛馬を乗駕《じようが》（騎乗したり車を牽《ひ》かせたり）する。

さらに、辰韓と雑居（いりまじって居住）している弁辰にも、また城郭があり、衣服・居処は辰韓と同じく、言語・法俗（規律）はあい似、衣服は潔清《けっせい》、法俗《ほうぞく》は特に厳峻《げんしゅん》（厳格）であるという。

こうしてみると、帯方郡に近い馬韓は、中国人から見れば、手のつけようのない野蛮人なのに、遠くの辰韓・弁辰は、意外にも文明が開け、城郭を営んで都市生活をしていたことが分かる。

しかも、辰韓では商業が発達していた。その証拠に、「魏志東夷伝」には「国に鉄を出《い》だし、韓・濊・倭はみな従いてこれを取る。もろもろの市買《しばい》にはみな鉄を用うること、中国の銭を用うるがごとく、またもって二郡（楽浪郡・帯方郡）に供給す」とあって、楽浪郡・帯方郡・濊・韓・倭を連ねる商業網が辰韓を中心として広がっており、決済には鉄の地金が通用していたことがうかがわれる。

城郭都市と商業網といえば、これは全く中国型の文明である。実は「魏志東夷伝」の言うところをそのまま受けとれば、辰韓は華僑なのである。

その耆老《きろう》(古老)が世々に伝えて言うところでは、「いにしえの亡人《ぼうじん》(亡命者)が秦の役を避けて韓国に適《ゆ》き、馬韓がその東界の地を割《さ》いて与えた」という。辰韓の言語は馬韓とちがい、辰韓人が国を名づけて「邦《ほう》」となし、弓を「弧《こ》」となし、賊を「寇《こう》」となし、行酒《こうしゅ》(酒宴)を「行觴《こうしょう》」となし、あい呼んでみな「徒《と》」となすのは、秦人に似ていて、ただの燕・斉の名物《めいぶつ》(呼び方)ではなかった。つまり、中国語の陝西方言の要素があり、河北方言や山東方言とは異なっていた。

そして、楽浪郡の人を名づけて「阿残《あざん》」となしたが、東方の人は自分を名づけて「阿《あ》」となすので、楽浪人はもとその残余の人だとの謂《い》い(意味)なので、今はこれを名づけて「秦韓」となす者がある、とも言っている。

この叙述を見れば、辰韓人の言語が古風な中国語だったことは明らかである。もちろん、辰韓人のすべてが中国人移民の子孫だったと考えるのは無理だ。しかし、少なくとも城郭都市を営んで商業に従事し、陝西なまりの中国語を話していた、辰韓十二国と呼ばれる都市国家連合の市民の主体は、前漢以来くりかえされた中国社会の大変動を逃れて馬韓の住地の東に流れこんだ華僑である。それが、辰韓が馬韓よりもはるかに開けた理由である。

しかし、なぜ馬韓の東界の地に辰韓が発達したのか？　その理由は交通路である。「魏志東夷伝」では、辰韓十二国・弁辰十二国は雑居しているとされ、それぞれ別に独自のテリトリーを持っていたわけではない。しかも、奇怪なことに、辰韓十二国が属する辰王は、辰韓の地ではなく、馬韓の月支《げっし》国《こく》におり「辰王は常に馬韓人を用いてこれとなし、世々あい継ぐが、辰王はみずから立って王となるをえない」という。

この意味は、辰王はわれわれが考えがちな一つの領土国家の支配者ではなく、辰韓十二都市連合の利益代表であり、中国官憲との交渉の便宜上、帯方郡に近い馬韓の月支国に駐在していた、ということである。中国側が辰王を任命するので、世襲制ではあるが、中国の承認なしに就任はできないのである。

弁辰十二国にもまた王があったというが、おそらく弁辰王も、辰王と似たようなものだろう。つまり、韓半島の東南のすみ、今の慶尚南北道の地には、二十四の中国式の都市があり、二つの商業同盟のどちらかにそれぞれ加入していたので、その一つが辰韓、一つが弁辰と呼ばれたのである。

弁辰十二国は、後の加羅《から》（伽耶《かや》）・任那の諸国の前身とされる。事実、「魏志東夷伝」の弁辰安邪《あや》国は安羅《あら》（咸安《かんあん》）、弁辰狗邪《くや》国（狗邪韓国）は金官加羅《きんかんから》（金海《きんかい》）であり、また六伽耶の一つの固城《こじょう》は、弁辰古資弥凍《こしみとう》国として「魏志東夷伝」に見えている。

ところで問題は、この六伽倻の諸国、すなわち咸昌《かんしょう》・星州《せいしゅう》・高霊《こうれい》・金海・咸安・固城《こじょう》が、ことごとく洛東江の右岸にあり、帯方郡と倭国をつらねる交通路にそっていることである。

大同江左岸の楽浪郡の所在地・朝鮮県から韓半島を南下する順路は、大同江口に出ずに載寧江《さいねいこう》に入り、瑞興江《ずいこうこう》から車嶺《しゃれい》を越えて礼成江《れいせいこう》を下り、漢江を上って、忠州で鳥嶺を越えて洛東江の上流にでる。ここに咸昌がある。これから、星州・高霊・咸安・金海と下って海にでる。海流を考慮すれば、固城から対馬に向かう。こうして倭国に入る。

もちろん六伽倻は、そのまま弁辰十二国ではありえない。しかし、辰韓十二国・弁辰十二国の本質が、それぞれ商業交通路にそった都市の同盟であり、華僑の築きあげた文明の成果だったことを、その分布は暗示している。

第二部　日本は外圧のもとに成立した

第八章　日本誕生

奴国から卑弥呼まで――一世紀から四世紀初頭

都市連合だった一世紀の王権

紀元五七年、最初の王権が博多に誕生するとともに、日本列島の政治史が始まった。

この年、中国の後漢朝の光武帝は、博多の倭人の酋長に王号を授けた。『後《ご》漢書《かんじょ》』の「光武帝紀」の中元《ちゅうげん》二年正月の条に、「東夷の倭の奴国王が使を遣わして奉献した」と言い、同じく「東夷列伝《とういれつでん》」に「建武中元二年、倭の奴国が貢を奉って朝賀した。使人は自ら大夫と称した。倭国の極南界である。光武は賜うに印綬《いんじゅ》をもってした」と言うのが、この事件である。

このときに光武帝が倭王に賜ったという「印」が、十八世紀の末、江戸時代の天明年

年表　倭の五王の遣使

西暦	国名	帝名	記事と書名
413	東晋	安帝	倭国方物を献ず（晋書)。安帝の時、倭王賛あり（梁書)
421	宋	武帝	倭王讃朝貢し除授を賜う（宋書)
425	宋	文帝	倭王讃、司馬曹達を遣わして貢献す（宋書)
430	宋	文帝	倭王讃宋に使いを遣わして方物を献ず(宋書)
438	宋	文帝	倭王讃死し、弟珍立つ。珍、遣使貢献す。珍を安東将軍倭国王とす（宋書）（梁書には珍を弥という）
443	宋	文帝	倭国王済、遣使貢献す。済を安東将軍とす（宋書)
451	宋	文帝	倭国王済に使持節都督倭・新羅・任那・加羅・秦韓・慕韓六国諸軍事を加う（宋書)
460	宋	孝武帝	倭国、使いを遣わして方物を献ず(宋書)
462	宋	孝武帝	倭国王済死す。世子興、遣使貢献す(宋書)興を安東将軍倭国王とす（宋書)
477	宋	順帝	倭国遣使、方物を献ず（宋書)
478	宋	順帝	倭国王興死し、弟武立つ。武遣使して方物を献じて上表す。武を使持節都督倭・新羅・任那・加羅・秦韓・慕韓六国諸軍事安東大将軍倭王となす（宋書)
479	斉	高帝	倭王武を鎮東大将軍とす（南斉書)
502	梁	武帝	倭王武を征東将軍とす（梁書)

間に博多湾の志賀島《しかのしま》で発見された「漢委奴国王《かんわなこくおう》」の金印であることは言うまでもない。「綬」のほうは、印のつまみに開いている孔に通して頸《くび》に掛けるリボンである。印と綬とは、中国では地位と権威の象徴である。

中国と日本列島の間の交通と貿易は、前漢の武帝が前一〇八年に平壌の朝鮮王国を併合して、韓半島に真番郡・楽浪郡などの四つの郡をおいた時からさかんになり、前一世紀の末には、日本列島に百あまりの都市が成長し、それらを中国人は「国」と呼んだ。そのうちの一つが博多の奴国で、韓半島から日本列島への入口に位置する港であるため、貿易によってもっとも繁栄し、倭人諸国の中でも重要な都市になった。

ここで『後漢書』の「東夷列伝」が奴国を「倭国の極南界である」と言っているのは変だが、これは「魏志倭人伝」に影響された誤りである。『後漢書』の著者・范曄《はんよう》は、光武帝より四百年も後の五世紀の人で、南朝の宋の時代に生きていたから、もちろん三世紀の陳寿の『三国志』の「魏志東夷伝」の一部である、いわゆる「魏志倭人伝」は読んでいた。

「魏志倭人伝」には、博多の奴国のほかに、もう一つ奴国がでている。それは、女王の都する邪馬台国から、間に二十国を挟《はさ》んでその先にある奴国で、「ここは女王の境界の尽きるところである」と言い、その南には狗奴国《くなこく》があって、男子が王となっており、女王に属しないという。范曄は五七年の奴国を、この狗奴国の一つ手前の奴国だと誤解したのである。

「極南界」はそれでいいとして、「倭国の極南界」という『後漢書』の表現をそのまま受けとると、「倭国」という、ある広がりを持った王国があり、それを支配する王がその領内の奴国にいたように見える。しかし、この受けとりかたは正しくない。范曄は五世紀の人で、四四五年まで生きていたから、同時代に宋に来訪した倭王讃《さん》・倭王珍《ちん》・倭王済《せい》の使者のことはよく知っていた。これらの王たちは、難波《なには》を中心として繁栄した河内王朝の履中《りちゅう》天皇・反正《はんぜい》天皇・允恭《いんぎょう》天皇に当たり、王国と呼んでもいいような勢力圏を畿内に持っていた。『後漢書』の「倭国の極南界」という表現は、范曄のこうした知識の反映である。もっとも三世紀の「魏志倭人伝」にも「倭国」という字面《じづら》は三回出ているが、その一つは「倭人の諸国」の略称であり、もう二つは「倭の女王の国」すなわち邪馬台国という都市の意味である。決して「倭国」という王国を意味するのではない。

こうして一世紀の半ばすぎに、日本列島最初の王権が誕生したが、王国と呼べるようなものはまだ存在せず、あるのは倭人の諸都市の連合であり、倭王はその代表であった。この状態は半世紀後でも変わらなかった。

一〇七年、倭王が再び後漢の皇帝に使者を遣わしたことが『後漢書』に伝えられている。すなわち「孝安帝紀《こうあんていき》」の永初《えいしょ》元年十月の条に「倭国が使を遣わして奉献した」と言い、「東夷列伝」には「安帝の永初元年、倭国王帥升《すいしょう》らが生口《せいこう》百六十人を献じ、請見《せいけん》を願った」と言っている。

ここの「倭国」と「倭国王」も、さっき言ったとおり、五世紀の人である范曄の観念の表現であって、実際にそういう名前の王国が、二世紀初めの日本列島に存在したわけではない。この「帥升」は、例の「漢委奴国王」の金印をかけている倭王であり、倭人の諸都市連合の代表であった。「生口」というのは奴隷のことであり、百六十人の奴隷を手《て》みやげとして中国皇帝の朝廷に持参したのである。「請見」というのは、朝廷で定期に行なわれる朝礼に出席して皇帝に挨拶することで、それを「願った」というのは、使者が口上で、倭王・帥升が自身で洛陽の朝廷に来訪して皇帝に敬意を表したい意向である、と述べたことを意味する。

しかしこの倭王の意向なるものは、後漢側の工作の産物で、倭王側の自発的な表明ではなかった。当時の後漢の朝廷は、和帝《わてい》と殤帝《しょうてい》が相ついで死に、鄧太后《とうたいこう》が十三歳の安帝《あんてい》を前年に擁立したばかりで、政権は極めて不安定だった。

一〇七年の倭王の使者の来訪は、鄧太后の政権にてこ入れするために、友好国の君主の中では序列の高い金印の倭王に後漢側から働きかけて、その支持表明を演出したものだった。この倭王が多数の奴隷を所有していたこと以外には、この時代の日本列島の内情については何も分からない。

卑弥呼登場の背景

この博多の倭王は、二世紀の末に没落する。『三国志』の「魏志倭人伝」は、こう書いている。

「その国はもと、また男子をもって王となした。住すること七、八十年、倭国は乱れ、あい攻伐して年を歴た。すなわち共に一女子を立てて王となした。名は卑弥呼という。」

ここで倭王はもと男子であったと言っているのは、一〇七年の帥升のことである。「住する」というのは一定の状態が持続することで、ここでは男子が倭王である状態が続いたと言っている。それが倭人諸国の戦乱によって中断した後、女子である卑弥呼が、諸国の合意のもとに新しい倭王に選挙されたのである。この一〇七年から七、八十年後という時期は、後漢《ごかん》の霊帝《れいてい》の治世であるが、ちょうどこの時期に、後漢朝をゆるがす大事件が中国で起こっている。それは一八四年の黄巾《こうきん》の乱で、一〇七年の七十七年後に当たる。

黄巾の乱は、太平道《たいへいどう》という秘密結社が全国一斉に決起した大反乱だった。反乱軍は黄色い帽子をかぶって目印としたので、黄巾と呼ばれた。この事件をきっかけとして、軍閥が中国の各地にそれぞれ割拠して、後漢朝の権威は失なわれ、やがて三国時代の幕があがることになる。

この中国の大変動は、東北アジアにも波及した。「魏志東夷伝」には、韓半島で起こった変化について、「桓［帝］・霊［帝］の末、韓・濊が彊盛《きょうせい》で、郡県は制すること能《あた》わず、民は多く流れて韓国に入った」と言っている。韓は韓半島南部の平地の住民で、濊は山地の住民である。中国人が楽浪郡の支配から逃れて韓人の諸国に亡命しても、楽浪郡は無力でどうすることもできなかったというのである。これが黄巾の乱の影響によることは明らかだが、その時期は、日本列島で倭人の諸国の間に戦乱が起こった時期と一致している。

つまり、後漢の中国が衰退して、楽浪郡の統制が日本列島におよばなくなった結果、それまで皇帝の権威に依存してなりたっていた博多の倭王が没落し、倭人諸国の連合が破綻して戦乱が起こったのである。

その後、一九〇年になって、公孫度《こうそんたく》という軍閥が遼陽《りょうよう》において自立した。公孫度は二〇四年に死んで、その息子の公孫康《こうそんこう》が継いだ。この公孫康は、亡命中国人の回収に熱心で、その工作は、韓半島を越えて日本列島におよんだ。

「魏志東夷伝」には、

「建安《けんあん》中、公孫康は［楽浪郡の］屯有県《とんゆうけん》以南の荒れ地を分けて帯方郡となし、公孫模《こうそんぼ》・張敞《ちょうしょう》らを遣わして遺民を収集せしめ、兵を興《おこ》して韓・濊を討ったので、旧民はやや出た。この後、倭・韓はついに帯方に属した」

と言っている。倭が帯方郡の管轄下に入ったという意味のこの表現から見て、公孫康が、倭人諸国の代表である卑弥呼とも接触し、卑弥呼の王号に承認を与えたことは明らかである。

二三八年にいたって、魏の将軍・司馬懿は、公孫康の息子の公孫淵《こうそんえん》を滅ぼして東北アジアを平定、楽浪郡・帯方郡はその支配下に入った。

その翌年、卑弥呼の使者は洛陽の朝廷を訪問し、魏の皇帝は司馬懿の功績をたたえて、卑弥呼に「親魏倭王」の王号を贈った。この時、初めて卑弥呼は、王権の正式の承認を、中国皇帝からとりつけることができたのである。

「魏志倭人伝」には、女王のいる邪馬台国を含めて、倭人の三十国の名前が列挙してあるが、これは決して、当時の日本列島に都市がこれだけしかなかったことにはならない。「魏志倭人伝」の書き方を見ると、最初の対馬国・一支国・末盧国・伊都国・奴国・不弥国・投馬国・邪馬台国の八国については、それぞれ方向と距離と長官・副官の称号があげてある。これらは二四〇年に帯方郡から邪馬台国に派遣された魏の官吏の報告書によったらしい。

それに対して、邪馬台国の次の、斯馬国から狗奴国にいたる二十二国については、名前が順番にあげてあるだけで、もとの史料の性質が違うことが分かる。これは二四七年に卑弥呼が帯方郡に遣わして、狗奴国の男王・卑弥弓呼《ひみくこ》との戦争について報告させた使者の情報に基づいたのだろう。

そういう事情で、帯方郡から邪馬台国までの沿道と、邪馬台国から狗奴国までの沿道の諸国の名前だけが「魏志倭人伝」の記録に残ったので、当時の日本列島にあった倭人の諸国は三十国だけではなかったにちがいない。

それにしても、「魏志倭人伝」の三十国に、邪馬台国の女王のほかにも、伊都国と狗奴国に王がいることは注目に値する。伊都国の王は、代々、女王国に統属していたと「魏志倭人伝」にあるが、これはその位置からみて、かつて隣の奴国にいた「漢委奴国王」の後裔だろう。つまり、黄巾の乱の余波で失脚した倭王の名残りである。伊都国には、邪馬台国の女王が特においた「一大率《いちだいそつ》」が駐在して諸国を検察し、女王と魏の朝廷・帯方郡・韓半島諸国との間の外交を担当していたが、これはかつての奴国の倭王の機能を引きついだものである。

もう一つの狗奴国の男王は、邪馬台国の女王に属しないと「魏志倭人伝」にある。

邪馬台国も狗奴国も、どこにあったのか分からないが、強いて見当をつければ、北九州の不弥国から二つ目が邪馬台国なので、関門海峡を東に抜けた瀬戸内海西部の沿岸に邪馬台国があったとしてもよかろう。邪馬台国から「女王の境界の尽きるところ」の奴国までの諸国が、航路にそって瀬戸内海の沿岸に西から東へ並んでいたとすれば、終点の奴国は大阪湾の難波の津と考えられる。ここまでが邪馬台国の女王を支持する諸国だったのである。そうすると、奴国の次にあって女王を支持しない狗奴国は、紀伊国と考えてもよかろう。もちろん確かなことは言えないが、これは一つの考え方である。「倭の女王卑弥呼は、狗奴国の男王卑弥弓呼ともとより不和であった」という「魏志倭人伝」の表現からすれば、二世紀末の乱の際に、狗奴国が邪馬台国と倭人諸国の支持を奪い合って王権を求めたことは確かであり、その競争が五十年たっても決着がついていなかったのである。

卑弥呼は二四七年に死んだ。「魏志倭人伝」は、

「さらに男王を立てたが、国中は服せず、さらにあい誅殺し、当時千余人を殺した。また卑弥呼の宗女《そうじょ》（一族の娘）台与《たいよ》の年十三なのを立てて王となした。国中はついに定まった」

と言っている。この騒動の原因は、卑弥呼に「夫婿《ふせい》」がなく、したがって嗣子《しし》がなかったことと、男王のような実力者を戴いたのでは、倭人の諸都市連合の微妙なバランスが破れやすかったことである。

要するに卑弥呼の王権は、中国皇帝の後援と倭人諸国の合意のもとに秩序を維持していたもので、決して強大な権力と言えるものではなかった。

中国では、司馬懿の孫の司馬炎《しばえん》（晋の武帝）が、二六五年に魏朝を乗っとって自ら皇帝となり、晋朝を開いた。邪馬台国の女王は、司馬懿以来の縁故で、この晋朝とも友好関係を保ち、その後援を受けていた。ところが三〇〇年に中国で八王の乱が起こって、

晋朝は混乱に陥った。これが引き金となって、三〇四年には五胡十六国の乱が起こり、三一一年には匈奴《きょうど》の反乱軍が洛陽を占領して晋の懐帝《かいてい》を捕虜にした。これで韓半島の中国の植民地にも動揺が起こり、翌々三一三年には中国軍が韓半島から撤退して、楽浪郡・帯方郡は滅亡した。

こうして、中国皇帝と韓半島の中国勢力は消滅した。それと提携することで成りたっていた邪馬台国の女王も、消滅するほかはなかった。邪馬台国も卑弥呼も、後世の日本の文献に何の痕跡も残さなかったのは、倭王の王権がここで一度断絶したからである。

河内・播磨・越前王朝——四世紀後半～七世紀初頭

畿内の倭国の起源

日本の文献に残る最古の王権は、四世紀の後半に難波に成立した河内王朝である。七二〇年に完成した『日本書紀』は、この王朝の天皇（実は倭王）として仁徳《にんとく》天皇・履中《りちゅう》天皇・反正《はんぜい》天皇・允恭《いんぎょう》天皇・安康《あんこう》天皇・雄略《ゆうりゃく》天皇・清寧《せいねい》天皇の七代の系譜と事跡を伝えている。しかし河内王朝についての根本史料は、四七八年に倭王・武《ぶ》（雄略天皇）が南朝の宋の皇帝に送った手紙である。

『宋書《そうじょ》』の「夷蛮《いばん》列伝」に載っているこの手紙の文面には、王朝の建国の事情について、次のように記している。

「昔より祖禰《そでい》は、躬《み》に甲冑《かっちゅう》をつらぬき、山川を跋渉《ばっしょう》し、寧《やす》らかに処《お》るに遑《いとま》あらず。東は毛人《もうじん》の五十五国を征《せい》し、西は衆夷《しゅうい》の六十六国を服《ふく》し、渡りて海北《かいほく》の九十五国を平《たい》らぐ。」

ここの「祖禰」は「祖父である禰」の意味で、「禰」は雄略天皇の祖父に当たる仁徳天皇の名前である。中国の古典の用例では、「禰」は父の霊を祭る廟《びょう》を指すので、これまでの学説では、「祖禰」は「祖先以来」を意味するものと漠然と解釈されてきたが、これは間違いである。明確に、仁徳天皇の事蹟を伝えようとしているのだ。（「禰」の本来の意味は廟の建物そのもの、または廟の中に安置された位牌のことで、生前の父を指した用例は見つからない。）

仁徳天皇が武力で征服したという東の毛人の五十五国は、上毛野国《かみつけののくに》（群馬県）・下毛野《しもつけのの》国《くに》（栃木県）に代表される関東地方の諸国であろうし、西の衆夷の六十六国は、九州の諸国であろう。その中間の中部・近畿・中国・四国の諸国は、かつて二派に分かれて、それぞれ邪馬台国の女王と狗奴国の男王を支持した諸国であるが、今度は連合して、仁徳天皇を共通の倭王として戴いたのである。

この倭王・禰（仁徳天皇）が渡って平らげた海北の九十五国とは、いうまでもなく韓半島の諸国である。韓半島では、楽浪郡の故地を占領した高句麗王国が三六九年、故国《ここく》原王《げんおう》にひきいられて南下を開始し、帯方郡の故地に独立していた百済王国を征服しようとした。百済王の太子・貴須《きしゅ》（近仇首王《きんきゅうしゅおう》）は、難波の仁徳天皇と同盟して、仁徳天皇を倭王として承認、証拠として七支刀《しちしとう》を作って贈った。大和の石上神宮《いそのかみじんぐう》に現存するこの七支刀には、三六九年の日付と、次の銘文が刻んである。

「先世以来、いまだこの刀あらず。百済王世子は、聖なる晋《しん》に生まれたるを奇とし、ことさら倭王のために旨《し》して造らしめ、伝えて後世に示す。」

こうして仁徳天皇が倭王の地位を外国から承認された三六九年は、河内王朝の建国の年と見なしてよい。これが、畿内の倭国の起源となった。

宋と河内王朝

こうして倭国の後援をとりつけた百済は、三七一年、再び高句麗と戦って破り、故国原王を殺した。二十年後の三九一年、倭国は初めて韓半島に大規模な介入を行なった。高句麗の「広開土王碑《こうかいどおうひ》」によると、

「倭は辛卯《しんぼう》の年（三九一年）をもって来たりて海を渡り、百残《ひゃくざん》（百済）・□羅（新羅）を破り、もって臣民となす」

ということである。これが倭王・武の手紙に言う、祖父の禰が渡って海北の九十五国を平らげたという事件であることは間違いない。

七支刀　奈良の石上神宮の神庫に伝わる。表面に太和四年（369）の年紀があり、裏面に「先世以来、未有此刀、百済王世子、奇生聖晋、故為倭王旨造、伝示後世」の二十七字の銘文がある。

倭が百済を破って臣民となしたというのは、百済はもともと高句麗の属民だという高句麗の立場からの見方で、実際の倭軍の行動は、百済と連合して高句麗に対抗する戦線を結成し、高句麗派の新羅を制圧するものだった。これから倭・百済の連合軍は四〇七年まで、韓半島で高句麗軍と戦闘をくりかえした。

この四〇七年のころ、倭王・禰（仁徳天皇）は死んだようで、四〇七年以後、韓半島での戦闘は「広開土王碑」に伝えられていない。

『日本書紀』の「仁徳天皇紀」は、こうした倭王・武の手紙と「広開土王碑」からうかがえるような、日本列島内の諸国の武力征服については、何一つ語っていない。

その代わりに語るのは、難波《なには》に都して高津宮《たかつのみや》を建てたこと、宮の北に堀江《ほりえ》を掘って大和川の水を大阪湾に排出したこと、茨田堤《まむたのつつみ》を築いて淀川の氾濫を防いだこと、都の中に大道を作って南門から丹比邑《たぢひのむら》に達したこと、大溝を感玖《こむく》に掘って原野を灌漑し、四万余頃《けい》の田を開墾《かいこん》したことなど、河内国（大阪府・兵庫県南東部）の開発に関する事項と、生前に自分の墓として百舌鳥耳原陵《もずのみみはらみささぎ》を築いたことなどで、いずれも王朝の建国の君主にふさわしい話である。

四一二年に高句麗の広開土王が死んで、高句麗と倭の間に和解が成立した。翌四一三年には、高句麗の長寿王《ちょうじゅおう》の使者と、仁徳天皇の息子の倭王・讃《さん》（履中天皇）の使者がつれだって、南京の東晋の朝廷を訪問した。この時すでに東晋朝の実権を握っていた将軍・劉裕《りゅうゆう》は、四二〇年、自ら皇帝となって宋朝を建てた。これが宋の武帝である。

この宋朝と河内王朝の倭国は、倭王・讃の弟の倭王・珍（反正天皇）―倭王・済（允恭天皇）、倭王・済の息子の倭王・興（安康天皇）―倭王・武（雄略天皇）の二世代、五王にわたって友好関係を保った。

畿内から東西に広がる

『日本書紀』の「雄略天皇紀」には、河内王朝が畿内から東西に向かって広がっていく跡を示す話がいくつかのっている。

その一つは、播磨国（兵庫県南西部）の文石小麻呂《あやしのをまろ》の話である。播磨国の御井隈《みゐくま》の文石小麻呂という人は、力があって心が強く、旅人の通行や商船の航行を遮《さえぎ》って強盗を働き、倭国の法に従わなかったので、天皇は春日小野臣大樹《かすがのをののおみおほき》を遣わし、勇士百人を率いて文石小麻呂の家を焼かせた。すると炎の中から馬ほどの大きさの白い犬が飛び出して、大樹臣《おほきのおみ》に襲いかかった。大樹臣が刀を抜いて斬ると、犬は文石小麻呂に変わった。

もう一つは、伊勢（三重県北部）の朝日郎《あさけのいらつこ》の話である。天皇は物部菟代宿禰《もののべのうしろのすくね》・物部《もののべ》目連《のめのむらじ》を遣わして伊勢の朝日郎を征伐させた。朝日郎は伊賀の青墓《あをはか》でこれを迎え撃った。朝日郎は弓矢の名手で、その放つ矢は二重の鎧さえ射通した。菟代宿禰《うしろのすくね》以下の倭国軍は恐怖して攻勢にでず、二日一夜を空しくすごした。目連《めのむらじ》はみずから太刀をとり、部下の大斧手《おほをのて》に盾《たて》を持たせ、二人で攻めかかった。朝日郎は矢を放って大斧手の盾と二重の鎧を射抜き、肉まで少し入った。大斧手が盾で目連をかばっている間に、目連は朝日郎を捕らえて斬った。

東隣の伊勢と西隣の播磨を征服した河内王朝の倭国と、日本列島で肩を並べた大国は、紀伊国《きのくに》（和歌山県・三重県南部）と吉備国（岡山県・広島県東部）だった。『日本書紀』の「雄略天皇紀」には、その事情をうかがわせる話がいくつかのっている。

その一つは、吉備下道臣《きびのしもつみちのおみ》前津屋《さきつや》の話である。雄略天皇に仕えていた吉備人の侍従が一時、国に帰ったところ、前津屋は侍従を抑留した。天皇が使いを遣わして侍従を呼び返すと、帰ってきた侍従は次のように報告した。

「前津屋は、少女を天皇の代理人とし、大人の女を自分の代理人として、勝負させ、少女が勝つと刀を抜いて殺す。また小さな雄鶏を天皇の鶏と呼び、毛を抜き翼を切り、大きな雄鶏を自分の鶏と呼び、鈴や金の蹴爪《けづめ》をつけて蹴合わせ、小さな雄鶏の勝つのを見ると、また刀を抜いて殺す。」

天皇はこれを聞いて、物部《もののべ》の兵士三十人を遣わして、前津屋とその一族七十人を殺させた。

この話は、吉備国が畿内の倭国の競争相手だったことを表現している。

もう一つの話は、吉備上道臣《きびのかみつみちのおみ》田狭《たさ》の話である。

雄略天皇は、田狭《たさ》の妻・稚媛《わかひめ》の美貌を聞いて、田狭を任那《みまな》国司に任命して韓半島に派遣し、その留守に稚媛を召した。これを聞いた田狭は、新羅に助けを求めた。その時、新羅は倭国と不和だったので、天皇は田狭と稚媛の息子である弟君《おときみ》を派遣して新羅を討たせた。弟君は百済に入り、そこから新羅に向かったが、新羅の国の神が老女に化けて、道が遠いとだましたので、弟君は新羅を討つのをやめて百済に帰った。田狭は喜んで、密使を弟君に遣わし、「お前は百済に本拠をおいて、倭国には通うな。私も任那に本拠をおいて、倭国には通うまい」と言った。弟君の妻・樟媛《くすひめ》は、これを憎んで、夫を暗殺した。

この話は、吉備国と倭国の競争関係ばかりでなく、韓半島介入が倭国と吉備国の共同事業だったことを表現している。

韓半島介入に倭国と協力したのは、吉備国ばかりではない。紀伊国も倭国と対等の協力者だったことが、やはり「雄略天皇紀」の次の話に表現されている。

雄略天皇はみずから新羅征伐に出征しようと思ったが、神のお告げで思いとどまり、紀小弓宿禰《きのをゆみのすくね》・蘇我韓子宿禰《そがのからこのすくね》・大伴談連《おほとものかたりのむらじ》・小鹿火宿禰《をかひのすくね》らを派遣した。小弓宿禰は妻を失なったばかりだったので、天皇は吉備上道采女大海《きびのかみつみちのうねめおほしあま》を小弓宿禰に与えて、一緒に遣わした。しかし談連《かたりのむらじ》は戦死し、小弓宿禰は病死した。小弓宿禰の息子の紀大磐宿禰《きのおひはのすくね》は、父の死を聞いて新羅にゆき、倭軍の指揮権を小鹿火宿禰から奪った。これによって小鹿火宿禰は大磐宿禰《おひはのすくね》を怨み、韓子宿禰も大磐宿禰を疑った。

百済王は倭軍の将軍たちの不和を聞き、仲裁のため将軍たちを招いた。将軍たちが百済の都に赴く途中、河で殺しあいになり、大磐宿禰は韓子宿禰を射殺した。

采女大海《うねめのおほしあま》は夫の小弓宿禰の遺骸につきそって帰国し、倭国の大伴室屋大連《おほとものむろやのおほむらじ》に、埋葬する場所を求めた。天皇は室屋に命じて「お前たち大伴氏族は、紀氏族と昔から国が隣どうしであった」と言い、河内の南部で紀伊に近い田身輪邑《たむわのむら》に墓を作ってやった。小鹿火宿禰も、小弓宿禰の遺骸につきそって帰る途中、室屋に伝言して「私は紀氏族と並んで天皇に仕えるのはいやだ」と言い、角国《つののくに》（周防《すおう》国都濃《つの》郡、山口県南部・東部）に留まって角臣《つののおみ》となった。

この紀小弓宿禰の墓の由来は、倭国の河内王朝と紀伊国の紀氏族とが対等の関係にあったことを表現している。

同じく「雄略天皇紀」によると、雄略天皇と吉備の稚媛の間には、磐城《いはき》皇子と星川《ほしかは》皇子、二人の息子があった。葛城円大臣《かづらきのつぶらのおほおみ》の娘の韓媛《からひめ》からは清寧《せいねい》天皇が生まれた。

『日本書紀』の「清寧天皇紀」によると、雄略天皇が死んだ時、吉備の稚媛はわが子星川皇子と共謀して王位を奪おうとし、まず大蔵《おほくら》をとって立て籠もった。大伴室屋大連は兵士を動員して大蔵を包囲、火を放って吉備派を焼き殺した。吉備上道臣《きびのかみつみちのおみ》らは、倭国で内乱が起こったと聞いて、軍船四十艘をひきいて倭国に向かったが、星川皇子らが焼

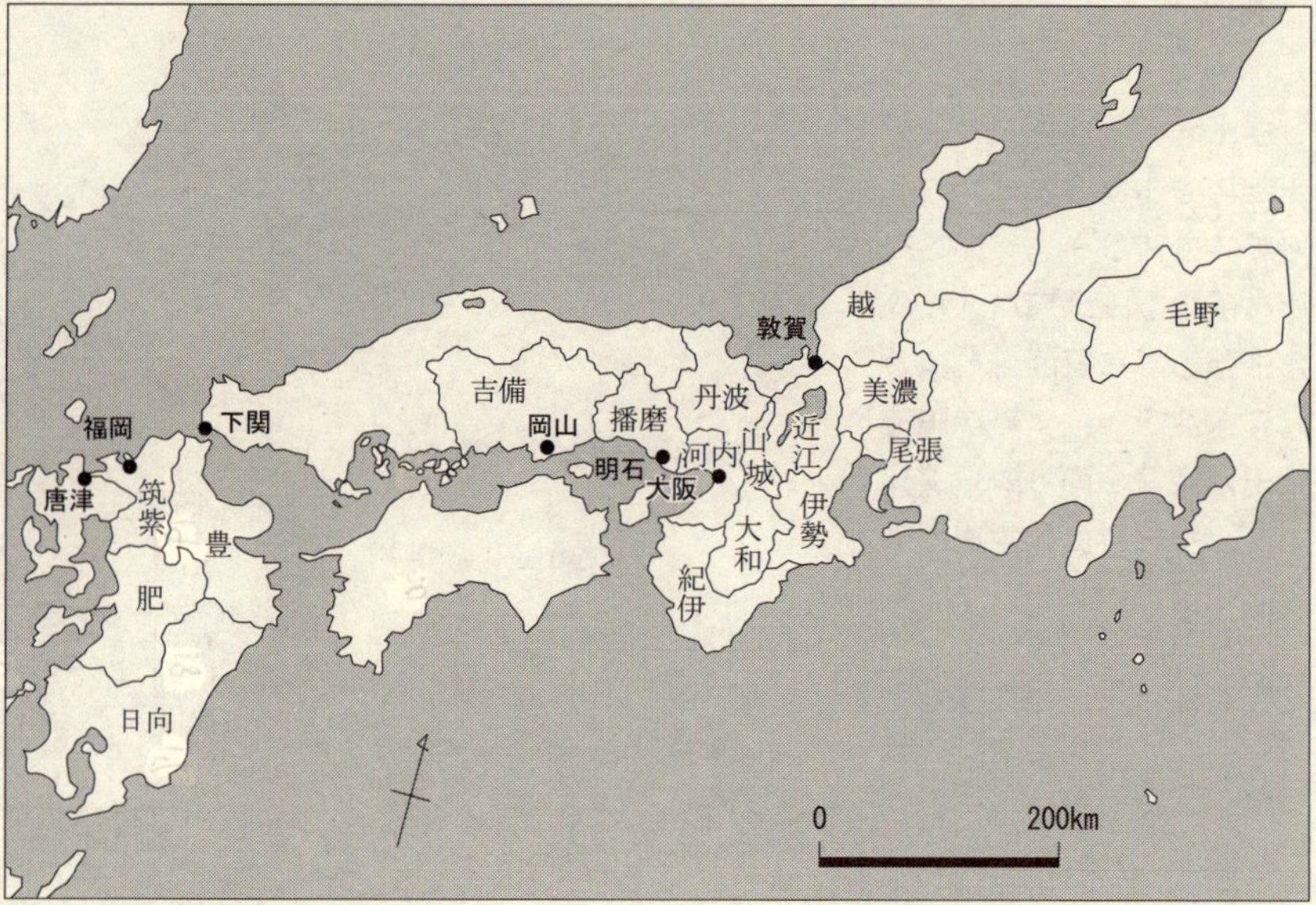

河内王朝時代の倭国地図

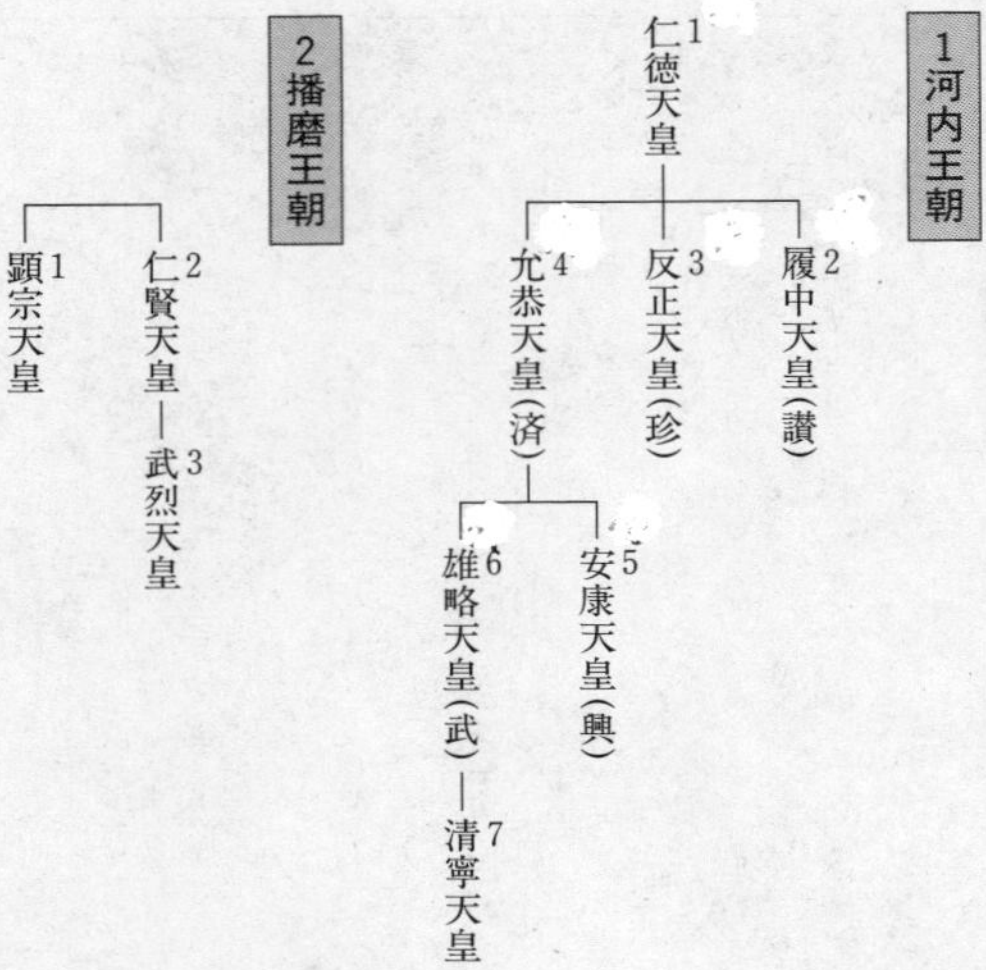

き殺されたと聞いて途中から引き返した。こうして清寧天皇が即位したのである。

清寧天皇には息子がなく、五世紀の末に清寧天皇が死ぬと、河内王朝の血統は断絶した。

播磨王朝と越前王朝

清寧天皇の后《きさき》の飯豊《いひとよ》女王が即位して倭王となり、その死後は、飯豊女王の兄で播磨国出身の顕宗《けんぞう》天皇が倭王となって播磨王朝を建てた。顕宗天皇の後は、その兄の仁賢《にんけん》天皇がつぎ、仁賢天皇の息子の武烈《ぶれつ》天皇が五三一年に死ぬと、播磨王朝の血統も断絶した。

倭国の王位をついだのは、越前

3 越前王朝

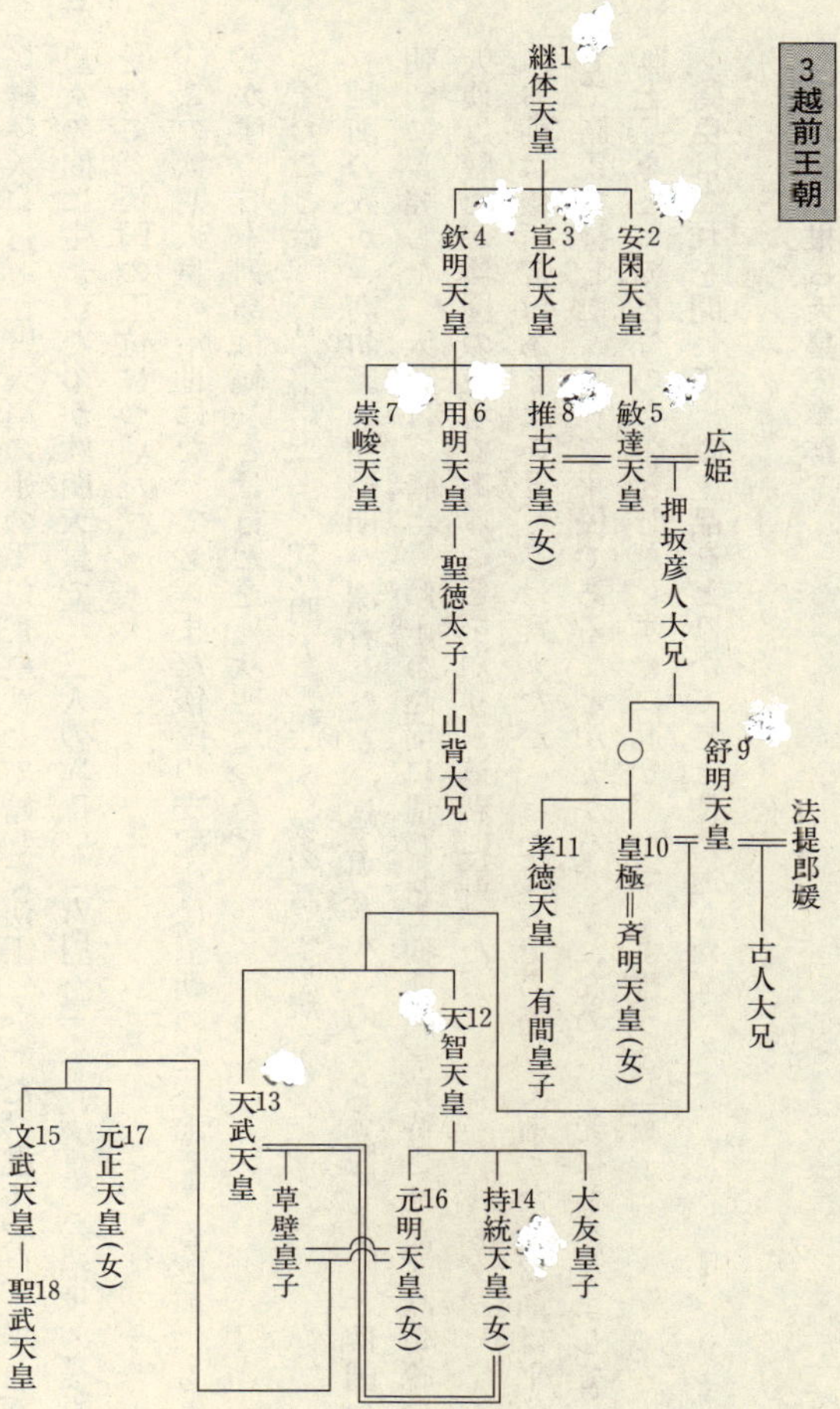

1 継体天皇
4 欽明天皇
3 宣化天皇
2 安閑天皇
7 崇峻天皇
6 用明天皇
8 推古天皇(女)
5 敏達天皇
広姫
押坂彦人大兄
聖徳太子
山背大兄
○
9 舒明天皇
法提郎媛
古人大兄
11 孝徳天皇
10 皇極＝斉明天皇(女)
有間皇子
12 天智天皇
13 天武天皇
草壁皇子
16 元明天皇(女)
14 持統天皇(女)
大友皇子
15 文武天皇
17 元正天皇(女)
18 聖武天皇

（福井県中部・北部）三国《みくに》の坂中井《さかなゐ》出身の継体《けいたい》天皇である。これが越前王朝の開祖である。

継体天皇は、仁賢天皇の娘の手白香《たしらか》皇女と結婚して倭王となった。継体天皇と手白香皇女の間に生まれたのが欽明《きんめい》天皇で、二人の異母兄（安閑《あんかん》天皇・宣化《せんか》天皇）の治世の後を受けて、倭国の王位についた。

この欽明天皇の治世になっても、まだ倭国の支配権は王朝の発祥地である越前にもとどかず、日本列島は統一とはほど遠い状態だった。

そのことは、『日本書紀』の「欽明天皇紀」の次の話から窺える。

越前の人が「高句麗の使節団が漂着したが、越道君《こしのみちのきみ》がこのことを隠した」と倭国の朝廷に告発した。天皇は、膳臣傾子《かしはでのおみかたぶこ》を越前に遣わして使節団を接待させた。高句麗の大使は膳臣が倭国の使者であることを知り、道君に言った。

「お前は倭王ではあるまいと、私は疑ったが、はたしてその通りであった。お前は平伏して膳臣を拝した。これで平民であることが分かる。それなのに、先に私をだまして、献上品をとって自分のものとした。すぐに返せ。ぐずぐず言うな。」

膳臣はこれを聞いて、献上品をとりたてて大使に返した。

疑わしい推古天皇の事跡

欽明天皇の後をついだのは、天皇と宣化天皇の娘・石姫《いしひめ》皇女との間に生まれた敏達《びだつ》天皇だった。

『日本書紀』によると、敏達天皇の後は、異母弟の用明《ようめい》天皇がつぎ、用明天皇の後は、さらに異母弟の崇峻《すしゅん》天皇がつぎ、崇峻天皇が暗殺された後は、用明天皇の同母妹で敏達天皇の未亡人の推古天皇がついで女王となり、用明天皇の息子で推古天皇の娘婿・聖徳《しょうとく》太子《たいし》が皇太子として摂政となったことになっている。

推古天皇の治世は『日本書紀』では五九二～六二八年となっているが、この倭国女王の年代と事跡は極めて疑わしい。

同時代の六三六年に唐で編纂された『隋書』の「東夷列伝」によると、六〇〇年に姓は阿毎《あま》、字《あざな》は多利思比孤《たらしひこ》、号は阿輩鶏弥《おほきみ》という倭王が使いを隋の朝廷に遣わしてきたが、この王の妻は号を鶏弥《きみ》といい、太子の名を利歌弥多弗利《りかみたふつり》といったと言う。これは明らかに男王であって、推古天皇でも聖徳太子でもない。さらに六〇八年にも倭王・多利思比孤の使いが隋にきた。翌六〇九年、隋の煬帝《ようだい》は裴清《はいせい》を倭国に遣わした。この時、裴清が面会した倭王も男王であった。この時期、倭国の王位にあったのが女王の推古天皇だったという『日本書紀』の主張は、何か重大な事実を隠すための故意の嘘としか考えられない。

推古天皇の死後、後をついだ倭王が、敏達天皇の孫で、しかも推古天皇の血筋ではない舒明《じょめい》天皇であること、舒明天皇の死後まもなく、聖徳太子の息子・山背大兄王《やましろのおほえのおう》が殺されることを考えあわせると、推古天皇と聖徳太子についての『日本書紀』の記述は、おそらく舒明天皇が倭国の王位を奪った事情にまつわる後ろ暗さの反映であろう。『日本書紀』の編纂を命じたのが、舒明天皇の息子の天武《てんむ》天皇だから、そう考えるのが自然である。

この六〇九年に倭国を訪問した隋の大使・裴清は、『隋書』によると、百済から都斯《つし》麻《ま》国《こく》をへて、一支《いき》国《こく》にいたり、また竹斯《つくし》国《こく》にいたり、その次に秦王国《しんおうこく》にいたったが、その住民は中国人だった。秦王国からまた十余国をへて、倭国の海岸に達し、ここで数百人の出迎えを受けて、倭国の都・邪靡堆《やまと》にいたり、倭王と会見している。

この途中の諸国のうち、竹斯国以東の諸国はみな倭国の附庸《ふよう》、すなわち同盟国だった。これで見ると、日本列島の内部にはまだ統一国家はなく、畿内の倭国は倭人の諸国のうちでもっとも有力なものにすぎなかったこと、また諸国のうちには、中国人が住民の多数を占める国もあったことが分かる。

七世紀後半、日本誕生す

「日本」と「天皇」の起源

さて、倭国の政治史は、六二九年の舒明天皇の即位から後、やっと歴史時代に入る。六四一年の舒明天皇の死後、后の皇極《こうぎょく》＝斉明《さいめい》天皇が即位して女王となり、まもなく六四五年に弟の孝徳《こうとく》天皇に王位を譲って、みずから皇祖母尊《すめみおやのみこと》と称した。『日本書紀』の「孝徳天皇紀」では、この時、舒明天皇と皇極＝斉明天皇との間に生まれた長男の天智《てんち》天皇が皇太子となり、いわゆる「大化の改新」を断行したことになっている。しかしこの「大化の改新」の内容は、後の六六三年の白村江《はくそんこう》（錦江）の敗戦のあとで、天智天皇が実行した日本建国の事業を、年代をくりあげてここに書いたものにすぎない。

六五四年にいたって、皇祖母尊《すめみおやのみこと》の皇極＝斉明天皇は弟の孝徳天皇を見捨てて大和の飛鳥《あすか》に移り、孝徳天皇は難波の京で死んだ。皇極＝斉明天皇は倭国の王位に復帰した。

六六〇年、唐は新羅と連合して百済を滅ぼした。百済は河内王朝以来の倭国の同盟国だったので、皇極＝斉明天皇は百済の復興作戦を決意し、翌六六一年、宮廷をあげて海路、難波から博多に移った。しかしそのかいもなく、皇極＝斉明天皇は、その年のうちに博多で死んだ。

皇太子の天智天皇はそのまま博多に留まって作戦を指揮したが、六六三年、倭軍の艦隊は白村江口の海戦で唐軍の艦隊に敗れて全滅、作戦は失敗し、倭人たちは韓半島からしめだされた。

天智天皇は、ただちに日本列島防衛のための統一事業に着手した。都を近江の大津に移し、成文法典『近江律令』を制定した。その中で、倭王は今後、外国に対しては「明神御宇日本天皇《あきつみかみとあめのしたしらすやまとのすめらみこと》」と自称することを規定した。これが、「日本」という国号と「天皇」という王号の起源である。

日本列島内の諸国はそれぞれ自発的に解体して、旧倭国と合同し、新たに日本国を形成することになった。

こうして天智天皇は、六六八年に大津の京で即位して、最初の日本天皇となった。これが日本の誕生であった。

翌々六七〇年には、初めて戸籍を作り、六七一年には太政大臣・左大臣・右大臣・御《ぎょ》史《し》大夫《たいふ》以下の中央政府の官職を任命し、『近江律令』を施行した。六七〇年に新羅に派遣された阿曇連頰垂《あづみのむらじつらたり》は、外国に対して日本国を名乗った最初の使節である。

天智天皇が六七一年に死ぬと、日本国は分裂した。天智天皇の息子で太政大臣だった大友皇子《おほとものみこ》は大津の京に拠《よ》り、天智天皇の弟の天武天皇は飛鳥の京に拠って対立した。翌六七二年、天武天皇が飛鳥を脱出し、伊賀・伊勢経由で美濃《みの》へ向かうとともに、事態は内戦に発展した。これが「壬申《じんしん》の乱」である。結局、大友皇子は戦い敗れて自殺し、翌六七三年、天武天皇が即位して日本天皇となった。

『日本書紀』の創作

新生日本国には、新しいアイデンティティの基礎となる歴史が必要であった。天武天皇は、六八一年、六人の皇族と六人の貴族の委員会を設置して、「帝紀および上古の諸事を記し定める」ことを命じた。こうして『日本書紀』の編纂が始まった。『日本書紀』はこれから三十九年後の七二〇年にいたって完成した。その内容は、日本の建国の年代を天智天皇の六六八年ではなく、それより千三百二十七年前におき、日本列島は、紀元前六六〇年の神武天皇の即位以来、常に統一され、万世一系の皇室によって統治されてきたこと、日本の建国には中国からの影響も、韓半島からの影響もなかったことを主張するものである。

『日本書紀』の皇室の系譜を詳しく分析すると、編纂当時の皇室の祖先である越前王朝の系譜の前に、父系ではつながらない河内王朝と播磨王朝の系譜をつぎたしてある。顕宗天皇・仁賢天皇・武烈天皇の播磨王朝と、越前王朝の初代の継体天皇のあいだのつながりは、実際には、継体天皇が仁賢天皇の娘と結婚して、倭国の王統を継いだだけで、女系の相続だった。ところが『日本書紀』の立場では、男系の相続だけが正統だとする。そこで『日本書紀』は、継体天皇の祖先神である、敦賀《つるが》の気比《けひ》神宮の祭神を、応神天皇という人間の王にし、応神天皇の五世の孫が継体天皇だったことにして、古い仮想の皇室に男系でも結びつけた。

播磨王朝は、その前の河内王朝とは、男系のつながりはなかった。河内王朝の最後の王であった清寧天皇には嗣子がなかったので、王妃の飯豊《いひとよ》女王が王位をついだ。女王の死後、その兄の顕宗天皇が王位をついで、播磨王朝が始まった。この王朝の交代は、実際にはこうした女系の相続だった。しかし男系主義の『日本書紀』は、これを認めない。播磨王朝の伝承では、顕宗天皇は、「市辺宮《いちのへのみや》に天下を治めた押磐尊《おしはのみこと》」という王の子孫だった。『日本書紀』は、この伝説の「押磐尊」という王を、河内王朝の第二代の履中天皇の息子と書きかえた。さらに、もともと「押磐尊」の遠い子孫だった顕宗天皇を、この押磐皇子自身の息子と書きかえた。こうして『日本書紀』は、河内王朝から播磨王朝へ男系でつながることにしたのである。

『日本書紀』の編纂当時には、河内王朝以前の倭国の王たちの系譜は伝わっていなかった。仁徳天皇が難波に河内王朝を始める以前には、倭王家は畿内にはなかったから、当然、伝承もなかったわけだ。それで『日本書紀』では、越前王朝の祖先神を、応神天皇という形で、仁徳天皇の父親にして、皇室の系譜を前に伸ばしてある。

さらに『日本書紀』では、仲哀天皇・神功皇后という夫妻を応神天皇の両親としてある。この二人も人間ではなく、六六一年、皇極＝斉明天皇が百済再興のために博多滞在中に、その陣中に顕現《けんげん》した神々で、香椎宮の祭神である。『日本書紀』では、仲哀天皇と神功皇后は、港から港へと海上を遍歴するが、これは皇極＝斉明天皇が倭国の宮廷を伴なって、難波から儺《な》の津《つ》（博多）へと航海した史実を反映したものである。また『日本書紀』が神功皇后の本名とする「気長足姫《おきながたらしひめ》」は、皇極＝斉明天皇の亡き夫・舒明天皇の本名「息長足日《おきながたらしひ》・広額《ひろぬか》」を女名前にしたものである。

仲哀天皇は、『日本書紀』では日本武尊《やまとたけるのみこと》の息子になっている。『日本書紀』が伝える日本武尊の事跡は、東国、ことに伊勢・尾張・美濃に関係が深いが、これは天武天皇の行動を下敷きにしている。六七二年の壬申の乱では、天武天皇は奈良から伊勢に脱出し、美濃（岐阜県の中部・南部）・尾張《おはり》（愛知県の西半分）で東国の軍勢を集めて、近江（滋賀県）の大津の大友皇子の朝廷を打倒した。

『日本書紀』の皇室の系譜では、第十代の崇神天皇の息子が第十一代の垂仁天皇、垂仁天皇の息子が第十二代の景行天皇になっている。景行天皇の息子が日本武尊である。『日本書紀』がこの三代の天皇の事跡として語る物語は、すべて舒明天皇・皇極＝斉明天皇・孝徳天皇・天智天皇・天武天皇の時代に実際に起こった事件をモデルとしている。

崇神天皇の前の、第二代の綏靖《すいぜい》天皇から第九代の開化《かいか》天皇にいたる八代については、『日本書紀』に書いてあるのは系譜だけで、事跡らしいものはほとんどない。

『日本書紀』は、初代の日本天皇を神武天皇とする。この神武天皇も、壬申の乱の最中に、初めて大和の橿原《かしはら》で顕現して、天武天皇派軍を助けた神である。この史実は、『日本書紀』の「天武天皇紀」にはっきり書いてある。また『日本書紀』が語る、いわゆる「東征《とうせい》」の物語では、神武天皇は九州南部の日向《ひむか》から大和の橿原に移動して、そこで即位する。この物語で、神武天皇が熊野上陸以後、吉野をへて大和に入る時にとる経路は、壬申の乱で天武天皇派軍がとった経路そのままである。

同じく壬申の乱で、天武天皇は東国への脱出の途中、伊勢で天照大神《あまてらすおほみかみ》を遥拝《ようはい》した。この天照大神は、この時はじめて中央に知られた神なのである。『日本書紀』の最初の二巻である「神代　上・下」の神話では、伊弉諾尊《いざなぎのみこと》・伊弉冉尊《いざなみのみこと》という夫婦の神々が結婚して、まず日本列島を産《う》み、つぎに海・川・山・木の神・草の神を産む。そのあとで、天下の主たるべき者として産んだ日の神が、天照大神である。天照大神は、自分の孫の天津彦彦火瓊瓊杵尊《あまつひこひこほのににぎのみこと》を、地上の日向の高千穂《たかちほ》の峰に降下させる。その曾孫が神武天皇である。

このように天照大神が、『日本書紀』の神話で主役を演じ、皇室の祖先神となるのは、天武天皇が天照大神の信仰を採用して、新生日本国のアイデンティティの中心にすえたからである。

日本国と日本の歴史は、かくして誕生したのである。

第九章　神託が作った「大和朝廷」

発見された太安万侶の墓

太朝臣安万侶《おほのあそみやすまろ》の墓が発見されたのは一九七九年である。銅板に刻まれた墓誌銘が出てきたから、これが七二三年に死んだ民部卿を葬ったところであることに疑いはない。その骨には火葬の形跡があるというから、この奈良朝の高官が、熱心な仏教信者だったことがわかる。

もしこの人が、本当に『古事記』の作者だったとしたら、まことに面白いことになる。なにしろ『古事記』は、外国文化の影響を受ける以前の、日本古来の精神を、漢字を使いながらも、大和言葉で純粋に伝え、表現しているとされる。それに対して、『日本書紀』は中国思想に基づき、純然たる漢文を綴って、中国人に対して国家の体裁をととのえようとした書物だと言われている。

ところが、『古事記』が熱心な仏教信者の著作だとなると、こうした伝統的な通念もあやしくなるのである。

しかし、心配無用。実は『古事記』の作者は、太安万侶ではない。『古事記』は太安万侶よりずっと新しい時代のもので、九世紀の平安朝初期の偽作である。日本最古の古典は『古事記』ではなく、七二〇年に完成した『日本書紀』である。

『古事記』三巻の頭には、長い漢文の序がついている。この序には「和銅《わどう》五年正月二十八日」、すなわち七一二年の日付と、「正五位上勲五《しょうごいのじょうくんご》等《とう》太朝臣安万侶」の署名がある。太安万侶の名前が出ているのはここだけで、本文にはどこにも作者の名前はない。そしてこの序の中に、有名な、天武天皇が舎人《とねり》の稗田阿《ひえだのあ》礼《れ》に命じて史料を誦習《しょうしゅう》させ、元明《げんみょう》天皇が太安万侶に命じてその史料を一書にまとめさせた、という話が書いてある。

ところが、この『古事記』序が怪しいことは、すでに江戸時代の一七六八年に賀茂真《かものま》淵《ぶち》が指摘して、太安万侶よりあとの時代の人が書いたものだろうと言っている。この序が偽作だとなると、『古事記』三巻と太安万侶を結びつける根拠は何もなくなってしまう。本文には太安万侶の名前はないからである。

『古事記』は偽書

『古事記』序の内容がおかしいというのは、まず第一に、当時の朝廷の正式の記録である『続日本紀《しょくにほんぎ》』に、太安万侶の事跡はのっているのに、元明天皇がこの人に史書の編纂を命じたこともなければ、この人が『古事記』を書きあげて献上したことも書いてないことである。本当に『古事記』が勅撰の史書だったなら、必ず記載があるはずである。『続日本紀』を見るかぎり、太安万侶はただの平凡な官僚で、特に歴史の編纂に関係しそうな経歴は何もない。

第二に、奈良朝のどんな書物にも、『古事記』の名前も見えず、一つの引用もないことである。ただ、『万葉集』巻二に『古事記』というものを引用して、軽大郎女《かるのおおいらつめ》の恋の歌「君が往き　け長くなりぬ　山たづの　迎へを行かむ　待つには待たじ」をのせているが、これは今の『古事記』とは別の書物である。その証拠に、『万葉集』の引用では、「君之行《きみがゆき》　気長久成奴《けながくなりぬ》……」と、漢字の音と訓を混ぜて書いてあるのに、今の『古事記』では「岐美賀由岐《きみがゆき》　気那賀久那理奴《けながくなりぬ》……」と、音だけで書いてある。『万葉集』の中でも、年代が古い歌ほど、漢字の訓を使って日本語を表記する傾向が強く、漢字の音を使うのは年代の新しい歌である。今の『古事記』のように日本語の一音節ずつを完全に漢字の音で表記するのは、年代がきわめて新しい歌の傾向である。そうすると、大伴家持《おおとものやかもち》が『万葉集』を編纂した八世紀の後半にも、まだ今見るような『古事記』は存在しなかったことになりそうである。

第三に、八一四年に完成した勅撰の『新撰姓氏録《しんせんしょうじろく》』は、多くの氏族の由来について、『日本書紀』から丹念に記事を拾い集めているが、『古事記』からは一つの引用もない。これは、平安朝の初めになっても、『古事記』が世間に知られていなかったことを意味している。

その『新撰姓氏録』を非難して、はじめて『古事記』をもちだしたのが、ほかでもない太安万侶の子孫の多朝臣人長《おほのあそみひとなが》である。多人長《おほのひとなが》は、当時有数の『日本書紀』学者で、八一二年には勅命を受けて朝廷の高官たちに『日本書紀』の講義をしている。この多人長の講義の記録が『弘仁私記《こうにんしき》』だが、その序の中で多人長は『新撰姓氏録』をはげしく攻撃し、『古事記』を参照していないのはけしからんと言っている。

実は、これが太安万侶の『古事記』なるものが世に出たはじめである。しかもその『古事記』には、意富臣《おほのおみ》をはじめとする、神武天皇から分かれた氏族の記述が不自然に多い。意富臣はすなわち太安万侶の太朝臣、多人長の多朝臣のことである。『日本書紀』の「神代巻」には、日本神話を語る本文に、多数の異伝が「一書」として引用してあるが、その中には『古事記』と全く一致するものがひとつもない。かえって『古事記』のほうが、『日本書紀』の本文と、異伝である「一書」とを統合して、一本の話の筋にまとめた形跡がある。

また、「風土記《ふどき》」の編纂の命令が諸国に下ったのは七一三年のことで、『古事記』序の日付の翌年になるが、「風土記」の編纂はなかなかの大事業で、七二〇年の『日本書紀』の完成には間にあわなかった。そのため『日本書紀』には、いわゆる出雲《いずも》神話がほとんどのっていないが、『古事記』には出雲神話が豊富である。これは、「風土記」を利用できたからで、たとえば有名な大国主命《おおくにぬしのみこと》と因幡《いなば》のシロウサギの神話は、『因幡国風土記』にのっていたことがわかっているが、『日本書紀』にはこの話はない。

だいたい大国主命という出雲の神は、『古事記』では葦原中国《あしはらのなかつくに》（日本列島）を作った神として大いに持ちあげられ、この神を主人公とする面白い神話が数多くのっている。ところが『日本書紀』では、天照大神の弟の素戔嗚尊《すさのをのみこと》が天上から追放されて、出雲に降って産んだ息子が大己貴神《おほあなむちのかみ》（大国主命）であることと、皇室の祖先が天から降る時に、大己貴神が日本列島を譲って隠退したことしか書いてない。大己貴神の別名が大国主神《おほくにぬしのかみ》であることでさえ、『日本書紀』の本文には書いてなくて、引用された「一書」の文の中に見えるだけである。

要するに、『古事記』は太安万侶の七一二年の著作ではなく、その約百年後に、多人長が『日本書紀』その他の材料をもとにしてでっちあげ、自分の氏族の由来が『新撰姓氏録』が言うよりもっと高貴だと主張するのに使っただけのことで、その点、八〇七年の斎部広成《いむべのひろなり》の『古語拾遺《こごしゅうい》』と似たようなものである。斎部は古くから朝廷の祭祀をつかさどった氏族だったが、中臣《なかとみ》氏の勢力が伸びるにしたがって、斎部氏は祭祀権を奪われつつあった。斎部広成が平城《へいぜい》天皇に提出した陳情書が『古語拾遺』で、自分の氏族の伝承を記して、古来の権利を主張している。

ただ、『古事記』の文学的価値は高いが、これとて平安朝文学の傑作と認めるのが正当なところであって、日本古代のロマンに夢を馳せるには向いていても、日本古代の真実に迫る手がかりとしては役に立たない。それは『日本書紀』からはじめなければならない。

『古事記』が偽作であることには、数々の証拠があるのに、多くの人々がそれを公然と認めるのをはばかってきたのは、主としてセンティメンタルな理由からである。日本には古くから固有の純粋な文化があり、それが後になって中国文明との接触によって汚染されたので、中国の影響さえ排除すれば、古代日本の高貴な精神が輝き出るはずだというのが、本居宣長《もとおりのりなが》をはじめとする、江戸時代の国学者たちの主張であった。

本居宣長は『古事記』の注釈という形で、『古事記伝』四十四巻を書いた。この本の中で本居宣長は、『古事記』は純粋な倭語《わご》で書いてあると考えて、現実には漢文で書いてある『古事記』のテキストを、なるべく古風な倭語に翻訳した。こうして本居宣長が作りあげたのが、現在でも通用している『古事記』だが、これは『古事記』の本来の姿ではなく、もともとありもしないテキストである。しかしこの本居版の『古事記』が誤った先入観を一般の人々に植えつけた。そのため「先にできた『古事記』は、日本の本来の素朴な真実の姿をありのままに表現しているが、後でできた『日本書紀』は、それを中国風に飾りたてて、古い伝承の真実の姿を失っている」という俗説が、いまだに横行している。

『古事記』の偽作の論証の詳細は、鳥越憲三郎『古事記は偽書か』朝日新聞社、大和岩雄『古事記成立考』大和書房、岡田英弘『倭国の時代』朝日文庫を見られたい。

伝説時代の天皇をたどる

『日本書紀』はただの史書ではない

そういうわけで、『日本書紀』がわが国で最古の歴史の書物だということになる。ところが、最古の古典だからといって、それに書いてあることすべてが真実だということにはならない。

ことに『日本書紀』は、ただの史書ではない。天武天皇が六八一年に着手した国史の編纂事業が、三十九年をへて、孫娘の元正天皇のときに完了した、その結果が『日本書紀』三十巻なのである。

この時期は、ちょうど日本建国の最中であった。なにしろ、「天皇」という王号が現われる最初の確実な史料は、松岡山古墳から出土した、六六八年の「船首王後《ふねのおびとのおうご》墓誌《ぼし》銘《めい》」だし、「日本」という国号がはじめて外国に知られたのは、六七〇年、阿曇連頰垂《あづみのむらじつらたり》が使者として新羅に行ったときからである。

この墓誌銘で見ると、最初の「日本天皇」は天智天皇で、天智天皇が即位式をあげた六六八年が日本の建国の年らしい。

天智天皇は六六一年、母の斉明天皇にしたがって九州に移り、前年に唐・新羅連合軍のために滅ぼされた百済王国の再興に努力したが、斉明天皇は北九州で亡《な》くなり、百済救援の倭軍は六六三年、白村江口で唐・新羅軍に粉砕され、倭人は有史以来はじめて韓半島からしめだされた。日本の建国は、日本列島の住民の団結を固めてこの危機をのりきるための方策だった。

そういう時期に、しかも兄・天智天皇の息子である大友皇子を、実力で倒して皇位を奪った天武天皇が着手した国史の編纂である。『日本書紀』が、単なる事実の記録や、古い伝承の忠実な集成であるわけがない。建国事業の一環として作られる歴史なのだから、当然、現政権にとってぐあいの悪い話にはなるべくふれず、都合のよい話をできるだけとりいれることになる。

ことに、日本列島ではじめて歴史を書くのだから、歴史的真実は何かという相場がまだ固まっていないので、かなり思い切った創作が可能である。そして、そうした創作は、いくらかでも古い伝承の残っている、近い時代についてはあまり自由がきかないが、遠い昔になるほど、何でもかってに書けるようになる。

『日本書紀』の内容を気をつけて読んでみると、そうした傾向がはっきりと表われている。

『日本書紀』三十巻のうち、最初の二巻は「神代」で、もともと人間の歴史ではないから、古代の真実を考える役にはたたない。だいたい神話は、書きとめられた当時の現実しか反映しないもので、それより古い時代の記憶を保存するものではないからである。むしろ、人間の世界の王たちについての物語のほうに、古い時代のなごりがある可能性がある。しかし、そうした王たちが、実在した人でなかったらどうにもならない。そこで、天智・天武兄弟を出発点として、『日本書紀』が事跡を伝える四十人の天皇・皇后の系譜を逆にたどってみると、こういうことになる。

王系の切れ目

まず、全く歴史上の人物として疑問のないのは、天智・天武兄弟の父親で、六二九年に倭国の王位についたとされる第三十四代の舒明《じょめい》天皇までである。（ここで天皇と呼ぶのは、問題の『日本書紀』の書きかたにしたがうだけで、実際にはまだ天皇号はなかった。）ところが、その直前の第三十三代の推古天皇になると、もう怪しい。『日本書紀』では、この女帝の在位は五九二〜六二八年ということになっている。ところが中国の記録によると、ちょうどその時期、六〇〇〜六一〇年に倭国の王位にあったのは、姓は阿毎《あま》、名は多利思比孤《たらしひこ》、号は阿輩雞弥《おほきみ》という男王で、雞弥《きみ》と号する妻があり、別に太子があった。六〇九年に隋の皇帝の使者が倭国を訪問してこの王に面会しているからまちがいはない。

この一事を見ても、舒明天皇以前の時代は、歴史以前の伝説時代ということになる。つまり推古天皇の事跡や年代は、もはや信用できないということになるが、これにはなかなか深い政治的な意味がありそうである。

と言うのは、実は舒明天皇は倭王の子ではなく、即位をめぐってトラブルがあったことを『日本書紀』自体が語っているからである。それによると、舒明天皇の祖父は第三十代の敏達《びだつ》天皇だったが、敏達天皇の死後、王位は息子に伝わらず、弟たちの用明《ようめい》天皇・崇峻《すしゆん》天皇へ、さらに用明の未亡人の推古天皇へと移ったことになっている。これは舒明天皇から新しい王朝がはじまったことを意味する。

その前の王朝は、敏達・用明・崇峻三兄弟の祖父の第二十六代の継体《けいたい》天皇からはじまっている。継体天皇は倭国の王家の男系が絶えたので、越前の三国《みくに》から迎えいれられて、仁賢《にんけん》天皇の王女と結婚して倭王となった人である。ここにも一つ、王系の切れ目がある。

その前の切れ目は、第二十二代の清寧《せいねい》天皇と、次の第二十三代の顕宗《けんぞう》天皇との間にある。清寧天皇は子どもがなく、播磨から引きとった仁賢・顕宗兄弟を後継者に指定して亡くなったことになっている。だが、この兄弟の父も倭王ではなかった。そしてまず弟

皇室系譜

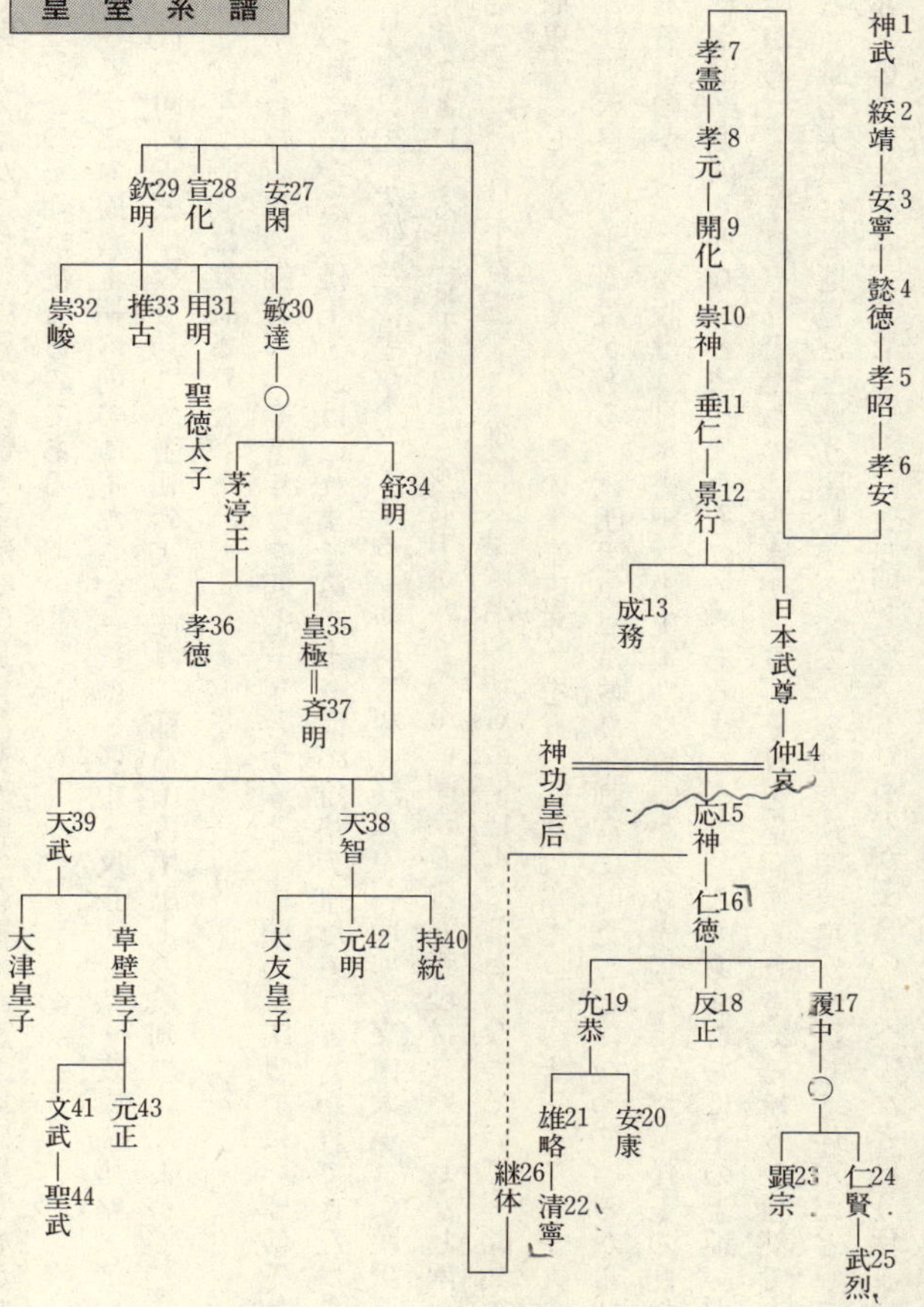

神武1
綏靖2
安寧3
懿徳4
孝昭5
孝安6
孝霊7
孝元8
開化9
崇神10
垂仁11
景行12
成務13
日本武尊
仲哀14
神功皇后
応神15
仁徳16
履中17
反正18
允恭19
安康20
雄略21
清寧22
顕宗23
仁賢24
武烈25
継体26
安閑27
宣化28
欽明29
敏達30
用明31
崇峻32
推古33
聖徳太子
舒明34
茅渟王
皇極35
孝徳36
斉明37
天智38
天武39
持統40
文武41
元明42
元正43
聖武44
大友皇子
大津皇子
草壁皇子

の顕宗天皇が、ついで兄の仁賢天皇が即位し、仁賢天皇の息子の武烈天皇に子どもがなくて、この王朝は絶えるのである。

さて、この播磨王朝の前の倭王たちが、仁徳《にんとく》・履中《りちゆう》・反正《はんぜい》・允恭《いんきよう》・安康《あんこう》・雄略《ゆうりやく》・清寧七代の河内《かわち》王朝になる。この王朝の実在性は、稲荷山《いなりやま》古墳出土の鉄剣の銘によって、一九〇〇年、劇的に立証された。

すなわち、この銘文の「辛亥年《しんがいのとし》」を四七一年とすると、中国の『宋書』にいう倭王・武の時代になる。倭王・武はこれまで第二十一代の雄略天皇だろうと言われてきたから、『日本書紀』が雄略天皇の本名とする「幼武」が、銘文の「獲加多支鹵《わかたける》大王」の漢訳ということになる。『日本書紀』の信用がいっぺんに高まるのも無理はない。しかし困ったことに、『日本書紀』では雄略天皇は泊瀬朝倉宮《はつせのあさくらのみや》に住んだことになっていて、銘文の斯鬼宮《しきのみや》らしくない。それで、この「辛亥年」を五三一年に当て、この大王を第二十九代の欽明天皇だとする説がある。欽明天皇は磯城島金刺宮《しきしまのかなさしのみや》にいたことになっているからである。しかし、この説は『日本書紀』の史実性を買いかぶりすぎたようだ。倭王の住む邸宅が一個所しかないと決まったものでもあるまい。むしろ、あちこちに王の土地・財産があって、それぞれ妻たちの住む家があり、それを巡回すると考えるほうが自然である。雄略天皇にも斯鬼宮という屋敷があって、それを欽明天皇が改築して住んだとしてもさしつかえない。『日本書紀』に名前がのっているのが王宮のすべてだという保証はないのである。

最古の倭王・仁徳

稲荷山古墳の鉄剣銘を抜きにしても、この河内王朝の倭王たちが実在したことは異論がすくない。『宋書』に出てくる讃の弟が珍、済の息子が興、興の弟が武《ぶ》という順序が、『日本書紀』の履中・反正・允恭が兄弟、允恭の子が安康・雄略の兄弟というのと、よく一致するからである。履中・反正・允恭三兄弟の父は第十六代の仁徳天皇だが、この人も実在した倭王だったことは、三つの根拠から推定できる。

その第一は、倭王・武が四七八年に中国の宋朝あての手紙で「祖禰《そでい》」すなわち祖父なる「禰」の世代以来、海内《かいだい》・海外の征戦に従事してきた、と言っていることで、すくなくとも讃・珍・済の前にもう一代の倭王がなければならない。

第二に、三六九年に百済王世子の貴須《きす》が倭王に七支刀を贈っていて、この時すでに倭王があったことがわかる。これがちょうど讃たちの父の世代に当たることである。

第三は、『日本書紀』にのっている仁徳天皇の物語が、建国説話の性質を持っていて、この人が、後世の記憶に残った最古の倭王だった形跡があることである。

というのは、例の『新古今集』の「たかき屋《や》に　のぼりてみれば　煙立《けぶりた》つ　たみのかまどは　にぎはひにけり」の歌で有名な、仁徳天皇が百姓の貧苦を救うために三年のあ

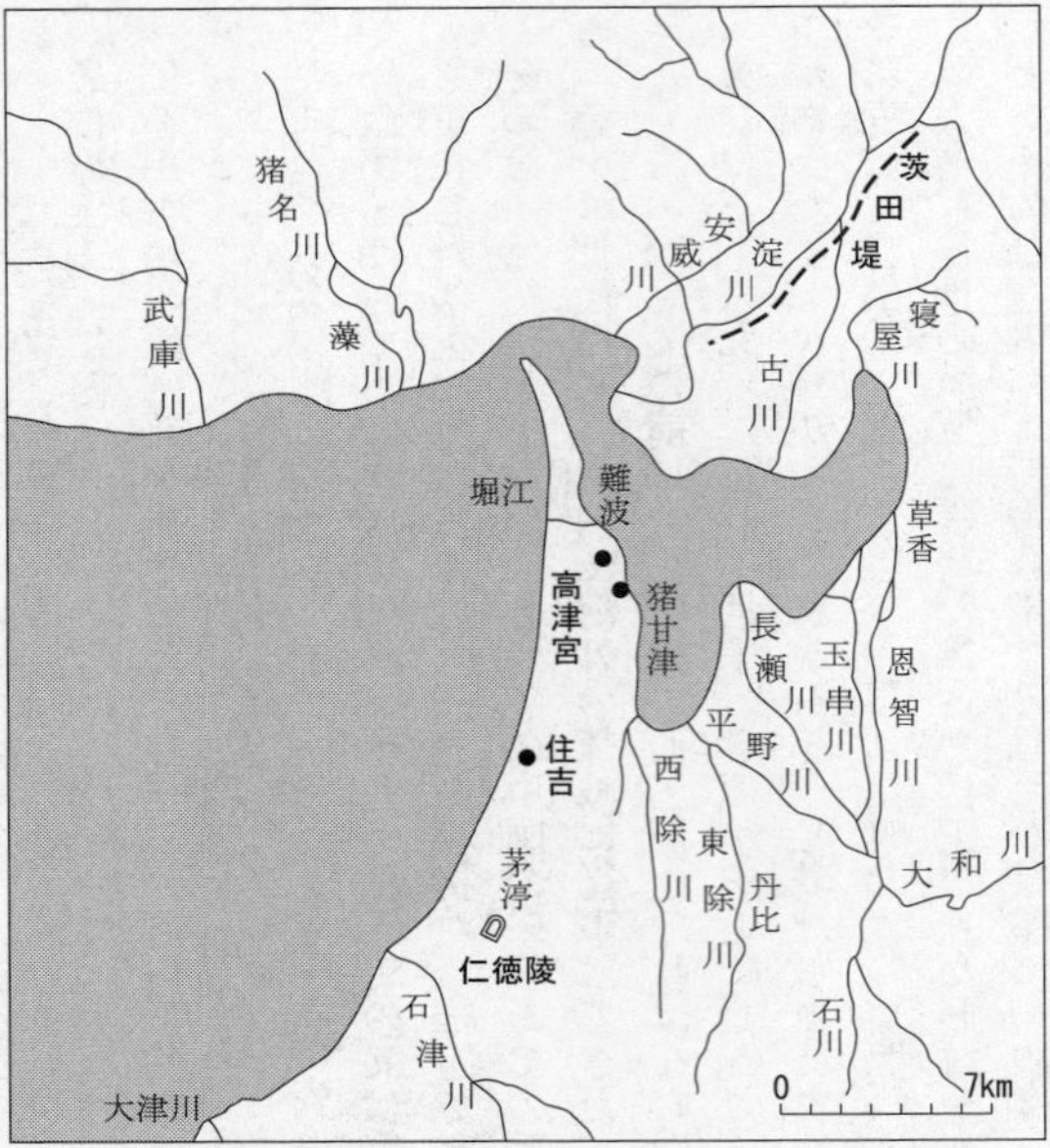

猪名川
武庫川
藻川
安威川
淀川
茨田堤
古川
寝屋川
堀江
難波
高津宮
猪甘津
草香
長瀬川
玉串川
恩智川
平野川
住吉
西除川
東除川
丹比
大和川
茅渟
仁徳陵
石津川
石川
大津川
0
7km

古代の河内

いだ課役《かえき》を免じ、宮殿を修理させなかったという物語である。

これは、儒教式の聖帝の善政談のように見えるが、実はこれは難波に高津宮《たかつのみや》を建てた由来を語るものなのである。それにすぐ続けて、宮の北で上町《うえまち》台地を切って堀江を作り、大和川の排水をよくしたこと、茨田堤《まむたのつつみ》を築いて淀川の溢水《いっすい》を防いだこと、難波京《なにはきょう》の南門から丹比邑《たぢひのむら》にいたる大道を作り、南河内に灌漑工事をして大農園を開いたことなど、国作りと言ってもよい国土改造の大事業を語っている。

これがすべて、実際に仁徳天皇の時代に行なわれたものかどうか疑わしいが、すくなくとも仁徳天皇が河内の建国の大王だったという印象を、『日本書紀』編纂当時の日本人が持っていたことを示すものではある。

実在でない天皇の正体

応神以前は実在しない

ところが、『日本書紀』で仁徳天皇の父にしてある第十五代の応神天皇は、もう実在の人物ではない。これはもともと、越前王朝の祖先神であった。

その証拠に、継体《けいたい》天皇は応神天皇の五世の孫とだけあって、中間の世代の名前がない。

それに応神天皇には、越前の角鹿《つぬか》（敦賀）の笥飯《けひ》大神と名前をとりかえたという話がある。神と同じ名を持つというのは、すなわち神であるということを意味する。それに『日本書紀』には、この天皇にかぎって御陵がどこにあるのか書いてない。つまり、応神天皇には墓がないのである。

もっとも「雄略天皇紀」に、河内国の飛鳥戸《あすかべ》郡の田辺史伯孫《たなべのふびとはくそん》が、誉田陵《ほむたりよう》の下で駿馬《しゅんめ》に乗った人にあって、自分の馬ととりかえたところ、朝になったら土馬に変わっていた、という話がのっている。誉田は応神天皇の本名だが、「雄略天皇紀」では「誉田陵」であって、「誉田天皇陵」ではないし、『日本書紀』の使いかたでは、「陵」は天皇の墓にはかぎらない。今では、この誉田陵が応神天皇陵になっているが、それは『日本書紀』より後、九二七年完成の『延喜式《えんぎしき》』までにそうなったのであって、もともと応神天皇には御陵がなかった。そのほか、「応神天皇紀」に天皇を主人公とする話がほとんどないことも、この天皇が神であって人ではないことを示しているようである。

仲哀・神功は海神

その応神天皇の両親ということになっている第十四代の仲哀天皇・その妻の神功皇后の夫妻になると、海神の性格が顕著に出ている。

二人とも港から港へ、海上を移動して歩く話しかないし、神功皇后の新羅遠征にいたっては、海中の大魚がことごとく浮かんで船を支え、海の潮が船にしたがって遠く新羅の国中におよび、新羅王を降伏させるのである。

これは言うまでもない、もともと仲哀・神功夫妻は福岡の香椎宮《かしいのみや》の祭神で、海の神だからである。これは海神が人間の王に変わったのであって、王が死んで神に祭られたのではない。しかも、この二柱《ふたはしら》の神の出現の時代はきわめて新しい。それは六六〇年の百済の滅亡、六六一年の斉明天皇の北九州出陣と死、六六三年の白村江の敗戦のころしかありえない。

なぜかというと、仲哀・神功夫妻は儺《な》県の橿日宮《かしひのみや》に住んだが、斉明天皇も娜大津《なのおおつ》の磐《いは》瀬《せ》行宮《かりみや》に住み、そこから朝倉宮に移って死んだ。神功皇后も斉明天皇も、夫の死後に新羅を敵として戦争を指導したのだし、神功皇后の本名の「気長足姫《おきながたらしひめ》」は斉明の亡夫の舒明天皇の称号の「息長足日広額《おきながたらしひろぬか》」を女名前にしただけである。

これはどうも、斉明天皇・天智天皇の北九州の大本営の、異常に緊張した空気のなかで降臨した神々と考えるほかはない。

そこで面白いのは、『日本書紀』が神功皇后を、神がかりして託宣をするシャマン・タイプの女性として描いていることである。仲哀天皇が橿日宮で熊襲《くまそ》の討伐を計画していると、神が神功皇后にかかり、その口を通じて中止を勧め、その代わりに海のかなたの新羅国を与えるから自分を祭れ、と言う。天皇は高い山に登って海を眺めるが国は見えない。天皇がそう言うと、神がまた皇后にかかって、天皇が信じないならば、皇后の胎中《たいちゅう》の子に与えようと言う。天皇は熊襲を征伐するが成功せず、橿日宮に帰って急死する。

皇后は斎宮に入って自ら神主《シャマン》となり、武内宿禰《たけのうちのすくね》が琴を弾いて神おろしをやり、中臣烏賊津使主《なかとみのいかつのおみ》が神に問いかける役をやる。七日七夜におよんで、天照大神《あまてらすおおみかみ》、稚日女神《わかひるめのかみ》、事代主神《ことしろぬしのかみ》、住吉《すみよし》三神が次々と皇后にかかって名のりをあげ、祭を受けるのである。これは実際に、斉明天皇の大本営で、仲哀・神功の二神がはじめて人間界に示現《じげん》した状況を写したものではないかと思う。

神武以来十六代は七世紀の投影

神武は天武天皇

というのは、『日本書紀』が第一代の倭王とする神武天皇は、まさにこうした状況で人間界に知られたことが記録されているからである。

「天武天皇紀」によると、六七二年の壬申の乱のとき、天武天皇は近江朝廷の圧迫を避けて吉野を脱出し、伊賀越えで伊勢に出て天照大神を望拝し、尾張・美濃に入って二国の兵を動員する。一方、大和では、天武側の大伴連吹負《おほとものむらじふけひ》が飛鳥京に陣を張るが、近江軍に敗れて宇陀《うだ》の墨坂《すみさか》まで逃げ、そこで伊勢からきた援軍に出会って、金綱井《かなづなのゐ》まで引返す。そこで態勢をたて直していると、地元の高市《たけち》郡大領《だいりやう》の高市県主許梅《あがたぬしこめ》が急に口がきけなくなる。三日後に神がかりして、「我は高市社の事代主神、身狭社《むさのやしろ》の生霊神《いくみたまのかみ》」と名のり、「神日本磐余彦天皇《かむやまといはれびこのすめらみこと》（神武天皇）の陵に、馬および種々の兵器を奉れ」と言い、また「私は皇子（天武天皇）を美濃に送って帰ってきた。今もわが軍を守護している」と言い、また「西の道から敵軍がくる、気をつけよ」と言って、たちまち正気にもどった。そこで、さっそく許梅《こめ》に神武天皇陵を祭らせたところ、本当に西方から近江軍が進攻してきた。吹負《ふけひ》はこれを破り、逆に河内に進軍して難波を占領し、ここに壬申の乱は天武天皇の勝利に終わった。

ところが面白いことに、「神武天皇紀」に見る大和の征服の筋書きは、この壬申の乱の史実にそっくりである。熊野の山中で道に迷った神武天皇は、天照大神が遣わした頭《や》八咫烏《たのからす》の案内に助けられ、大伴氏の遠祖の道臣命《みちのおみのみこと》が軍の先頭にたって宇陀に出、そこで敵を破り、「神風《かむかぜ》の　伊勢の海の　大石《おひし》にや　い這《は》ひ廻《もとほ》る　細螺《しただみ》の　吾子《あご》よ　吾子よ　細螺の　い這ひ廻り　撃ちてし止まむ　撃ちてし止まむ」と歌う。

次に墨坂を越えてまた敵を破り、長髄彦《ながすねびこ》と対陣するが、このとき、金色のトビの奇瑞《きずい》が現われる。長髄彦は結局、味方に殺され、大和の征服は完成する。神武天皇は事代主神の娘と結婚し、大和の橿原宮《かしはらのみや》で即位する。

伊勢へ行って天照大神を拝した天皇は、明治以前には、天武天皇ただひとりだった。神武天皇が天照大神に助けられ、「神風の　伊勢の海の」と歌うのは、神武天皇が実は天武天皇だからである。そうすると、大伴氏の遠祖の道臣命が大伴連吹負であることは疑いなく、金色のトビは金綱井での神々の出現の変形であり、味方に殺される長髄彦は、戦敗れて自殺した大友皇子にほかならない。神武天皇をはじめて人間界に紹介した事代主神が、神武天皇の義父になるのも当然だし、即位の地が、高市県主の地元の橿原であるのも何の不思議もない。

要するに、『日本書紀』が語る神武天皇の事跡の大枠は、壬申の乱での天武天皇の行動にヒントをえて作られた話であって、六七二年より前には、神武天皇の名前すら知られていなかったのである。

日本武尊も天武天皇

そう言えば、『日本書紀』で仲哀天皇の父ということになっている日本武尊も、天武天皇を原型にして作られた人物らしい。

日本武尊が最初に熊襲征伐に行くとき随行するのは美濃・尾張・伊勢の人々だし、東夷征伐のときには伊勢神宮を拝んで草薙剣《くさなぎのつるぎ》を受けていき、尾張氏の宮簀媛《みやすひめ》と結婚し、美濃と近江の境いの伊吹山で発病し、伊勢の能褒野《のぼの》で亡くなる。そして遺品の草薙剣は尾張の熱田社にある。このように、日本武尊は天照大神を拝んでいるし、伊勢・尾張・美濃という、天武天皇が壬申の乱で根拠地にした三国と関係が深い。

それに草薙剣のことがある。この剣は、もともと宮中にあったらしく、六六八年に道《どう》行《ぎょう》という僧がこれを盗んで新羅に逃げようとして果たさなかったことがある。それが六八六年になって、天武天皇が病に倒れたとき、うらないでは草薙剣のたたりだということで、ただちに尾張の熱田社に送られた。しかしそのかいもなく、天武天皇は亡くなる。してみると、草薙剣は天武天皇の遺品でもあるわけで、すなわち日本武尊が天武天皇である確証である。

こうして、神武天皇から応神天皇にいたる十五代、いわゆる大和朝廷の歴代について『日本書紀』が綴る物語のほとんどは、舒明天皇から持統天皇にいたる七世紀の歴史時代の人物や事件の投影でできていて、古い伝承の史実の核らしいものは何ひとつ認められない。これはいったいどうしたことか。

神がかりで生まれる歴代天皇

ここで思い出すのは、またも神功皇后が神がかりして未知の神々の言葉を口走る光景である。

天武天皇が六八一年に「帝紀および上古の諸事を記し定めしめ」てから、七二〇年に『日本書紀』が完成するまでの三十九年間、文武天皇の短かい治世をはさんで、皇位は持統・元明・元正と三人の女帝の手に護られ、やがて聖武天皇に引き継がれるのである。この時期に歴史の編纂に当たった史官たちは、書きこむべき材料があまりに少ないのに困ったにちがいない。手もとにある古い王名を全部つなぎ合わせても、四世紀以前まではさかのぼれないし、王たちの事跡も伝わっていない。それでも、何か書かなければならない。

この問題を解決したのが、高貴な巫女の口寄せだったのではないか。あるいは持統天皇自身が、神功皇后のように斎宮に入って坐り、六八一年に修史の命を受けた平群臣子《へぐりのおみこ》首《びと》が、先祖の武内宿禰のように琴を弾き、同じく中臣連大島《なかとみのむらじおほしま》が、中臣烏賊津使主《なかとみのいかつのおみ》のように神と問答をしつつ託宣を書きとめたのではなかったか。

中臣連大島は、のちの藤原朝臣大島で、六九〇年の持統天皇の即位式では、神祇《じんぎ》伯《はく》として天神寿詞《あまつかみのよごと》を読むという重大な役を演じているから、あながち無理な想像ではない。

もしそうだとしたら、これこそが古代のロマンである。うす暗い斎宮の祭壇の前に端《たん》坐《ざ》した高貴な巫女の口から、単調な歌声に乗ってつぎつぎと流れでる、いまだ知られざりし古代の王たちや英雄たちの系譜と行状のかずかず。それを助け導く琴のしらべ。緊張に満ちて聴きいりながら筆を走らせて神託を書きとる人々。

これが、『日本書紀』の原型となった史料が作られつつある光景ではなかったか。

ばかばかしい、そんな不合理な、と言うことなかれ。七世紀末という時代に、記録にもない古代の真実を究明しようとした当時の日本人にとって、古人の霊魂を呼びだして直接に質問するのが、もっとも合理的な方法だったはずである。何しろ神武天皇がすでにそうして出現していたのだから。

第十章　新しい神話——騎馬民族説

琴線にふれる騎馬民族説

このごろは、日本の建国と言えば騎馬民族、騎馬民族と言えば日本の建国というのが通り相場みたいになってしまって、どうも困ったものである。

いまさら説明の必要もないだろうが、騎馬民族説というのは、江上波夫氏が一九四八年に提唱したもので、くわしくは「日本国家の征服王朝論」といい、東北アジア系の騎馬民族が、まず南朝鮮を支配し、やがてそれが弁韓《べんかん》（任那《みまな》）を基地として、北九州に侵入し、さらに畿内に進出して、大和朝廷を樹立し、日本における最初の統一国家を実現した、というのが粗筋である。

だいたい古代史というものがそうしたものだが、江上氏の騎馬民族説も、かなり薄弱な論拠のうえに組み立てられていて、そうだともいえるが、そうでないとも言える。しかし、その構想がいかにも雄大でカラフルだから、ちょうど日本の歴史はじまって以来の進駐軍の支配下に暮らしていたわれわれにとっては、蹄《ひづめ》の音を響かせて怒濤《どとう》のように韓半島を南下し、無数の小舟に分乗して海を蔽《おお》って押し渡ってくる騎馬民族のイメージは、へんに実感があり、また国史にたいする既成観念を打ち破る痛快味もあった。

しかも、騎馬民族説がはじめて発表された直後、金日成《きんにっせい》の北鮮人民軍が三十八度線を越境して、それこそ怒濤のごとく釜山《ふざん》へ向かって押し寄せてきたものだから、このイメージがなおさら現実味を帯びることになった。

しかし、そうした戦後日本の環境が、すでに遠い過去のものとなった現在でも、騎馬民族説が古代史に興味を抱く一般人はもとより、国史学の大家たちをさえつかんではなさず、ほとんど一種の信仰と化した観があるのは、私には何か異様な感じがする。

いわゆる騎馬民族の本家である満洲・モンゴルの歴史と言語の専門家である私の意見としては、日本古代の国家形成に、なにも騎馬民族なんかを引きずりこむ必要はないのである。それよりも、日本列島は中国大陸のすぐ近くにあり、韓半島は久しく中国の一部だったのだから、文献上の証拠もない騎馬民族よりも、中国人が日本建国に果たした役割を問題にするのが当然だろう。

にもかかわらず、騎馬民族説には、何か現代のわれわれの心の琴線に触れるものがあるのではないか。それはなぜか。私は疑うのだが、現代の日本でも、古代史の考えかたが、いまだに『日本書紀』や『古事記』の神話のわくから脱《ぬ》け出られないからではないか。

生煮えの合理主義思想

『日本書紀』や『古事記』の筋書きでは、日本列島での歴代の天皇の物語の前に、いわゆる神代《かみよ》をおいて、天地の発生から天孫の高千穂《たかちほ》降臨《こうりん》、日向《ひむか》の地神《ちしん》三代にいたるまでの神々の系譜を語っている。

これは純然たる神話で、最初から人間の歴史のつもりではない。皇室の祖先が天上から降りてきた神だという意味は、つまり皇室はこの日本列島のなかで発生したものであって、海外からやってきたのではない、という主張なのだ。土着の王家だからこそ、この島々を支配する権利があるのだ、と言おうとしているのである。

ところが、明治に流れこんだ生煮《なまに》えの合理主義思想のおかげで、神々を神々、神話を神話と素直に受けとれなくなって、天から降りてくる神とは、実はどこか外国から渡ってくる天孫族とやらのことだ、と曲解するようになった。しかし、もともと神話にすぎないのだから、神々を人間に書き直して、一見合理的にしたところで、神話が歴史に変わるわけでもない。ゼロに何を掛けてもゼロにしかならないのと同じである。

不幸にして『古事記』の作者が、日本列島でも西の外れの九州にわざわざ天孫が降臨する理由を説明しようとして、主人公に「ここは韓国《からくに》に向かって、いい土地だ」と言わせたからたまらない。これは、九州は韓半島に近い、というだけのことだが、これが高《たか》天《ま》が原《はら》が韓半島かその彼方だ、という意味に思いこまれてしまう。一度そう思いこむと、何もかも天孫族の海外起源の証拠のように見えてくる。しかも、日本神話は皇室の血統の由来しか語っていないのに、日本民族の起源の物語のように誤解されてしまう。

そうした下地《したじ》のあったところへ、一九四五年の敗戦で、神話が歴史教育から追放される。その穴を埋めるべくとりいれられたのが、日本考古学と「魏志倭人伝」だった。

ところが、日本の古墳からは、七世紀以前の文字を刻んだ遺物が出たためしがほとんどない。土器の破片をいくらつぎあわせてみても、建国時代の史実が復原できるはずがない。「魏志倭人伝」は文字で綴ってあるけれども、その内容は茫漠《ぼうばく》としてつかみどころがなく、かんじんの邪馬台国の所在さえさだかではない。『日本書紀』から分かる後世の歴史と、どうつながるのか、見当もつかない。そのため「魏志倭人伝」は、一九四五年以前には、中国人の不確かな伝聞を記した史料とされて、まじめな研究の対象にならなかった。一九四五年以後も、「魏志倭人伝」の評価をどうしたらいいか、専門家の間でも意見が一致しない。これでは日本人が欲求不満になるのは当然である。

騎馬民族説はその点、天孫降臨、地神三代、神武東征という神話のパターンそっくりで、崇神《すじん》天皇の北九州上陸、九州の騎馬民族国家、応神《おうじん》天皇の大和朝廷建国というだんどりになっているから、『日本書紀』のほかの物語となじみやすく、しかも、明治以来の神話の合理化解釈の手法をそっくりうけついでいる。だから、日本神話の追放以来、欲求不満に悩んでいた日本人が、騎馬民族説を熱烈に歓迎し、ほっと安堵の息をついたのも無理はない。

神話は歴史ではない。しかし魂の渇きをいやすのは神話の機能である。騎馬民族説こそ、現代日本の神話と言うべきであろう。

第十一章　日本人は単一民族か

日本人の純粋民族の意識

日本人は純粋な大和民族であって、古来、外国からの影響にあまり侵されていない。だから、優秀であり、今日、世界の指導的な地位を占められるのだ、という気持ちは、われわれみんなの心の奥底にある本音だと思う。しかし残念ながら、歴史の事実をたどれば、日本人が単一民族であることは実証できない。それなのに、われわれはなぜ、自分たちを単一民族であると信じたがるのか、ということのほうが重要で、かつ興味ある問題だと思う。

結論から先にいうと、日本が七世紀に初めて建国した前後の事情が、日本という国家の性格を決定してしまった。それが後々まで尾を引いていて、いまだに抜けていない。

千三百年後の今日、われわれはいまだに建国当時の日本のアイデンティティを背負っている。これはわれわれがいかに反省しようが、外国人にいかに批判されようが、そう簡単に変わるものではない。

われわれの骨の髄まで染みついている日本人・日本国家のアイデンティティの感覚が、われわれの目を覆うマスクの働きをしている。それが、現在のような国際化時代になっても、世界の問題を見えなくする原因ではないかと思う。こうしたわれわれの日本観・日本人観を追放することは、実際上ほとんど不可能だが、少なくとも、それがどういうものであるかは、認識しておく必要がある。

歴史創作に始まるアイデンティティ

アイデンティティの根幹は歴史である。「お前は誰だ」と聞かれれば、名前を言う。名前には姓がある。姓は親から受けつぐ。つまり自分が誰かということは、祖先が誰かということで、言いかえれば歴史だ。どんな歴史が自分を作ったかということが、自分のアイデンティティのすべての出発点になる。

個人ばかりでなく、国家でも同じことだ。できたばかりの国家が、何より先に手をつけるのが、歴史を書くことである。歴史を書かなければ、自分たちがどういう人間で、どういう国かということが決まらない。これは、現実の政治の問題だ。国の舵《かじ》をとり、皆で力をあわせるためには、歴史がないとどうにもならない。歴史がなければ神話でもいい。

アメリカ合衆国のように、建国から二百年しかたっていない新しい国にも、立派に神話があって、歴史の代わりをしている。

アメリカでは、メイフラワー号に乗ってきた人々の間には、ありとあらゆる職業の人々がいて、それがアメリカを創ったという神話がある。勿論、冷静に考えればそんなことはありえないし、アメリカの高校の歴史教科書のどこにもそんなことは書いてないのだが、それが普通のアメリカ人の見方、考え方なのだ。

アメリカのもう一つの神話は、合衆国憲法には、人類の歴史始まって以来の最高の政治的智恵が結集しているというものだ。このイデオロギーが、アメリカをアメリカたらしめている。合衆国の建国以前にはアメリカもなく、アメリカ人もなかったのだから、こうした神話が必要になるのだ。

この事情は、日本が建国した七世紀でも同じようなものだった。それまでの日本列島は、いろいろな起源の人々の雑居地帯で、住民の間には意識の統一も、文化の統一も、言葉の統一もない状態だった。そういうところで建国が行なわれたのだ。だから、何よりも先に必要だったのは、歴史という名前の神話で、それを作りあげることで、自分たちは皆、日本人であるという、それまでなかった意識を植えつけることだった。なにしろ「日本」という国号自体がなかったのだ。

歴史が始まったばかりの日本で、日本というアイデンティティを創りだすために行なわれたのが歴史の編纂《へんさん》である。こうして作られたのが、七二〇年に完成した『日本書紀』だ。通説では、『日本書紀』より八年前の七一二年に『古事記』ができたことになっているが、これは嘘だ。『古事記』は、実際にはそれより百年後の平安朝の初期に作られた偽書《ぎしょ》である（このことは、第九章「神託が作った『大和朝廷』」に詳しい）。成立の事情のはっきりしている点から言っても、内容の豊富さから言っても、日本で最初の歴史書は『日本書紀』である。

『日本書紀』の特徴は、編纂の当事者たちが直接経験している時代に初めて制定された「日本」という国号を、紀元前六六〇年の神武天皇の即位の時まで遡らせて適用していることである。これは史実の歪曲《わいきょく》だが、この書き方によって、日本列島は大昔から「日本」という、一つのはっきりした政治的な区域であって、その住民はすべて天皇家が統治してきたのだということを主張している。

これは事実に反するが、さらに天皇家の起源について、鹿児島県の霧島《きりしま》山に天から神が降ってきて、それが天皇家と隼人《はやと》の君主の両方の祖先になったとしている。

初代の神武天皇が日向から大和に移って即位する。それから八百六十年が経って、第十四代の仲哀《ちゅうあい》天皇とその妻の神功《じんぐう》皇后が、熊襲《くまそ》征伐に九州に行く。熊襲は南九州の古い呼び名だ。その時、博多湾の香椎宮《かしいのみや》で神が神功皇后に憑《つ》いて、「熊襲征伐をやめよ。その代わりに、新羅《しんら》といって、金銀財宝のまばゆく輝く宝の国がある。私を祭れば、刃に血塗らずしてその国は服従するであろう」という託宣を下す。仲哀天皇は高い丘に登って大海を望むが、広々として国は見えない。それで神を祭ることを拒み、熊襲を撃つのだが、勝てずに引き返して、そのまま死んでしまう。

神功皇后が摂政となり、海人《あま》を遣わして、西海に国があるかどうか偵察させる。すると何日もたって帰ってきて、「西北方に山があって雲がかかっています。国があるのかも知れません」と報告する。そこで神功皇后が船出すると、大風が吹いて、潮とともに艦隊は新羅の国中に到着し、新羅王は降伏する。これがいわゆる「神功皇后の三韓征伐」である。

この事件は、『日本書紀』では二〇〇年のことになっている。『日本書紀』がこの話で言いたかったのは、日本列島の住民と韓半島の住民との間に交渉が始まったのは、日本の建国よりもずっと後の新しいことだ、という主張なのである。

つまり、日本人は前七世紀以来、日本列島の中だけに住んでいたが、建国以来九百年近くたってから、初めてアジア大陸の存在を知った、というのだ。これはどう考えても本当ではなくて、七世紀の本当の日本建国にいたるまでの、アジア大陸と日本列島との関係の歴史を逆転させている。こうした事実に反する主張をしなければならなかった動機が何かということと、歴史の実態はどうであったかということを、次に説明する。

東アジア史の実態

黄河中流域に発生した文明

東アジアで歴史が初めて書かれたのは、中国文明においてである。中国文明はすなわち黄河文明で、黄河の中流域、河南《かなん》省の洛陽盆地を中心とする地域に、紀元前十六〜十五世紀ごろに都市文明が起こり、それが交通路に沿ってチェーン状に広がって、次々と都市が建設された。黄河の流域に都市文明が発生した理由は、普通には黄河の恵みであり、豊かなところだったためだと解釈されているが、これはとんでもない間違いである。

黄河は、歴史時代にかぎっても、三年に二回氾濫するほどの暴れ川で、黄河下流のデルタ地帯の人々は、どんなに泣かされてきたか分からない。そのため、秦の始皇帝以来、中国の歴代の王朝は、年々莫大な人力と財力をつぎこんで、堤防のかさ上げをしてきたが、それでも増水期には追いつかなくて決壊のくりかえしだった。

しかも、黄河は、中国の南北交通の一大障害である。下流のデルタ地帯は治水工事をしなければ、毎年、増水期には地平線のかなたまで一面、泥の海になる。水が退《ひ》けば退いたで、流れがすっかり変わってしまい、もとの河がどこへ行ったのか分からない、そういうことを繰り返している。だから、古い住居跡は、平原に突きでた丘の上にしかない。そんなに住みにくいうえ、飲み水も悪い。

それでは、上流はどうか。山西省《さんせい》と陝西省《せんせい》を分けて黄河が南に流れるあたりは土壌が黄土である。黄土は水に溶けるので、台地が黄河の流れにどんどん深く侵食され、両岸はところによっては百メートルもの垂直の断崖絶壁になっている。しかも、谷間は激流が流れていて、とても渡れるようなものではない。

黄河が渡れるのは、中流の洛陽盆地の前後二百～三百キロメートルの区間だけである。ここは河南省の低地と山西省の台地の接触点だ。洛陽から鄭州《ていしゅう》、開封《かいほう》までの間は、両岸が低く安定し、南北に渡りやすい。

洛陽盆地の北に接する山西省の台地は、もともと森林地帯で、東北アジア型の狩猟民が住んでいたところだ。洛陽盆地から東方に開けているデルタ地帯は、米を作り、船で河川を交通する、東南アジア型の農耕・漁撈民が住んでいた。また洛陽盆地のすぐ西の陝西省・甘粛省の草原地帯は、北アジア型の遊牧民が住んでいた。洛陽盆地の西南方の山地は、焼畑農耕民の住処だ。

こうした四つの違った生活形態の種族が、洛陽盆地をとり囲んでいたが、これを古い言葉で「蛮《ばん》・夷《い》・戎《じゅう》・狄《てき》」という。東方の低地の農耕・漁撈民が「東夷」、西方の草原の遊牧民が「西戎」、北方の高原の狩猟民が「北狄」、南方の山地の焼畑農耕民が「南蛮」である。こうした生活形態の違った人々がすべて出逢うのが、黄河中流沿いの洛陽盆地で、しかもそこだけが、黄河を南北に渡れるところだった。

そういうわけで、黄河の中流沿いに、雑多な種族が接触して交易する場所が発達し、それが都市に成長し、黄河文明と呼ばれる都市文明が開けたのだ。

こうしてできた都市では、その住民は東夷・西戎・南蛮・北狄の混合で、それが中国人になり、漢族の祖先になった。つまり、漢族は最初から漢族だったのではなく、どこかよそから中国に移住してきたものでもない。

紀元前八〜五世紀の春秋時代になると、黄河流域の中国人とそれをとり巻く夷狄を区別するようになるが、これは本来の姿ではなく、そのまん中にいる中国人は、蛮・夷・戎・狄の混血としか言いようがないのだ。

東北アジアへの拡張

こうして発生した都市文明は、外側の蕃地に対して防衛する必要があり、都市の周囲に城壁をめぐらす。これが二十世紀にいたるまで、中国の都市の特徴である。現在でも、中国の田舎の県城と呼ばれる都市には、城壁と城門が残っている。

都市は、日の入りとともに城門を閉じ、日の出とともに城門を開いて交易をする。都市の住民は、主として商人と手工業者であり、その全員が民兵でもあり、非常の場合には武器をとる。

都市は市場で、周囲の異種族と交易する。そして、すでにできた都市からは、舟で内陸の河川や湖沼づたいに行けるところに、商売に都合のいい場所を見つけては、蜂の分《ぶん》封《ぽう》のように、次々と新しい都市を建設していく。こうして、都市文明はだんだん広がっていった。

しかし都市文明は、中国より北方に向かっては発展しなかった。その北限は、黄河の流域のすぐ北側に沿った長城線までだ。そのかわり、東方と南方に向かって、都市文明は伸びていった。それは「南船北馬」と言うとおり、黄河から北では陸上交通だけれど、南では水上交通だからだ。黄河の南方では、淮河《わいが》と漢江《かんこう》をへて長江に通じ、長江からは洞庭湖・湘江《しょうこう》・桂江《けいこう》・西江《せいこう》をへて珠江《しゅこう》で南支那海に通じる。この水運が利用できる。これに反して、黄河の北方は生活形態の違う狩猟民・遊牧民の住地で、農耕地帯の環境に慣れた都市民にとっては不利だった。

こうして黄河中流域に成立した都市文明は、東北アジアにも伸びてきた。その経路は、山西台地の東縁の太行《たいこう》山脈の裾に沿って北に進み、北京に達する(北京には古代の都市の遺跡がある)。北京から東に向かい、大凌河《だいりょうが》を下って遼河デルタに達し、これを北に迂回して、瀋陽で遼河を渡り、南に下って遼陽に達する。ここまでは一部分、水路を利用できる。遼陽からは陸路を南下して、鴨緑江・清川江《せいせんこう》を渡り、大同江のほとりの平壌《へいじょう》に達する。

平壌から南ではまた内陸の水路が利用できる。大同江の支流の載寧江《さいねいこう》を上り、慈悲嶺《じひれい》の峠を越えて礼成江《れいせいこう》を下れば、高麗王朝の首都の開城。江華島の前で漢江に入るとソウル。漢江には北漢江と南漢江の二つの支流があり、南漢江は南から北へ流れている。南漢江を南へ上っていくと、忠州《ちゅうしゅう》の町があり、そこから鳥嶺の峠を越えれば洛東江である。洛東江を南へ下れば、釜山《ふざん》で海に出る。

このように、平壌以南の韓半島は、内陸の河川がよく発達していて、都市文明の人々が得意な舟運に適している。この内陸水路にそって、多くの遺跡や遺物が見つかっている。

この韓半島を縦断する内陸水路は、言うまでもなく、日本列島につながっている。洛東江の河口から対馬・壱岐をへて北九州へ。北九州から瀬戸内海を通って大阪湾へ。大阪湾からは淀川を上って琵琶湖へという水路だが、海峡の部分を除いて、北九州から先はすべて内海と河川の安全な交通路である。そういうわけで、韓半島北部の平壌から日本列島の中心部までは、黄河中流起源の都市文明が伸びてきやすかったのだ。

司馬遷の『史記』によれば、もっとも古くは紀元前四世紀に、北京にあった燕国という都市国家が韓半島に進出していたことが分かる。都市文明は、農耕文明ではなく、農耕地帯に広まった商業文明である。都市国家の経営の基礎は商業で、利潤を求めて、新しい物資の集散地にどんどん進出していく性質がある。『史記』には、燕国は「真番」と「朝鮮」を支配したとあるが、真番は洛東江の流域の住民、朝鮮は大同江と漢江の流域の住民だから、燕国の勢力は韓半島を縦断して、日本列島の対岸までできていたことになる。

日本列島は、世界でも古い土器文化を持っていて、新石器時代はここで始まったと言っていいが、日本列島はまた石器時代から人口が非常に多かった。このことは、大陸の商品に対する潜在的な需要が大きかったことを意味する。そのうえ、日本列島は鉱産物が豊富で、中でも砂金は歴史時代の日本でも特産品だったし、銀も銅も多くとれた。古い時代の貿易では、小さな量で大きな価値を持つものが商品になる。この点でも、日本列島は魅力のある市場だった。

アジア大陸の都市国家にとって、韓半島の水路を押さえることは、日本列島の市場を制圧することになる。そのためにこそ、燕国はここに進出したのだ。秦の始皇帝が諸々の都市国家を統一して中国を作りあげてからも、事情は同じだった。前漢の武帝は紀元前一〇八年、平壌にあった朝鮮王国を併合して、韓半島全部を中国の直轄領にした。洛東江の渓谷には真番郡がおかれ、日本列島のつい目と鼻の先まで中国の勢力がおよんだ。

中国の皇帝制度と日本列島の都市化

皇帝制度は総合商社である

中国文明の本質は商業文明だといったが、中国の皇帝制度もそうで、一種の総合商社なのだ。

中国は国民国家でも領土国家でもない。皇帝のいる首都は本社であり、地方の県城は、皇帝直轄の支店である。県城の戸籍に登録されている正社員が「民」すなわち中国人で、登録されていない社外の人が「夷狄」すなわち非中国人だ。県城には、皇帝から派遣された軍司令官が軍隊を率いて駐屯し、商業を監督し、治安を維持して、利潤を皇帝に送金するという形である。

こういう中国の皇帝制度の性質は、現在の中華人民共和国にいたるまで、ずっと尾を引いている。中国ではごく最近まで、あらゆる企業が国営企業だった。この国営企業という形が皇帝制度の延長である。皇帝制度のもとでは、国家のように見えるものは、実は利潤をあげることを目的とした商業組織なのだ。

だから、紀元前一〇八年に起こったことの本質は、そうした総合商社が支店を日本列島の対岸に設けたということだ。商社の支店だから、真番郡の経営は、本社から経費を送ってくるのではなく、自分で稼ぎだす独立採算制である。その位置からみて、真番郡の設立の本来の目的は、日本列島との貿易で利潤をあげることだった。このことは直接には歴史の記録に残らないが、当然、中国の商船が海を渡って日本列島にやってくるようになる。そこではじめて日本列島の原住民が、取引き相手として中国の記録に登場することになる。それが「倭人」である。

日本列島における都市の発生

紀元前一世紀の末になると、日本列島に「国」と呼ばれるものが百あまりできて、そこから毎年決まった時期に、倭人たちが中国の皇帝に敬意を表しにやってくることが、『漢書』の「地理志」に書かれている。

そうなった原因は、中国商船の定期的な来航だ。後世の東南アジアの例を参考にすると、次のような過程をとったと思われる。

最初の段階では、日本列島にやってきた中国商人は陸には上がらないで、船を海岸にもやって、土地の人がカヌーを漕ぎ寄せ、船の上で商品を見て、取引きをする。取引きは物々交換だ。しかし、経済観念がまだ発達しておらず、契約とか商品価値とかがはっきりしていない段階では、欲しい物は欲しいが、代価をやるのはいやだ、などというトラブルが起きやすい。そのトラブルを防ぐために、そのうち、土地の人の総取締まり役が選ばれるようになる。もちろん、中国語が話せなければいけない。そういう総取締まり役が土地の酋長になって、その酋長が管理する市場ができてくる。

土地の人が中国商人から信用で借りていった商品は、それとつりあう代価を持って帰ってきて決済するのだが、取引きが完了するまで何カ月もかかる。中国商人はその間、滞在する場所がいる。船には女を乗せないから、中国商人は男だけで商売にくる。生活に不便だから、土地の女をもらって子どもを作ることになる。こうして、中国商船の船着き場に華僑の人口が発生する。

こうして港ができ、市場ができ、華僑の居留民ができ、その周囲に土地の人が集まって町ができる。商売がさかんになると、酋長は裕福になる。中国の都市のような城壁はないが、だんだん都市らしい形態を備えてくる。これが『漢書』にいう倭人の「国」である。ただ、この段階では、まだ王はなかった。

このように、中国人の韓半島進出と、倭人諸国の発生の間には、直接の関連があった。それは、中国の都市文明の商業網が広がるにつれて、日本列島が中国の経済圏に組みこまれていく過程を示している。

その過程の副産物として、海岸に聚落《しゅうらく》ができた。もっと古い時代には、聚落は海岸の低地にはなくて、高地にあった。海岸の低湿地には風土病が多く、そのままでは住めなかったのだ。中国商船が定期に来航するようになってから、河口などに人間の定住する場所ができ、住民の食糧を供給する必要から、農園ができ、農業が発達する。中国人は世界でもっとも多く野菜を食べる人々で、中国人が移住したところには、かならず新しい農作物の種が持ちこまれて菜園ができる。農民が自分の食べ料以上に作るのは、作った物が売れることが条件だ。

こうして、商業経済が浸透して、食糧の生産高があがると、ますます人口が集中することになる。「倭人の百余国」というのは、日本列島の海岸にそうした性質の聚落が百いくつできたということである。

中国の動乱と周辺の異種族

中国が異種族の王権を育成

中国の政治力と経済力の刺激で、倭人の諸国が発生したのだが、中国の側にもいろいろな変動がある。

最初は、中国の出先機関の力が強く、倭人たちは弱い。中国の軍事力の保護下に、パックス・シニカ（中国の平和）とでもいうような状況で貿易の秩序が維持されている。

しかし、その中国の政治力と経済力も、後退する時期が何度もある。

紀元前一〇八年に韓半島の洛東江流域に設立された真番郡は、二十六年後の紀元前八二年に廃止されて、日本列島貿易は平壌の楽浪郡に移管される。これは武帝の放漫経営のせいで、前漢の国力が消耗し、中国の人口が半減した結果だ。それからの約九十年間に、歴代の皇帝の努力のおかげで、前漢の国力も人口もひとまず回復するのだが、紀元一世紀の初めに王莽《おうもう》が前漢をのっとって皇帝になると、中国は大混乱に陥り、三七年に後漢の光武帝が統一を回復したころには、人口は五分の一にまで激減した。

中国の政治力と経済力がここまで後退すると、中央政府にしても、辺境の出先機関にしても、中国商人の貿易活動がうまくいかないことは死活にかかわる問題だ。その対策として、土着民の間で酋長を選んで王を指名することになる。こうして出現したのが、紀元五七年に後漢の光武帝が「漢委《かんわ》奴《な》国王《こくおう》」の金印を授けた、博多の奴《な》国《こく》の倭王である。この金印は十八世紀末の天明年間に志《し》賀島《かのしま》から出土して有名になった。

ここで、「倭国」と「倭王」が初めて歴史に登場する。しかし、倭国という国家があり、倭人という国民があって、国民たる倭人が自分たちの総意で国王を戴いているというものではない。倭王は中国の皇帝が任命し、育成するのだ。現在の世界の現実政治でも、大国はそういうことをするものだ。自分のほうから適当な人物を見つくろって、資金や武器を供給し、その人物を中心とした政治勢力を育てて支配させ、大国に友好的な政権にしたて、それを通じて治安を維持する。後漢の中国政府がやったのも、まったく同じことだった。

こうして紀元五七年に、倭王が初めて中国によって創りだされた。それからというものは、倭王が身元を保証してくれないと、倭人は中国商人と取引きができない。あるいは他の諸国が倭王を通さずに楽浪郡を訪問しても受けつけてもらえず、中国皇帝にとりついでもらえないことになる。

貿易を行なうためには、手数料として倭王に上納金を払わなければならない。倭王自身には大した実力はないが、中国皇帝との特約関係を後ろ盾にして、他の倭人諸国ににらみを利かすことになってくる。そして、異種族の酋長の間から任命された王たちのいちばん大事な任務は、来訪する中国商人や居留民を保護し、仲間が彼らに乱暴を働らかないようにとり締まることだ。

これは日本列島にかぎった現象ではなく、中国の周辺地域でいっせいに起こった現象である。

黄巾の乱による中国の衰退

こうして後漢の前半の時代は平穏にすぎたのだが、紀元一八四年になって大変なことが起きた。二世紀の後漢では、都市に人口が集中し、景気が過熱状態だった。古い文明の最大の泣きどころは、物資の輸送手段だ。都市に食糧その他の必需品を供給するのは、内陸の水路を船で運ぶのだから、需要が二倍になったからといって、供給は二倍にできない。だから、都市に人口が集中した結果、景気はよくなったが不安定になってくる。

人口の都市集中の原因の一つは、そのころくりかえされたモンゴル高原の遊牧民・北匈奴《きょうど》との戦争で、軍隊が非常に膨張した。一度、軍隊に徴集された人間は、除隊しても郷里の農村に帰らない。帰っても自分が耕す土地がない。都市に残れば、何とか食ってはいける。都市の貧民のほうが、田舎の地道な農民よりまだ生活程度は高い。こうして、その日暮らしの貧民が都市に集まる。

悪いことに、この連中は軍事訓練をうけているから、団体行動には慣れているし、武術も心得ている。この連中が社会の不公平の意識に目覚めて、革命思想が普及する。もともと退役軍人の互助組織だったものが革命組織に転化して、六十干支《かんし》の最初の甲子《こうし》の年であった一八四年に、全国にわたって同時に決起して反乱を起こした。そのスローガンは「蒼天《そうてん》はすでに死せり、黄天《こうてん》はまさに立つべし。歳は甲子に在り、天下大吉ならん」で、その意味は、今や新しい世界が始まった、永遠の平和がくるのだ、その前に古い秩序をすべて掃除しなければならない、ということだ。反乱軍は黄色い帽子をかぶって目印としたので、「黄巾の乱」という。しかしこの革命戦争は、数年後には、だいたい鎮圧される。政府軍のほうが装備もよく、訓練がいきとどいていたからだ。鎮圧された反乱軍の兵士はどこへいったかというと、政府軍に編入、吸収された。その結果、今度は政府軍の兵力が大膨張して、野心的な将軍たちの間で内戦が始まる。

この内戦状態が、その後五十年間にわたって間断なく続き、そのなかで後漢の中央政府は消滅し、その混乱の中から曹操・劉備・孫権などの『三国志』の英雄たちが登場して、時代は三国時代に入っていく。

この黄巾の乱が中国に引き起こした最大の変化は、人口の激減だった。中国の人口統計は、現存する最古の数字が、前漢末の紀元二年の五九、五九四、九七八（約五千九百万）人である。王莽の末期に一時落ちこんだが、二世紀の初めには五千万人台に回復、黄巾の乱の直前、一五七年には五六、四八六、八五六人まで上昇する。

この五千万人前後というのが、長いこと中国の人口の上限だったので、このへんが適正規模のようだが、十七世紀になって急激に増加し始め、一七〇〇年前後に一億の線を突破し、それから後は大激増を続けて、現在のような十三億という途方もない数字になった。

ところで、この一八四年の黄巾の乱の後の人口の減少は異常なものだった。半世紀後の二三〇年代に魏の高官が報告したところによると、当時の中国の総人口は五百万人足らずで、それを魏・呉・蜀の三国が分割しているという状態である。当時の多くの記録で、人間が非常に少なくなったという実感を語っている。実際、中国文明の命脈がつきて、この世の終わりがきたと言っていいような状態だったのだ。

この衰退して分裂した中国は、二八〇年から二十年間だけ辛うじて統一されたが、その期間を除くと、五八九年に隋の文帝によって再統一されるまで、黄巾の乱から数えて何と四百年間も分裂したままの状態だった。その間、総人口はずっと低い線を低迷していた。

中央政府がなくなって、地方政権が割拠しているから、商業網はずたずたに切れている。少数の生き残った人間は、離ればなれに小さな聚落を作って住んでいる。人手が少ないので、食糧の生産はなかなか回復しない。食糧の生産が回復しないから人口も回復しないという悪循環だ。

言いかえれば、中国の政治力も経済力も、ほとんど完全に消滅したので、以前の中国皇帝の権威を後ろ盾にして維持されていた東アジアの秩序もなくなってしまった。

中国の内部でも、中国人が大量に死滅して人手が足りないので、中国の地方軍閥は境外の異種族を狩り集めて、中原《ちゅうげん》の地に強制移住させ、耕作と戦闘に利用する。これをもっとも大規模に実行したのが魏の曹操で、曹操の旗本の騎兵の最精鋭部隊は、烏丸《うがん》という北方の遊牧民で構成されていた。

こうした人口の激減とそれを補うための異種族の強制移住の結果、中国の性格は一変した。二世紀末から後の中国人は、もはや秦・漢時代の中国人、すなわち本来の意味での漢族ではなくなった。これから後の中国人は、北方の遊牧民・狩猟民の血が大量に混ざった人々で、秦・漢時代とは別の、全く新しい中国人なのだ。

その中でも、北朝を建てた遊牧民の鮮卑《せんぴ》人がイニシアティヴをとって、隋・唐の統一中国を再建した。隋も唐も、帝室は鮮卑の出身であり、漢族ではない。こうして中国史の新しい時代が始まった。

倭国王権の成長

秦・漢の古い中国文明が消滅して、隋・唐の新しい中国文明が再生するまでの間、周辺の異種族はどうしていたか。ことに東北アジアでは、中国で起こった大変動の余波をもろにかぶって、それまで保たれていた秩序が崩壊してしまう。

その一つの現われが、倭人諸国の動乱だ。これが、『三国志』の「魏志倭人伝」に言う、「その国はもと男子をもって王となす。住すること七八十年、倭国乱れ、あい攻伐《こうばつ》して歳を歴《へ》たり。すなわち共に一女子を立てて王となす。名づけて卑弥呼という」である。

これで分かるように、一八四年の中国の黄巾の乱と同時に、日本列島の倭人の間にも大乱が起こって、奴国の倭王が失脚し、政治の中心がなくなったので、その収拾のため、邪馬台国の女王・卑弥呼が選挙されて、名目的にもせよ、倭人諸国の連合体の議長になったのだ。

韓半島でも、黄巾の乱の影響で変化が起こり、一時は遼東の公孫氏《こうそんし》軍閥の支配に入る。この公孫氏軍閥は、楽浪郡の南部を割いて帯方郡を新設した。やがて二三八年になって、魏の有力者の司馬懿《しばい》が公孫氏を滅ぼして、楽浪郡・帯方郡を勢力下に入れ、これからは帯方郡が倭人関係を担当することになる。この司馬懿のあっせんで、邪馬台国の女王・卑弥呼は「親魏倭王《しんぎわおう》」の称号を受け、倭人諸国の総代表として公認された。倭国王権の交代である。

司馬懿の子孫が建てた晋朝は、二八〇年、中国をひとまず統一する。この統一はわずか二十年で破れ、三〇四年には匈奴の劉淵《りゆうえん》を先頭とする、中国に移住した遊牧民・狩猟民の大反乱、いわゆる五胡十六国《ごこじゆうろっこく》の乱が起こって、中国は再び衰退する。とどのつまり、楽浪郡・帯方郡に駐屯していた中国軍は三一三年、韓半島を退去し、そのあとの空白地帯に、北方から高句麗《こうくり》王国が南下してきて、大同江流域の楽浪郡の故地を占領する。これに対抗して、漢江流域の帯方郡の故地には、百済《ひやくさい》王国が興る。

それまでの東北アジアでは、王権は、中国皇帝によって与えられ、中国の政治力・経済力を後ろ盾としてなりたっていたのだが、中国が事実上消滅した事態にいたって、それぞれの種族の中で、実力で他を従えた者が王になるという新たなルールが始まった。しかし、王は種族の対外代表だから、王になるには外国の承認が必要で、実力だけでは王になれない。

武家の棟梁《とうりょう》にすぎなかった征夷大将軍《せいいたいしょうぐん》が、日本の統治者の地位を獲得したのは、将軍・足利《あしかが》義持《よしもち》が明朝《みんちょう》の永楽帝《えいらくてい》によって日本国王に封ぜられてからであるのは、その一例である。また、徳川幕府でも、豊臣氏に代わって日本の盟主になったという事実を全国に認識させるためには、朝鮮王と講和条約を結んで、将軍の代替わりごとに朝鮮から通信使を迎えて、外交的承認を受けるという手続きが必要だった。これも一例だ。

中国に統一がなく、不安定だった四世紀から六世紀末までの時代には、東北アジアの諸国は、中国の各地に割拠したいくつもの勢力と外交関係を結んで、王位の承認をもらうという苦労をしている。高句麗も百済も、南朝にも北朝にも使いを遣わしている。韓半島の東南隅に国を建てた新羅《しんら》は、中国から遠いので、承認をもらうのが遅れたようだ。漢江の渓谷に国を建てた百済はその点、有利な地位にあり、この地方の帯方郡の遺民の華僑社会を支配して、中国大陸と日本列島を結ぶ貿易を継続した。

百済と結んだ倭国王権

二世紀の黄巾の乱がきっかけで、奴国にかわって出現した邪馬台国女王の王権は、この四世紀の中国の混乱の余波を受けて史上から姿を消し、邪馬台国がどこにあったかさえ分からなくなった。

その倭王が四世紀の後半に、三度めに姿を現わすのは、百済王国との関係だ。

鴨緑江の上流に本拠があった高句麗王国が、韓半島を南下しはじめて、百済王国との間に戦争が始まった。高句麗は遼河以東を領有する大国で、人口も多いし武力も強いのだが、それに対する百済は人口が少ない。もともと韓半島の人口は少なくて、いつでも日本列島の三分の一くらいだ。そのため、百済は高句麗に対抗するには、日本列島を後背地として確保する必要があった。そこで、百済王が同盟相手として選んだのが、大阪湾に臨む貿易港の難波《なには》の酋長だった。

それまでの日本列島貿易の歴史のうえで、もっとも太い幹線ルートは、博多から難波にいたる瀬戸内海航路だった。瀬戸内海の沿岸の船着き場には、有力な市場を持つ都市が成長し、華僑の居留地が発達していたにちがいないが、そのうちもっとも戦略上重要な地はこの航路の終点で、内陸への入口にある難波だ。ここの酋長が百済王によって、倭王として正式に承認されたのは三六九年のことだ。これが、『日本書紀』で、仁徳天皇と呼ばれる倭王である。

『日本書紀』によると、仁徳天皇の後は、三人の息子の履中天皇・反正天皇・允恭天皇が次々に王位を継承したことになっている。允恭天皇の後は、やはり二人の息子の安康天皇と雄略天皇が継承する。この順序は、中国の南朝の記録である『宋書』に登場する五人の倭王、讃・珍・済・興・武と続き柄が一致するし、年代も一致するので、この「倭の五王」が難波の倭王であることが分かる。

さらに高句麗の「広開土王碑」は、三九一年に「倭は辛卯の年をもって来たりて海を渡り、百残（百済）・新羅を破り、もって臣民となす」という、倭の最初の大規模な韓半島介入を伝えている。仁徳天皇の在位年代はちょうどこの時期に当たっている。倭軍が百済を攻め破ったというのは、百済はもともと自国の属民であるという、高句麗の立場から見た言い方で、百済側から見れば、日本列島から倭の援軍がきたということになる。その援軍を派遣したのは難波の倭王だったと解釈するのが自然だ。

『新撰姓氏録』に見る華僑の分布

平安朝の初めの八一五年、『新撰姓氏録』三十巻ができた。これは抜書きの形で、江戸時代の塙保己一《はなわほきいち》の編纂した『群書類従《ぐんしょるいじゅう》』の中に残っている。

それには、かつて倭国の領内であった畿内の諸国に住む氏族の起源が記され、千百八十二の氏族を皇別《こうべつ》・神別《しんべつ》・諸蕃《しょばん》の三種類に分類している。皇別は神武天皇から応神天皇にいたる、いわゆる大和朝廷の歴代天皇を祖とする氏族だが、この歴代は架空の倭王なので、皇別は起源の怪《あや》しい氏族と言わざるをえない。

神別は国《くに》つ神《かみ》を祖とする氏族で、日本列島の各地の土着の倭人の貴族である。

それに対して諸蕃は、中国または韓半島から移住してきた人々を祖とする氏族で、いわゆる帰化人・渡来人だ。中国からの移民はもちろん華僑だが、実情から言えば、韓半島からの移民も、やはり華僑と言える。中国人は進出した先の土着の女との間に子どもを作るもので、その子どもたちが華僑社会を作るのだから、混血でない華僑はない。高句麗でも百済でも新羅でも事情は同じで、名目は高句麗人とか百済人とか新羅人とか言っても、華僑はやはり華僑だ。

『新撰姓氏録』の諸蕃の分布を見ると、摂津・河内・和泉・大和・山城・近江の諸国に一面に広がっており、諸蕃のいない聚落はほとんどない。九世紀の当時でさえ、日本列島の政治・経済の中心だった、難波をとり巻く地域の人口の大部分は、外国系の入植者が占めていたことが分かる。これは、畿内を開拓したのは華僑だったということだ。畿内の地は、交通に便利で農耕に適していたので、古くから韓半島を経由して中国と直通する交通路が開けていた。だから、「魏志倭人伝」に描かれている時代から、華僑の入植者が後から後から波のように流れこんできて、畿内一面に聚落《しゅうらく》を作ったのは不思議ではない。そして、華僑とはいっても、その中にはいろんな系統の華僑があったことが、『新撰姓氏録』で分かる。その中に「秦人《はたびと》」と「漢人《あやひと》」の二大集団がある。秦人は秦の始皇帝の子孫で、漢人は漢の高祖《こうそ》・劉邦の子孫だというが、これは本当ではなく、これらの人々が話していた中国語の方言の差による区別だろうと思う。

中国でラジオやテレビが普及し、北京語を基礎とした普通話《プートンホワ》による教育が行なわれている現在でさえ、中国語の方言の差はきわめて大きなままで、出身地がちがえば日常語はほとんど通じない。

いい例は、シンガポールである。シンガポールの中国系の人たちが話す言葉には、福建《ふっけん》語・潮州《ちょうしゅう》語・海南《かいなん》語・客家《ハッカ》語・広東《カントン》語の五種類があって、共通の中国語は昔はなかった。

第二次世界大戦後、シンガポールの中国系の人たちが北京語教育に力を入れたので、やっと互いに言葉が通じるようになったのだ。その後、それではマレー系やインド系のシンガポール人たちとの対立をあおるということになって、現在では北京語にかわって英語が奨励されている。これは単に言葉が通じないというだけではなくて、方言が違うと、同じ中国系とはいっても文化が違う。文化の最たるものは宗教だ。方言を異にする集団、これを幇《パン》というが、その幇ごとに祭る神様が違い、祭りの日が違い、祭りのやり方が違う。シンガポール政府の政策で、新しく建設した高層住宅には、種族にかかわらずごちゃ混ぜに入居させて、民族間の対立を防止しているが、以前のシンガポールのチャイナ・タウンでは、幇ごとに特定の街区にかっきりと分かれて住んで、混じり合うことはなかった。

現代でもそうだから、古い時代に日本列島に入植した華僑の間では、さらに方言の差は大きく、文化の違いも大きかっただろう。それぞれ入植した村ごとに固まって、自分たちの方言ばかり話し、他の中国系の移民の村とは交流しない。そしてその合間あいまに土着の倭人の村がある、といった状態だったと考えられる。

倭人の側でも、政治的な統一はなかった。畿内の倭王でさえ、きちんとした領土を持ってその中の住民をすべて支配してはいない。倭王以外にも倭人の酋長がいて、それぞれ自分の氏族ごとに、日本列島の各地にとびとびに入植して開拓していく。皇室の祖先の倭国王家も、氏族の一つだから、経営の方式は同じで、あちらこちらに飛び地を持っていた。日本列島はそういう諸氏族の所領でモザイク状になっており、その中でも飛び地をもっとも多く持ち、有力なのが倭国王家だったと考えていいと思う。三九一年に始まった倭の韓半島介入は、そうした性質の倭王がとりまとめ役になって、多くの氏族から兵士を集め、韓半島に派遣するというやり方だったに相違ない。ところが、そういうやり方が通用しない時代がきた。

鎖国は日本国家の本質

中国の再統一と東北アジア進出

五八九年、北朝の隋の文帝が、南朝の陳《ちん》を滅ぼして、三百年ぶりに中国を統一した。隋の統一はたった二十年で破れ、その後を唐が再統一するのだが、いずれにせよ、中国の政治力と経済力が再建されたのだ。

その影響がたちまちおよんだのが東北アジアである。この時代の東北アジアで最大の強国は、高句麗だった。隋の煬帝は高句麗征伐を三度くり返して、結局、失敗する。唐の太宗は自分で出征して、高句麗征伐を陣頭指揮した。北京の基地から出発して、陸路を進撃するのだが、どうしても遼河の線を突破できない。それで作戦を変えて、六六〇年、黄海を横断して大艦隊を送り、韓半島に上陸して、百済を滅ぼす。その時、唐は百済の背後の新羅と同盟して、協同作戦を行なう。

百済は、倭人にとっては世界への窓口だったから、百済の滅亡は死活問題だ。当時の倭王は女王で、『日本書紀』が皇極天皇＝斉明天皇と呼んでいる人だったが、翌六六一年、倭国の宮廷をあげて博多に移り、そこから百済の復興作戦を指揮しようとするが、その年のうちに博多で亡《な》くなった。皇太子の天智天皇が作戦の指揮をひきつぐが、六六三年、倭の艦隊は白村江《はくそんこう》（錦江）口の海戦で唐の艦隊に敗れて全滅した。こうして百済の復興は失敗に終わり、韓半島の南部は唐の占領下におかれた。唐は続いて六六八年に高句麗を滅ぼすが、間もなく韓半島から手を引いて、遼河の西岸を国境とする。こうして六七〇年代には、韓半島の南半分は、新羅によって統一された。

倭人の孤立と日本の建国

こうした事態は、日本列島の住民にとって、およそ前例のない重大な危機だった。それまで彼らが知っていた全世界が、敵である唐帝国と、敵の同盟国である新羅王国によって征服されてしまったからだ。

この非常事態に対処するために彼らがとった方策は、ちょうど明治の版籍奉還《はんせきほうかん》・廃藩《はいはん》置《ち》県《けん》の運動と同じ精神で、日本列島の各地の諸氏族が大同団結して、倭国王家を中心として結集し、統一国家を結成することだった。こうして倭国王家の後継ぎである天智天皇が六六八年、近江の京で即位、最初の日本天皇となる。この「日本」という国号と「天皇」という王号は、このとき公布された日本列島最初の成文法典の『近江律令』で制定されたのだろうと思う。

その一方、対馬・北九州から瀬戸内海・淀川・大和川の沿岸にかけて、要塞を築いて防衛態勢を固める。それまでの倭国王の勢力圏の中では最も遠い近江に都をおいたのも、唐軍の進攻に対する防衛戦略に基づいたものだ。つまり、当時の日本列島の住民は、今にも唐の大軍が上陸して、日本列島も中国の直接支配下におかれるのではないかと恐れていたことを示している。そうした時期に建国されたのが日本なのだ。

日本の歴史を西ヨーロッパの歴史と比べてみて、際だって目立つことは、日本の皇室とアジア大陸の王家との間に、婚姻関係が結ばれたことが、明治まで一度もなく、正式な国交さえな

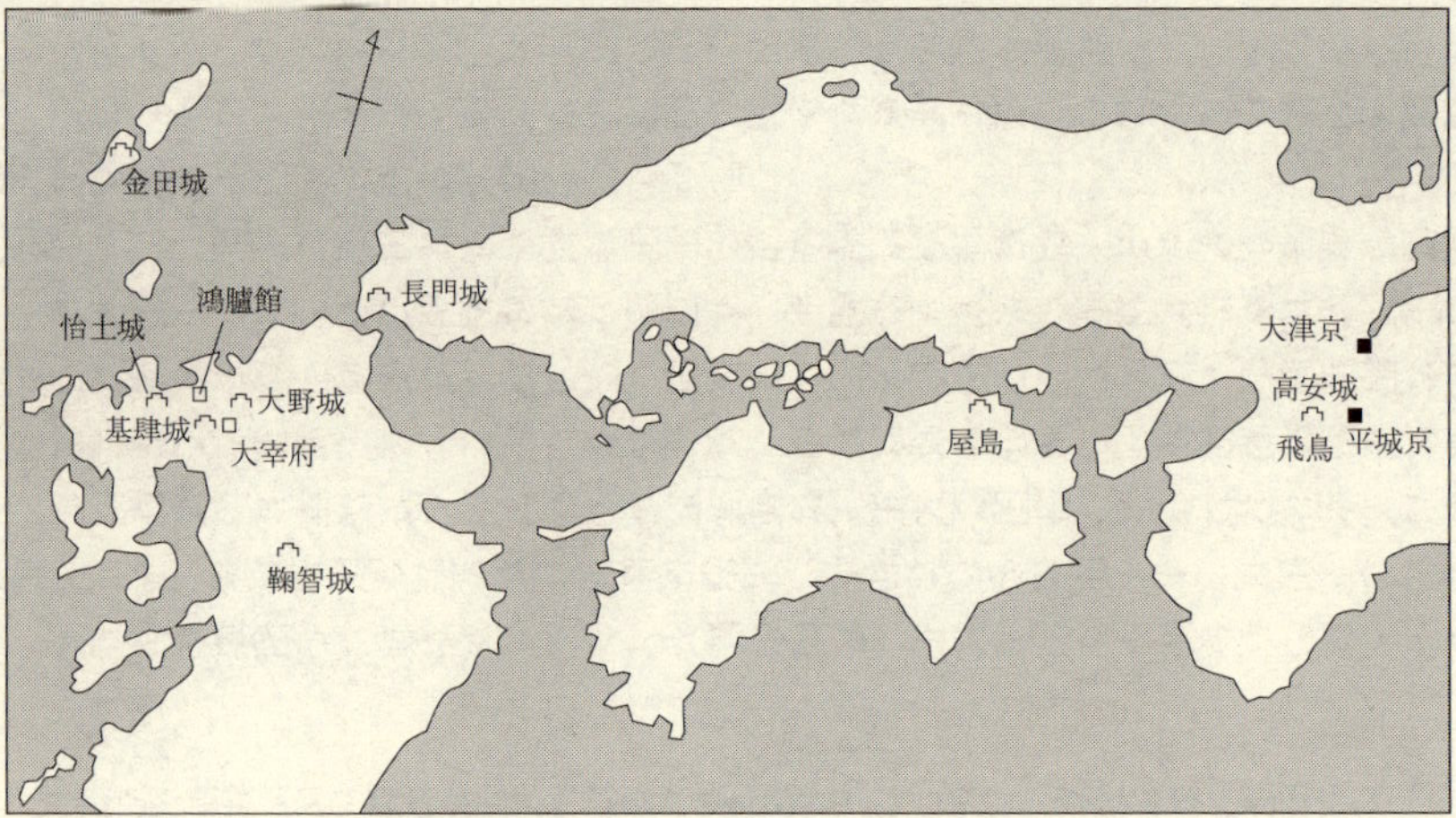

唐の侵入にそなえた防衛態勢

かったということだ。西ヨーロッパだと、ノルマンディーのノルマン人の王がイングランドを征服したり、イングランド王がボルドーに領地を持っていたりするのは普通のことで、そうでなくてもヨーロッパ大陸の王家とブリテン島の王家の間の結婚はしばしばで、それに伴なって領地が海峡の反対側にできるのは当たり前だった。しかし、東アジアではそういうことは全くなかった。

七世紀に建国した日本が、アジア大陸の国家と正式の国交を開いたのは、一八七一年（明治四年）に清帝国と結んだ日清修好条規が最初だ。その間、千二百年もたっている。建国直後の日本から中国に行った遣唐使は、正式な国書、すなわち日本天皇から中国皇帝にあてた書簡を持っていかなかった。いわば政経分離で、政治的な関係を避け、貿易だけするという態度だったのだ。国交といえる形をとったのは、十四世紀に足利義満が日本国王と自称して明朝に使いを送り、明朝の永楽帝が足利義持を日本国王に封じた時と、十七世紀に徳川幕府が朝鮮国王と和を結んだ時だが、どちらも当事者は征夷大将軍で、日本国の元首たる天皇ではない。

このように日本という国家は、建国当初から後世まで、一貫して自衛的・閉鎖的な性格を持っていた。これは、七世紀の国際関係の大変動の衝撃が引き金になってできた国家だから当然で、日本列島を外からの脅威に対して防衛することが国家の最重要課題であり、鎖国こそ日本の国是だったのだ。

日本語の起源の古さ

もう一つ、日本列島と韓半島の歴史を比べてみて、際だって目立つのは、日本では七世紀の建国直後から国語が発達しているのに、韓半島では、やはり七世紀の新羅《しんら》の統一からはるかに遅れて、やっと十五世紀になって韓国語（朝鮮語）が国語としての正式の地位を認められたことだ。

それまでの新羅朝・高麗《こうらい》朝の時代には、公用語は土着の人の言葉ではなく、中国語、すなわち漢文だった。漢文を日本のように返り点をつけて訓読するのでなく、そのまま上から下へ、韓国式の漢字音で音読するのだ。十五世紀に朝鮮朝の世宗《せそう》という王が、表音文字のハングルを作るが、韓国語（朝鮮語）が本格的に発達を始めるのはそれから後のことで、日本に比べると八百年も遅れた。

日本では、当時、唯一の文字であった漢字を使って倭語（日本語）を書き表わす試みが、天智天皇・天武天皇の時代にすでに始まっている。「柿本朝臣人麿《かきのもとのあそみひとまろ》の歌集」からの引用とことわった歌が『万葉集』の巻七に多く残っている。これは『万葉集』の歌の中で、最も古い層に属する。その特徴は、たとえば「天海丹　雲之波立　月船　星之林丹　榜隠所見」と書いて「あめのうみに　くものなみたち　つきのふね　ほしのはやしに　こぎかくるみゆ」と読ませるように、意訳漢字を日本語の語順で並べるだけで、助詞や語尾を音訳漢字で送らないことだ。

これが『万葉集』でも新しい層の歌になると、意訳漢字と音訳漢字の混ぜ書きになる。たとえば巻五の山上憶良《やまのうへのおくら》の歌の「世間乎　宇之等夜佐之等　於母倍杼母　飛立可禰都鳥爾之安良禰婆」を「よのなかを　うしとやさしと　おもへども　とびたちかねつ　とりにしあらねば」と読ませるようなものだ。

最後に、『万葉集』で最も新しい層の、巻十四の東歌《あづまうた》では、音節のすべてを音訳するようになって、表記法が完成する。たとえば下総《しもふさ》の国（千葉県）の葛飾《かつしか》の真間《まま》の浦の情景を歌った「かづしかの　ままのうらみを　こぐふねの　ふなびとさわく　なみたつらしも」を「可豆思加乃　麻万能宇良未乎　許具布禰能　布奈妣等佐和久　奈美多都良思母」と書くようなものだ。『日本書紀』の歌謡も、この方式である。

この現象は、日本語を文字で書ける言語にしようとする努力が進行していたことを示している。なぜ、日本ではこんなに早くから、国語の開発が進んだのだろうか。

日本語は不思議な言語で、系統の同じ言語は沖縄語以外に見つかっていない。近ごろの有力な学説では、日本語の語彙はオーストロネシア系であるとされている。オーストロネシア系の言語とは、西はマダガスカル島から、台湾・東南アジア・南太平洋の島々に広がっている言語だ。それに対して、日本語の統辞法はアルタイ系の言語、つまりトルコ語・モンゴル語・満洲語などと共通な要素があるとされる。日本語は奇妙な混合語だということになる。

　日本建国の当時、日本列島は種々雑多な言葉を話す人たちの雑居地帯だった。倭人と華僑の間に共通な話し言葉がなく、しかも華僑同士の間でも、方言が違えば話が通じない。漢字を綴った漢文だけがコミュニケーションの手段だったが、漢字は表音文字ではないので、漢文を音読しても意味が分からない。そこで真っ先にやらなければならないことは、共通語を作ることだった。共通語を作らなければ、せっかく新たに人工的に作られた、倭人と華僑を統合した日本人というアイデンティティを維持することはできない。しかも、その共通語は、中国語であってはならない。韓半島の新羅の公用語が中国語だからで、それと違わなければならない。それでどうしたかと言うと、建国当初の日本人は、漢文を基礎として、その一字一字に対応する意味の単語を、土着の倭人の言語から拾ってきて、順番にはめこむというやり方で、実用になる新しい国語を人工的に作ったのだ。

　これと同じ国語作りは、第二次世界大戦の後で独立した旧植民地の諸国がみなやっていることである。旧宗主国の言語を下敷きにして、それを土着の言語の単語でおきかえるのだ。これはたいへん時間のかかる困難な道で、国語の開発が間に合わない国では、やむをえず、いまだに旧宗主国の英語・フランス語などを併用している。建国当初の日本でも、国語作りは大変だった。情緒の表現のためには、すでに『万葉集』で純粋な倭語の歌ができているが、韻文は政治などの実用には向かない。そのためには散文の文体を開発しなければならないのだが、これには大きな困難が伴なう。

倭語を使って散文を綴ることを最初に試みたのが、『古今和歌集《こきんわかしゅう》』の「仮名序《かなじょ》」である。『古今和歌集』には漢文の「真名序《まなじょ》」と日本文の「仮名序」の二つの序があり、内容はだいたい対応している。しかし「仮名序」の表現はあやふやで難解で、「真名序」とつき合わせてはじめて意味が分かる。これは日本語の散文の文体がまだ確立していない時代の試みなので、うまく表現できなかったのだ。この時代から江戸時代の末期にいたるまで、本当の言葉は日本語ではなく漢文だという意識が根強くあった。

『土佐日記』も、日記は本来、男が漢文で書くべきものだけど、女だから日本語で書いてみようという書き出しになっている。日本語で散文を書くことは、それほど難しいことだった。

言いかえれば、日本語はまだ公用語として確立しておらず、発達の途中だった。

井上ひさし作のテレビ・ドラマ「國語元年」は、明治の初期にも同じ問題が起こったことを示している。江戸時代の社会・文化に普遍的だった事物は、当時の日本語で十分表現できたのだが、文明開化の世になって新たに現われてきた事物や、それに対応する感情を表現することは、江戸時代の日本語ではもはやできない。そこで明治の人は、まず英語その他のヨーロッパ語で考えて、ヨーロッパ語の文章を一語一語日本語でおき換える作業をして、人工的な文体と語彙を作り出した。そういう新しい日本語の開発の先兵だったのは、明治の文学者だった。森鷗外にしても、尾崎紅葉にしても、夏目漱石にしても、彼らの作品があれだけ一世を風靡《ふうび》し、誰も彼も読んだ理由は、あれが新しい日本語の使い方を教えるものだったからだ。読者はああいう物の言い方を吸収して、やっと新時代に対応する物事が言えるようになった。それでも、ヨーロッパ語が日本語の原型であるという意識は、第二次世界大戦後にも「原語」とか「原書」という言葉となって残っている。日本語は英語の基礎の上にのっている言語だという意識は、現在ではさらに強くなっているかもしれない。

「日本人」のアイデンティティと国際化

「日本」という観念は、七世紀後半の建国運動の産物であり、建国は中国の侵略に対抗する自衛の手段だった。『日本書紀』という歴史を書いて、日本の建国は紀元前七世紀であり、中国の影響が東北アジアにおよぶ前だったと主張すること自体が、排外運動の一環だったのだ。

私の感想だが、日本が現在、国際化という課題をせおって悪戦苦闘していることは、日本がそもそも非国際化のための国家だったからではないのか。われわれ日本人はもともと純粋な大和心の民だったのが、後に中国文化が輸入されて漢心《からごころ》に染まって悪くなったという本居宣長風の観念は、明治以後もわれわれの意識の深層にあって、しばしばヨーロッパ文化・アメリカ文化の輸入に対する抵抗となり、その裏返しのアジア回帰への願望となって頭をもたげる。

こうした観念は歴史の事実に反するのだが、われわれがそうした物の見方に引きもどされやすい根本の原因は、日本国家と日本文化そのものが、これまでいったような国際環境のもとに起源を持ったからだというのが、私の考えである。

そういうわけで、アジア大陸と日本列島は、紀元前二世紀末に始まった中国化時代には一体の世界だったのが、七世紀の日本の建国と独立以後、分断されてしまった。われわれが今日、世界の中で独立を保っていられるのは、早くアジア大陸と絶縁したお蔭であり、また国際化で苦労しなければならないのも、まさにそのせいである、というのが私の結論である。

第十二章　日本語は人造語だ

国語は人工的なのが歴史の法則

どこの国においても、国語というものは、天然自然に存在するものではなくて、建国に際して人工的に作りだされるものである。これが歴史の法則で、日本語も例外ではない。

マレーの建国と人造語

私がよい例として常に引くのは、現代のマレーシア連邦である。マレー半島はもともと定住人口の少なかったところで、歴史らしい歴史がはじまるのは、十五世紀の初頭、対岸のスマトラ島のパレンバンから移ってきた王家が、マラッカに港町を建設してからのことである。しかし本格的な開発は、一五一一年にポルトガルがマラッカを占領してからのことで、それから半島の各地にそれぞれ分家のスルタンたちが根を下ろして、スマトラやジャワやセレベスから、移民が流入した。だからマレー人とは言っても、話している言葉は入植地ごとに別々であった。そのうえ南インドからタミル人や、アラブ人、中国から福建人・潮州人・客家人・広東人・海南人が流れこんだ。

マラッカの町は一六四一年にオランダの手に移り、一七九五年にはオランダの手から離れてイギリス領になるが、マレー半島は、そのころには全くの人種の雑居地帯になってしまう。各地のマレー人のスルタンたちは、それぞれ神器を持ち伝えて万世一系の王統を誇り、その支配地域内にはあらゆる人種が、それぞれ自分たちで固まって町や村を作って並存するが、相互に共通な言語はない。中国人同士の間にもないし、マレー人同士の間にもない。かろうじて高等教育を受けたごく一握りの人々の間で英語が通じたぐらいのものである。しかもスルタンたちは個々独立で、イギリスといえども、そのすべてに保護権を持っているわけではない。これがマレーシアの建国前夜の様相である。

そこへ、大東亜戦争がやってくる。マレー半島が単一の行政区として統治されたのは、日本の軍政時代がはじめてである。日本が去った後、チン・ペンのマラヤ共産党の反乱に対抗するため、イギリスは日本軍の遺産である隣組や自警団の組織をフルに活用した。

こうして、マレー半島の雑多な人種が、戦中戦後の動乱に対応して、一つの社会に統合されはじめ、一九五七年にマラヤ連邦が発足するところまでいった。一九六三年にはサバ、サラワク、シンガポールが加入してマレーシア連邦となり、一九六五年にシンガポールが分離独立して、現在のマレーシアになった。

こうして国家はできたが、まだ国語はない。当初は、マレー語を国語にすればいいと簡単に割り切っていたが、いざやってみるとうまくいかない。標準マレー語というものがどこにもないうえに、多数のマレー人の母語はマレー語ではなく、他のオーストロネシア系の言語である。それに、マレー語は政治の言葉でも文化の言葉でもなかったから、近代的な事物を表現する語彙もないし、論理的な表現に適した文体もない。そのうえ、人口の半分を占める中国系・インド系の国民は都市に集中して、かれらの教育用語はこれまで英語だった。

そこで、新しい公用語として、バハサ・マレーシアと呼ばれる国語が人工的に作りだされた。これはマレー語の文法の基礎的な骨組みだけを残して、語彙は新たに英語から直訳してマレー語風に作りだし、それをほぼ英語の語順にしたがって並べるのである。ただし、後にくる名詞が、その直前の名詞を修飾することが、英語と違うくらいのものである。

つまり、このバハサ・マレーシアはマレー語の皮をかぶった英語であり、役所の公文書や異なった母語を話す人々の間のやりとりに使われる、本当の意味の「公用語」である。このバハサ・マレーシアは、一般のマレー人が日常生活で話している言葉とはまた違う。首都のクアラルンプールの郊外のペタリンジャヤの住宅地に増えてきたマレー人の新中産階級は、家庭ではバハサ・マレーシアよりは、英語を話すのを誇りにするくらいのものである。

バハサ・マレーシアで書いた小説の試みもあるが、英語とチャンポンの奇妙なものにならざるをえない。ただし、どこの文化でも、散文より以前に韻文、というより歌謡が存在するものだが、一九七〇年代のマレーシアでも御多分にもれず、テレビのマレーシア語番組の大部分は、マレーの民族舞踊と歌謡にかぎられていた。バハサ・マレーシアによる現代劇などが可能になるには、まだまだ年月が必要と思われた。

七世紀の共通語は中国語百済方言

倭国の言葉

こうした現代のマレーシアの状況は、七世紀末から八世紀初めにかけての、建国当初の日本の状況に気味が悪いほどよく似ている。

日本列島の原住民として倭人が中国の記録に姿を現わすのは紀元前一世紀のことだが、

これは前一〇八年に漢が韓半島を征服して、日本列島への貿易ルートを押さえ、中国商人が日本列島に進出してきて沿岸の港町の発達を促がしたからである。その後、一八四年から半世紀にわたった中国の戦乱を避けて、多数の華僑が韓半島の南部に流入し、辰韓・弁辰の二十四都市を作った。華僑は日本列島の商権を握り、倭人の諸国にそれぞれあった市場はかれらの支配下にあった。邪馬台国もその一つである。

三〇四年に起こった五胡十六国の乱で、中国が再び戦乱の巷となると、韓半島北部の中国人植民地は高句麗の手に落ちた。間もなく三四〇年代に、漢江渓谷の中国系住民を基盤として、百済が高句麗から独立する。さらにその百済から独立したのが新羅である。これら三国の文化は、いずれも華僑の都市文化を中核としていた。中でも百済は、華南の南朝中国と日本列島の間の中継貿易で繁栄した。

だから六〇〇年前後になると、韓半島の高句麗にも、百済にも、新羅にも、中国人が多く住んでいた。日本列島の西部には秦王国という中国人の大入植地があったことが『隋書』に伝えられている。

後の『日本書紀』や『新撰姓氏録』によって見ても、かつて倭国の中心部であった摂津・河内・和泉・大和・山城の平野部の主な聚落は、ほとんど秦人《はたびと》・漢人《あやひと》・高句麗人《こまびと》・百済人《くだらびと》・新羅人《しらぎびと》など、いわゆる帰化人のものだった。つまり、原住民の倭人は片隅に追いやられている状況だった。

七世紀までに韓半島から日本列島に流入した人々は、それぞれグループごとに中国語の方言を話していたと考えられる。しかし、方言とはいっても、語彙や文法では大きな差があった。現代の福建人・潮州人・客家人・広東人・海南人がたがいに話が通じないのと同様、秦人・漢人・高句麗人・百済人・新羅人の間ではたがいに話が通じなかっただろう。

最低限度のコミュニケーションには、何らかの共通語が必要である。現代の東南アジアでは、片言《かたこと》の広東語が広く通用しており、華僑同士の商売の取引きと喧嘩には、このベーシック・カントニーズ（基礎広東語）と呼ばれる言葉が使われる。広東人同士の間だけでなく、潮州人同士の間でもそうである。これは広東語が、他の方言よりも文語に近い言語であり、そのため、いちおう漢字で書けるからである。広東語以外の、福建語などの方言は、漢字では書けない。商売の契約や記帳に文字が必要なことは言うまでもない。

七世紀までの日本列島で、共通語の役割をはたしたのは、南朝の中国文化の影響が強い百済方言だったろう。百済語も、他の華僑の話す口語よりも、漢字で綴った文語に近い言語だったからである。

日本語の誕生

そこへ、六六〇年に唐が百済を滅ぼし、倭国の百済救援軍は、六六三年に白村江口で全滅する。ついで、六六八年に唐は高句麗をも滅ぼす。間もなく、唐は韓半島から撤退し、三十八度線以南は新羅に統一される。この新しい王国は、高句麗人・百済人・新羅人・倭人・中国人の統一体である。

日本列島の雑多な種族たちは、新羅に併呑《へいどん》されて独立と自由を失なわないために、倭国王家の天智天皇のもとに結集して、日本国を作りあげる。これはマレーシア連邦が、日本軍の占領、マラヤ共産党の反乱、さらにスカルノが仕掛けたゲリラ戦争という危機の連続に対抗して成長してきたのによく似ている。

そして、現代のマレーシアと同じく、七世紀の日本国も、政治的団結を維持するため、大急ぎで新しい国語を発明しなければならなかった。これまで日本列島の多くの種族の間に通用した言葉は、倭人の土語ではなかった。倭人はいまだかつて文字を持ったこともなく、政治や経済の語彙も持たなかった。また、全日本列島の倭人にひとしく理解される倭語の方言もなかっただろう。そうした方言は、商業活動にともなって普及するものだが、倭人は決して大商業種族ではなかったからである。

しかし、中国語を国語とすることは危険であった。新羅の公用語が中国語だったから、新羅と対抗して独立を維持するには、別の途《みち》を選ばねばならなかった。それは、漢字で綴った中国語の文語を下敷きにして、その一語一語に、意味が対応する倭語を探しだしてきておきかえる、対応する倭語がなければ、倭語らしい言葉を考案して、それに漢語と同じ意味をむりやり持たせる、というやり方である。これが日本語の誕生であった。

『万葉集』に見る国語開発

誕生直後の日本語

日本語の誕生直後の姿は、『万葉集』の中に見ることができる。『万葉集』二十巻の大部分は、八世紀の奈良時代の歌人・大伴家持《おおとものやかもち》が編纂したものと考えられている。『万葉集』の中でも、巻七には「柿本朝臣人麿《かきのもとのあそみひとまろ》の歌集に出づ」とことわった歌が多くのっているが、これは倭語の書き表わし方から見て、最も古風である。

たとえば、

「天海丹　雲之波立　月船　星之林丹　榜隠所見」

という歌がある。ここに並んでいる漢字は、

「あめのうみに　くものなみたち　つきのふね　ほしのはやしに　こぎかくるみゆ」

と読む。この歌の最初の「あめ・の」は「天」の一字だけで意訳し、助詞の「の」を含

ませてある。次の「うみ」はそのまま意訳の「海」だが、助詞の「に」は、「丹」と書き表わしてある。この「丹」は当て字で、「赤い土」を倭語で「に」というのを利用した書き方である。次の「くも・の」は「雲之」と、倭語の助詞の「の」をちゃんと漢字の助字の「之」で書き表わしてある。

倭語の動詞には語尾変化があるが、漢字には語尾変化はない。そこで「なみ・たち」の「たち」は漢字で「立」とだけ書くが、語尾の「ち」を送らない。「こぎ」の「榜」も、「かくる」の「隠」も、意訳漢字で書き表わすだけで、語尾を送らないことでは同じである。

最後の「みゆ」も倭語の動詞だが、「見」の一字だけ書いたのでは、能動態の「む」（見る）なのか、受動態の「みゆ」（見える）なのか、区別がつかない。それで受動態を表わす漢字の助字の「所」をつけて「所見」とし、「みゆ」と読ませる。

柿本人麿は、日本建国の当初の七世紀後半に、天武天皇・持統天皇・文武天皇に仕えた人で、『万葉集』のなかでは最も早い時期の歌人だった。その柿本人麿が書き留めたらしい「歌集」の表記法では、このように、倭語の単語を意訳した漢字を、倭語の語順にしたがって並べるだけである。意訳といっても、当て字は使う。しかし最大の特徴は、動詞の変化語尾を、音訳漢字で送ったりしないこと、また助詞を、漢字の助字で意訳することもあり、しないこともあることである。こういう書き方は、漢文の一種といってもさしつかえない段階の文体である。

これが、中国語から出発して、第一歩を踏みだそうとする段階の日本語の姿だった。これはバハサ・マレーシアが、英語を下敷きにして作られた当時によく似た状況である。

日本語の成長

日本語の成長の第二の段階は、『万葉集』の巻一に収められた、天武天皇の次の歌に見られる。

「紫草能　爾保敝類妹乎　爾苦久有者　人嬬故爾　吾恋目八方」

これは、

「むらさきの　にほへるいもを　にくくあらば　ひとづまゆゑに　われこひめやも」

と読む。この書き方では、どの一句にも、かならず意味を表わす漢字が入っている。「紫草（むらさき）」「妹（いも）」「有者（あらば）」「人嬬（ひとづま）」「故（ゆゑ）」「吾（われ）」「恋（こひ）」がそれである。そして、それぞれに倭語の音訳漢字をそえる。音訳漢字を平仮名におきかえると、こうなる。

「紫草の　にほへる妹を　にくく有者　人嬬故に　吾恋めやも」

このうち最後の一句は、「め」を「目」、「やも」を「八方」と、発音は同じだが意味が違う倭語を表わす漢字、つまり当て字を使っている。原形では、意訳漢字を連ねる

「柿本人麿歌集」の歌のようなものだったのを、『万葉集』の編者が書き直して読みやすくした結果、こうした書き方になったのだろう。

第三の段階は、柿本人麿よりおくれて、八世紀の初めに活躍した山上憶良《やまのうへのおくら》の歌に見ることができる。『万葉集』の巻五にのっている、山上憶良の有名な長歌「貧窮問答歌《ひんきゅうもんどうか》」の反歌《はんか》は、次のように書かれている。

「世間乎　宇之等夜佐之等　於母倍杼母　飛立可禰都　鳥爾之安良禰婆」

これは、

「よのなかを　うしとやさしと　おもへども　とびたちかねつ　とりにしあらねば」

と読む。この書き方では、名詞の「よのなか」を「世間」、「とり」を「鳥」と、動詞の「とびたち」を「飛立」と書いているのだけが意訳漢字で、それ以外の倭語は、動詞も形容詞も助詞もすべて、一音節に漢字一字を当てて音訳してある。

柿本人麿から山上憶良まで、半世紀の間に、日本語はここまで成長したのである。ここまでくれば、日本語は、あともう一歩で漢字意訳を卒業して、中国語から完全に独立した国語になれる。その一歩を踏みだしたのが、山上憶良の後輩の大伴家持が採録したらしい、『万葉集』の巻十四の「東歌《あずまうた》」である。

たとえば、

「可豆思加乃　麻万能宇良未乎　許具布禰能　布奈妣等佐和久　奈美多都良思母」は、

「かづしかの　ままのうらみを　こぐふねの　ふなびとさわく　なみたつらしも」

と読む。

この書き方ではもはや、名詞とそれ以外の品詞の区別もなく、倭語の一音節ごとに漢字一字を当てて音訳してある。この完全音訳の方式の完成によって、日本語は、漢字を使いながらも、中国語から絶縁して、独立の国語の姿をとるようになれたのである。

『日本書紀』の歌謡の表記

漢文意訳と倭語音訳

大伴家持と同時代に完成した『日本書紀』の現行本でも、倭語の歌謡はほとんどすべて、一音節に漢字一字の音訳方式を採用してある。たとえば、「仁徳天皇紀」の物語では、仁徳天皇の恋敵の隼別《はやぶさわけ》皇子の舎人《とねり》たちが、主人をそそのかして、仁徳天皇を殺させようとするが、その時に舎人たちは、

「はやぶさは　あめにのぼり　とびかけり　いつきがうへの　さざきとらさね」

と歌う。「さざき」はミソサザイのことで、仁徳天皇の本名「おほさざき」をさす。『日本書紀』の現行本では、この歌は、

「破夜歩佐波　阿梅珥能朋利　等弭箇概梨　伊莬岐餓宇倍能　娑弉岐等羅佐泥」

と、完全に一音節一漢字の音訳の形式になっている。


ところが、実は『日本書紀』の最初の原稿では、こうした歌謡は今見るような倭語の音訳ではなく、漢文の意訳でのっていたらしい。九世紀初めの平安朝の『日本書紀』学者・多朝臣人長《おほのあそみひとなが》は、八一三年、六人の下級官吏に対して『日本書紀』を講読した。その時の記録が『弘仁私記《こうにんしき》』という本になって残っている。この『弘仁私記』が引用している形では、隼別皇子の舎人たちの歌は、

「隼鳥昇天兮　飛翔衝搏兮　鷦鷯所摯焉」

と、完全な漢詩になっている。これは「ハヤブサよ、天に昇れ。飛びかけって、襲い打て。ミソサザイはつかまるぞ」という意味である。この意訳のほうが、現行本の『日本書紀』に載っている音訳の歌よりは古い形であろう。


天武天皇が『日本書紀』の編纂を命じたのは、六八一年のことであった。それが、作業に三十九年を費《つい》やして、ようやく元正天皇の七二〇年に完成したのだが、その間に、倭語の歌謡の表記について、編纂方針に変更があったらしい。最初は、倭語の表記法の開発が進んでいなかったから、歌謡はすべて漢字で意訳するしか方法がなかった。編纂作業が進行中に、次第に表記法が進歩して、倭語の完全音訳が可能になったので、編纂の最終段階では、現行本に見るような一音節一漢字の音訳が採用されたのである。

それでも『日本書紀』には直し忘れた部分がある。現行本の「顕宗《けんぞう》天皇紀」の、民間に姿を隠していた顕宗天皇が、舞いながら歌って自分の素性を明かす物語では、歌の文句は、すべて当て字を含んだ意訳になっている。これは『万葉集』の、柿本人麿が書きとめた歌と同じ時期の、日本語の発達の段階を示している。

平仮名・片仮名の出現

こうして、新たに生まれた日本語は、ようやく漢字を離れて、耳で聴いても多くの人に分かるようになり、国語の資格をそなえるところまできた。ここまでくれば、次の段階では、何かほかに一音節一字の文字体系を考案して、音訳にも漢字を使わないことにすればいい。そうすれば、表意文字である漢字との最後のつながりも切れて、日本語は完全に音声だけの、中国語から独立した国語になれる。

こうして、音訳漢字を草書体にした平仮名《ひらがな》と、筆画の一部だけをとった片仮名《かたかな》が出現した。

ハングルの開発がおくれた韓半島

韓半島では中国語方言

仮名は、平安朝の初期の九世紀初めには、もう成立していた。これは韓半島にくらべれば、驚ろくほど早い。韓半島では、日本の建国と同時の七世紀に、新羅王国が統一を実現した。新羅では、日本と違って、公用語には漢文、つまり中国語を用《もち》いた。現代の韓国語の原形となった、本来の新羅語は、ついに国語の地位を獲得しなかった。

伝説では、七世紀末の新羅人の学者・薛聡《せっそう》が「吏読《イド》」と呼ばれる、口語の表記法を作ったことになっている。この吏読は、語彙も語順も基本的には漢文だが、その合間合間に口語の助詞や語尾を表わす漢字を、送り仮名のように書き添えたものだった。だからこれは独立の国語というよりは、漢文の解読のための補助手段であり、中国語の一変種というべきものである。この状況は広東語に似ている。現代の広東語も、漢字をあてられない語彙が多いので、奇妙な俗字を造って、漢字とまぜて使っている。広東語も中国語の方言だとすれば、韓半島の吏読も、広東語と同じ程度に、中国語の方言だったといえる。

この吏読でも、語尾や助詞の表記を詳細にして、なるべく口語に近づけたものができたらしい。こうした表記をした「郷歌《ヒャンガ》」という歌謡が十四首、『三国遺事』という書物にのっていて、新羅時代から伝わったものだということになっている。しかしこの『三国遺事』は、新羅時代よりはるかに後世の、十三世紀の高麗《こうらい》時代にできた書物である。

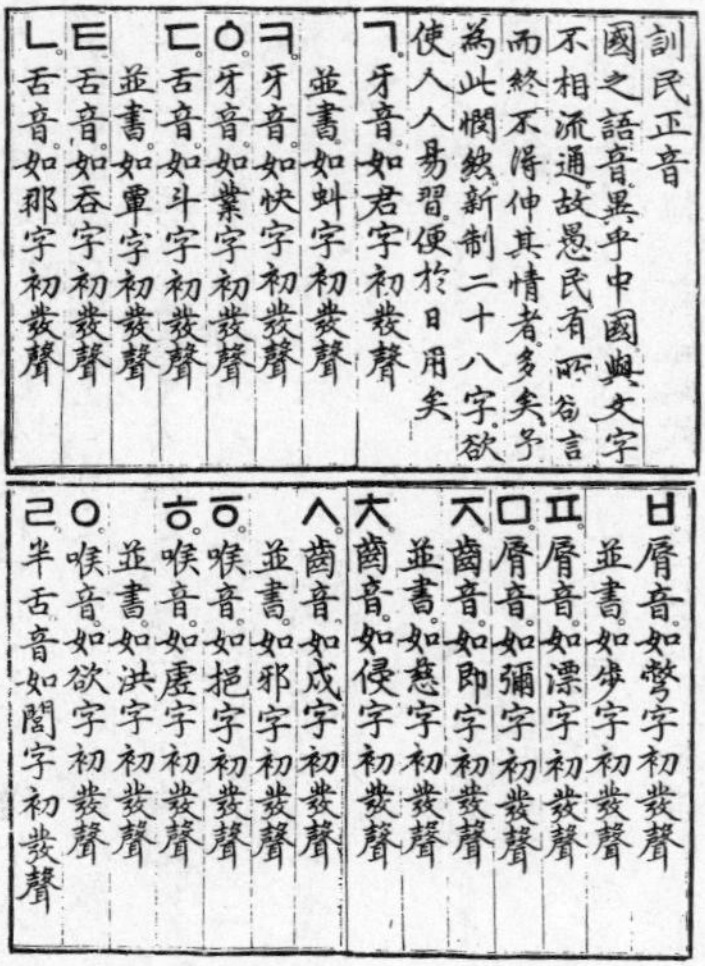
訓民正音
國之語音異乎中國與文字
不相流通故愚民有所欲言
而終不得伸其情者多矣予
為此憫然新制二十八字欲
使人人易習便於日用矣
ㄱ牙音如君字初發聲
並書如虯字初發聲
ㅋ牙音如快字初發聲
ㆁ牙音如業字初發聲
ㄷ舌音如斗字初發聲
並書如覃字初發聲
ㅌ舌音如呑字初發聲
ㄴ舌音如那字初發聲
ㅂ脣音如彆字初發聲
並書如步字初發聲
ㅍ脣音如漂字初發聲
ㅁ脣音如彌字初發聲
ㅈ齒音如即字初發聲
並書如慈字初發聲
ㅊ齒音如侵字初發聲
ㅅ齒音如戌字初發聲
並書如邪字初發聲
ㆆ喉音如挹字初發聲
ㅎ喉音如虛字初發聲
並書如洪字初發聲
ㅇ喉音如欲字初發聲
ㄹ半舌音如閭字初發聲

『訓民正音』序文

だから郷歌が存在するからといって、韓国語が新羅時代に、独立の国語になっていた証拠だとは言えない。

十五世紀、ハングル創出

韓国語が本当に韓半島の国語になるのは、十五世紀のことである。朝鮮王朝の世宗《せそう》大王は、モンゴルのパクパ文字を基礎として、表音式のハングル文字を創りだし、一四四六年、自作の『訓民正音《くんみんせいおん》』を公布して、その使い方を説明した。韓国語は、ここで初めて漢字から離れて、独立の国語の地位を獲得したのである。日本語が七世紀の建国直後に開発が始まったのにくらべて、韓国語は八百年もおくれている。日本人が国語の開発を急いだ目的は、日本が中国や韓半島の政治力の支配下にくみこまれるのを予防するためだった。独自の日本文化を建設して、漢文への依存度をなるべく小さくすれば、中国文化の影響を必要最小限に押さえることができる。

こうしてはじまった国語の開発は、情緒を表現する韻文の詩歌に関するかぎり、『万葉集』のように目ざましく成功したが、より実用的・論理的な散文の文体の開発は、百年たってもなかなか成功しなかった。

紀貫之が実験した日本語散文

『土佐日記』の日本語

いい例は、十世紀の初めの平安朝の歌人・紀貫之《きのつらゆき》である。紀貫之は日本語の散文の発達に、三つの大きな寄与《きよ》をしている。一つは『竹取物語』。二つ目は『土佐日記』。三つ目は『古今和歌集』の編纂で、これに漢文の「真名序《まなじよ》」と、日本文の「仮名序」を書いている。

『源氏物語』の「絵合《えあわせ》」の巻には、冷泉《れいぜい》の帝《みかど》の御前のコンクールに提出された『竹取物語』の絵巻のことを、「絵は巨勢《こせ》の相覧《あふみ》、手《て》は紀貫之書けり」といっている。これで見ると、紀貫之の自筆の『竹取物語』があった。『源氏物語』が「物語の出《い》で来《き》はじめの親なる『たけ取《とり》の翁《おきな》』」というとおり、日本語の物語文学の最初の作品である『竹取物語』の散文を書いたのは、紀貫之だったらしい。

『土佐日記』は、九三四年、土佐の任地から帰京する船旅の叙述だが、紀貫之は「男もすなる日記といふものを、女もしてみんとてするなり」と書きはじめている。「日記は漢字の中国語で、男が書くものだというが、私は女だから、仮名の日本語で書いてみるのだ」という意味である。この言い方は、それまで女らしい叙情の韻文にしか向かないとされていた日本語を、男らしい叙事の散文に適用してみようという実験であることを宣言するものである。『土佐日記』の中には漢字を「男文字」という言い方があり、これに対して仮名を「女文字」という言い方もあった。十世紀の平安朝の意識では、まだ中国語が表向きの男性文化であり、日本語は内輪《うちわ》の女性文化だったことが分かる。日本語の散文が、漢文を基礎として人工的に造りだされたものであったことは、紀貫之が『古今和歌集』に書いた「真名序」と「仮名序」を読みくらべればよく分かる。「仮名序」は日本語の散文である。その書きだしの「やまと歌は、人の心を種《たね》として、万《よろづ》の言の葉とぞ成れりける」は、漢文の「真名序」の「夫和歌者、託其根於心地、発其華於詞林者也」の直訳である。多少の出入《しゅつにゅう》はあるが、だいたいにおいて「仮名序」は「真名序」の日本語訳である。先に漢文で「真名序」を書いて、それをあとで日本文に翻訳して「仮名序」を作ったことが分かる。

紀貫之の苦心にもかかわらず、「仮名序」の日本語散文のできは悪い。「真名序」がなかったら意味不明の個所がいくらもある。たとえば「難波津の歌は、帝《みかど》の御初《おほむはじ》め也」と

いう個所がある。「真名序」の「難波津之什、献天皇」を参照すれば、この歌が、王仁という華僑が仁徳天皇に献上した忠告の歌、

「なにはづに　さくやこのはな　ふゆごもり　いまははるべと　さくやこのはな」

であることは見当がつくが、「この歌が天皇の最初である」というのは、あまりに舌足らずで、何を言いたいのか分からない。

「仮名序」にこうした難点が多いことは、『古今和歌集』ができた九〇五年の当時でも、まだ日本語の散文の文体が確立しておらず、紀貫之らが実験中だったことを示している。

散文は未発達

紀貫之の時代から百年をへて、十一世紀の初めに紫式部《むらさきしきぶ》の『源氏物語』が現われて、平安朝の物語文学は最盛期に達する。それでもまだ、散文の文体の開発が完了していたとは言えない。その証拠に、『源氏物語』の散文には、『源氏物語』にしか現われない、特異な文法形式が多い。紫式部でさえ、日本語の散文の文体が確定しないのには苦労し、あれこれ工夫を続けていたのである。

日本語の散文の開発がおくれた根本の原因は、漢文から出発したからである。漢字には名詞と動詞の区別もなく、語尾変化もないから、字と字の間の論理的な関係を示す方法がない。一定の語順さえないのだから、漢文には文法もないのである。このような特

異な言語を基礎として、その訓読という方法で日本語の語彙と文体を開発したから、日本語はいつまでも不安定で、論理的な散文の発達がおくれたのである。

結局、十九世紀になって、文法構造のはっきりしたヨーロッパ語、ことに英語を基礎として、あらためて現代日本語が開発されてから、散文の文体が確定することになった。日本語にかぎらず、どこの新興国の国語も、人造語たるをまぬがれないものなのである。

第十三章　歴史の見方について

歴史はものの見方の体系

「歴史の流れ」という言い方がよく使われる。あたかも、歴史が確固とした実在の河のようなものであって、過去の世界から未来の世界へ向かって、一定のコースを滔々《とうとう》と流れ続けているかのように聞こえる。しかし、これは錯覚である。普通に言うような意味での歴史には、一定の方向もなければ、決まったコースもなく、最終のゴールもない。言いかえれば、歴史には法則はなく、発展段階もなく、したがって「歴史的必然」というようなものもない。さらにはっきり言ってしまえば、歴史は、誰でも手を触れて見られるような、客観的な実在ではない。問答無用の「客観的な歴史的事実」などというものは、厳密に言ってありえないのである。

歴史は、われわれの意識の中だけに存在する、世界の見方、ものの見方の体系である。しかも、歴史という角度から世界を見、ものごとを見るというやり方は、人類すべてに普遍的なやり方ではなく、ある種の文明にだけ見られる、特殊な文化である。

ここで歴史を定義してみよう。歴史とは、「人間の住む世界の、時間軸と空間軸の両方に沿った、しかも一個人の直接、経験できる範囲を超えた、言葉による説明」である。歴史というものは、言葉による説明なのだから、日付や地名や人名だけでは、歴史にはならない。年表は歴史ではない。データを歴史にするのは、歴史を叙述する側が、主観的に与える意味づけなのである。

そもそも人間は、実際に起こったことなら何でも記録するものではない。あることを特に記録するには、それなりの動機がある。歴史の材料になる記録は、こういうことがあったと記録者が思ったという主観の記録か、こういうことがあったと読者は思うべきだという、記録者の意志の表現である。そういうわけで、記録に残る歴史的事実は、記録者の主観を通して形を与えられたものばかりである。

歴史は、天然自然に初めから存在するものではなく、歴史家が書いて創りだすものである。歴史家は、他人が残した記録を利用して歴史を書く。その際、記録にこうあるからといって、他人の主観をそのまま受け売りするのでは、悪い歴史にしかならない。

歴史には、良い歴史と悪い歴史とがある。良い歴史は、論理の筋がすみずみまで通った、どこにも破綻や矛盾のない説明である。良い歴史を書くには、まず史料の一つ一つがどういう環境で、どういう立場で、どういう意図をもって書かれたかを見きわめて、その奥にある、記録者の主観が働く前の情報の原形を読みとらなければならない。こうして読みとった情報を総合して、歴史家がその場にいあわせたとしたら、物事はこう見えただろうと決める。

情報の信頼度は、史料によってまちまちである。ことに古い時代ともなると、残っているのが嘘を書いた史料だけという場合も大いにありうる。その場合は、古代も現代も人間の世である以上、現代にありえないことは古代にもありそうもないという原則に頼って判断するしか方法がない。いくら古代だと言っても、神話の神々の時代でもなければ、おとぎ話の魔法の世界でもなかったはずである。

史料からひきだせる情報の量には限度がある。情報の欠落している部分は、合理的な判断で補うしかない。ことに当時、当たり前だった事柄は、わざわざ記録されないので残らない。古代史では、ややもすると、そうでないとはどこにも書いてないからという理由で、記録の片言隻句《へんげんせきく》をとらえて奔放な空想を馳《は》せたくなるものである。そうするのは解放感に満ちた、楽しい営みだが、それは自由な創作ではあっても、合理的な判断とは言えない。

史料をいろいろな角度から見て、論理に矛盾をきたさずにつく説明が良い説明であり、そうした良い説明を、俗に「歴史的事実」と呼ぶのである。そうした歴史的事実を、時間軸と空間軸にそって並べて、因果関係でつなげてまとめて、作りあげた世界の全体像を言葉で語る。それが歴史である。

歴史は、そうした性質のものだから、人類の発生以来、歴史があった、というわけにはいかない。記録のない時代の歴史、などというものはありえない。

文字の使用があって、始めて歴史が可能になる。文字が使用されるためには、都市生活が必要である。都市文明が成立して、文字の記録が発生しても、それだけで自動的に歴史が発生するわけではない。記録を集成して、一貫した論理で説明し、歴史を叙述できるためには、広い範囲の集団アイデンティティが必要である。

地中海型と中国型の歴史

歴史は、前五世紀の地中海文明と、前二世紀末の中国文明とで、それぞれ独立に発生した文化である。地球上のほかの文明には、独自に発生した歴史という文化はなく、あれば、それは地中海か中国からコピーしたものである。

地中海文明の「歴史の父」はヘーロドトスである。ヘーロドトスが『ヒストリアイ』

を書いたのは、世界を席巻したペルシア帝国の脅威に対抗して、ギリシア人の諸都市が団結して、前四八〇年のサラーミスの海戦で勝ったという事件を契機としている。ヘーロドトスの構想は、世界をアジア対ヨーロッパ、東対西、野蛮対文明の対立・抗争の場として描くことであった。この書物の題名の「ヒストリアイ」は、「調べて分かったこと」という意味のギリシア語の名詞の複数形であって、「歴史」という意味はなかった。これ以前には、歴史という観念そのものがなかったのだから当然だが、これが世界で最初の歴史書だったので、これ以後「ヒストリー」が「歴史」という意味になった。

ヘーロドトスは、ヨーロッパがアジアに勝ったところで、著書の結末をつけたのだが、これが歴史の書き方の手本になった。のちに、キリスト教が地中海文明に浸透すると、「ヨハネの黙示録」の、世界を善の原理である「主なる神」の軍勢と、悪の原理である「サタン」の軍勢の戦場と見なし、善が悪に勝って世界が終わるという二元論が普及して、ヘーロドトスの東西対抗の歴史観と結びついた。

そんなわけで、地中海文明の分かれである西ヨーロッパ人は、歴史を対立から統合にいたる過程であると、頭から思いこむくせがある。まるで、どこかに最終のゴールがあり、世界はそれに向かって進んでいると思っているかのようである。

西ヨーロッパ文明は、歴史のある文明である。地中海文明から借りた歴史文化のおかげで、自分たちはローマ帝国の後裔《こうえい》であるという、歴史的アイデンティティを共有している。これに対して北アメリカ文明は、歴史のない文明である。そこでは、アイデンティティを作ったのは歴史ではなくて、イデオロギーである。アメリカ合衆国には、独立戦争以前の歴史はない。アメリカ人というアイデンティティを創ったのは歴史ではなくて、一七八八年の「合衆国憲法」の自由と民主主義のイデオロギーであった。初代のアメリカ人は、憲法に忠誠を誓うことによって、自発的に過去と絶縁し、アメリカ人たることを選んだ。建国から二百年たった現在も、国民の大多数は移民の二世か三世だというアメリカ合衆国では、国民全体が共有する歴史はほとんどない。

この特殊事情を反映して、「ヒストリー」という言葉は、アメリカでは「誰でも知っている話」ぐらいの意味で軽く使われる。ある有名人の夫人が、自分と夫との出会いについて語って、「それからあとは歴史よ The rest is history」と言うのを、読んだことがある。歴史という文化は、北アメリカ文明にとって、西ヨーロッパ文明からの借り物なだけで、大した意味はないのである。

日本文明は、歴史のある文明である。日本という国は、憲法によって創りだされたのでもなく、空地に移民が寄り集まって作ったのでもない。先祖代々、記憶はもちろん、記録にさえ残らない、古い昔からの人間関係を、どっさりと重く背負いこんだ人間が構成している国が日本である。そうした日本人にとっては、歴史というものは、常に存在していて、目に見えない力でわれわれの考え方、ものの見方、行動を支配しているものである。この感覚は、アメリカの空気のなかには存在しない。言いかえれば、個人が他者から自由に意志決定できるなどと信じるのは、アメリカ人ぐらいのものだ、ということになる。

日本文明の歴史という文化は、中国文明からの借り物である。中国文明で、ヘーロドトスに相当するのが『史記』の著者・司馬遷《しばせん》である。司馬遷は、前漢の武帝の側近に仕えて、占星術を担当する太史令《たいしれい》の職にあった人である。

主人の武帝は、前二世紀から前一世紀にかけて、実に五十四年間も在位した皇帝であった。その一代の治世《ちせい》の間に、中国はそれまでの、北は黄河から南は長江（揚子江）までにかぎられた地域から、一気に膨張して、当時の人間の知見のおよぶ範囲の世界をことごとく支配下におくようになった。その上に君臨する武帝は、人間が到達しえた最高の存在、神に等しい人格となった。

この時代の中国世界の現実は、人間の想像力の限界に達したのである。司馬遷の『史記』は、武帝を中心として回転する世界の姿を叙述して、天文・地理・人事百般にわたる。そして武帝の巨大な権力の起源を説明して、神話時代の黄帝《こうてい》に始まり、五帝・夏《か》・殷《いん》・周《しゅう》・秦《しん》の各時代をつらぬいて、前二世紀末の当時につらなる、「天命」の不変の「正統」を叙述している。

『史記』の歴史の書き方で、それからあとの中国の歴史文化が決まってしまった。同じ歴史のある文明とはいっても、地中海文明や西ヨーロッパ文明が対立・抗争を歴史の本質とするのとは違って、中国文明の歴史は、一定不変の世界を叙述することによって、皇帝の権力の正統性を証明するためのものである。そこには、世界がどこから来てどこへ行くというような観念は見られない。それでも、歴史のある文明だから、現在、目に見える世界だけでなく、過ぎさった世界をも、等価値の世界としてとらえる点では同じである。

日本型の歴史は反中国

日本の歴史は、七二〇年に完成した『日本書紀』に始まる。前一〇八年に漢の武帝が朝鮮王国を滅ぼして、韓半島を直轄《ちょっかつ》の植民地としてから、日本列島の住民である倭人たちは、中国文明の衝撃に絶えずさらされ続けたが、それでも、かれらが『日本書紀』を書くまでには、八百年以上もかかっている。

この長い長い原史時代を通じて、倭人たちはアジア大陸部の政治・軍事・経済に従属するだけで、自分たちだけの歴史をまだ持たなかった。その倭人たちが七世紀に突然、

近江大津

目覚めて、日本人となったのは、中国の脅威に対する自己防衛の必要からである。

六六〇年、唐帝国は新羅王国と連合し、大軍を韓半島に上陸させて、百済王国を滅ぼした。百済は長年にわたって倭国の同盟国であり、新羅は敵国だったから、当時の倭国の女王だった皇極＝斉明天皇は、倭兵を韓半島に送って百済の再興をはかったが、六六三年の白村江の戦いで唐軍に大敗した。続いて、高句麗王国も六六八年に唐軍に滅ぼされた。

これで倭人たちは、アジア大陸から完全に閉め出されて、海中に孤立した。世界の孤児となった倭人たちは、急いで結集して、日本列島最初の統一王国・日本国を作った。高句麗の滅亡と同じ六六八年に、近江の大津に即位した天智天皇が最初の日本天皇であり、これが日本の建国である。

歴史のある中国文明から絶縁して独立したばかりの日本は、やはり歴史のある文明だったから、中国に対抗して独自のアイデンティティを主張するためには、独自の歴史が必要だった。国史の編纂に着手したのは、天智天皇の弟の天武天皇である。

六八一年に着手してから三十九年をへて、七二〇年に『日本書紀』が完成している。その内容は、天智・天武兄弟の祖先が天の神々から正統をうけついで、つねに日本列島全体を統治してきたと主張し、しかも中国からの影響をまったく無視している。これは、中国の記録からうかがえる事実とは正反対の記述である。そもそも日本の建国が中国の侵略を予防するための措置だったことを考えれば、そう主張する必要があったことは理解できよう。

いずれの文明でも、最初に書かれた歴史の枠組みが、人間の意識を規定してしまう。『日本書紀』の表現する、日本は中国とは対立する、まったく独自の正統を天からうけついだ国家であるという思想は、永く日本の性格を規定した。この思想自体は、『史記』以来の中国の歴史の枠組みをそのまま借りたもので、一種の中華思想だが、中国の正統とは別の日本の正統を立てるとなると、当然、中国と日本は両立できなくなる。天命の正統は、世界にただ一つしかないはずだからである。

日本の遣唐使は、八三四年の第十七次を最後として停止されたが、一度も正式の国書を唐に持っていかなかった。つまり、正規の国交は日唐間に存在しなかった。これは、中国皇帝は世界に対等の他者が存在することを決して認めなかったので、日本天皇からの対等の書式の国書を受けとるはずがなく、したがって対等の国交が不可能だったからである。

十五世紀に入って、前征夷大将軍・足利義満は、日本国王と自称して明の永楽帝に使者を送り、その息子の将軍・足利義持は永楽帝から日本国王に封《ほう》ぜられた。その子孫は、一五四七年まで十一回も明に朝貢している。しかし征夷大将軍職は天皇の任命するところで、日本の元首ではないから、これも正規の国交とはいえない。

結局、日本と、中国を支配する政権との間の国交の最初は、一八七一年（明治四年）の日清修好条規だったということになる。日本の建国から、千二百年もたっている。

ただし、この日清修好条規の相手国は中国ではなく、清《しん》帝国だった。清は満洲人の帝国で、その時代の中国は独立国ではなく、満洲人の支配下の植民地の一つにすぎなかった。だから、一八九四〜五年の日清戦争は、日本と中国の間の戦争ではなく、日本と満洲人の清との間の戦争であり、日清戦争の結果、日本が領有した台湾は、中国から割譲《かつじょう》を受けたのではなく、満洲人の清から割譲されたのである。

いずれにせよ、日本と、まだ満洲人の支配下の植民地であった中国との間に直接の交通が開けてから、まだ百四十年たらずしかたっていない。言うならば、「日中友好」は、たった百四十年の歴史しかない。しかもこの百四十年は、日本にとっても中国にとっても、不幸の連続であった。日本は早く近代化に踏みきって、着々と成功したのに、清の近代化はいつまでたっても成果があがらなかった。

ようやく日清戦争の直後から、清は日本型近代化の直輸入に着手したが、その結果は、一九一一年の辛亥《しんがい》革命による清帝国の崩壊であった。翌一九一二年に中国に誕生した中華民国は、辺境をも含めて清帝国の統治権をすべて継承したと主張したが、実際には中国の外には支配はおよばなかった。しかも共和国とは名ばかりの軍閥の割拠と内戦の連続で、日本と中国の関係が深くなればなるほど、中国の状況が日本の安全をおびやかす度合いが大きくなる。そこへロシア革命が起こって、共産主義の脅威が加わり、とどのつまり、日本は中国のおかげで国策を誤って、満洲事変、支那事変、大東亜戦争と、どんどん深みにはまって、国を亡ぼしたのである。

幸い大東亜戦争後は、米ソ対立のおかげで日本は再び中国と絶縁し、その間に未曾有《みぞう》の繁栄を享受できたが、ソ連が崩壊して共産主義の脅威が消滅した今、日本は、いまだに政治的にも、軍事的にも、経済的にも、極めて不安定な中華人民共和国と、密接な関係を結びつつあるように見える。

われわれ日本人は、七世紀の建国以来、十九世紀にいたるまで、つねに中国の存在を意識しながら、しかも中国と深い関係に入ることを避けてきた。いわば鎖国は、日本の建国以来の国是《こくぜ》であった。それが日本の地政学的必然であり、それが日本の歴史である。関係を避けきれなくなって中国に巻きこまれて失敗したのも、また日本の歴史である。

国史から世界史へ

文明には、歴史のある文明と歴史のない文明がある。歴史のある文明同士の間でも、歴史の枠組みは文明ごとに違う。一つの文明にとって「正しい」歴史は、他の文明にとって「正しい」歴史とは、矛盾するのが宿命である。矛盾するのは枠組みが違うからである。枠組みの違うものは、一緒にならない。それぞれの国民が正しいと信ずる国史をどれだけ多く寄せ集めても、その総和は世界史にはならない。

本当の意味の世界史は、いまだに書かれていない。書かれているのは、西ヨーロッパ人の立場から見た、西ヨーロッパ史の延長としての「世界史」しかない。この意味の「世界史」で無理なく処理できるのは、せいぜい十八世紀末からあとの時代だけである。記録が始まってからの人類の活動の大部分は、こんな「世界史」では脱落してしまう。

それに、時代区分も問題である。時代区分は、基本的には、自分が生まれてからあとの「今」すなわち「現代」と、生まれる前の「昔」すなわち「古代」の二つだが、これでは、どこの時点で分けるかは、個人個人で違ってくる。これを社会に共通にしようとすると、すぐ無理が生ずる。それも一国の中でならまだしも、国際的に時代区分をしようとすれば、無理はますます大きくなる。

そこへさらに、「古代」と「現代」の間に「中世」を挿入すると、事態はもっと悪化する。「中世」というのは「準備段階の時代」という意味だ。「古代」の世界が進化して「現代」になろうとして、その準備にかかっている段階が「中世」だということになる。この見方だと、「現代」が世界のあるべき終局の姿であり、世界は「現代」に達するために長いこと苦労をしてきたことになってしまう。

しかし「現代」は、歴史をみる個々の人間が生きているそれぞれの世界にすぎない。とても、人類全体にとっての世界のゴールが「現代」だなどと言えるものではない。

結論を言ってしまえば、「古代」「中世」「現代」だろうが、「原始共産制」「古代奴隷制」「中世封建制」「近代資本制」「未来共産制」だろうが、およそ世界史に普遍的な時代区分など、あるはずがない。それぞれの分野において、それぞれの地域において、叙述の便宜上の時代区分がありうるだけである。

本当の意味の世界史を書くとなると、個々の文明の歴史の枠組みを超越した、新しい共通の枠組みを開発することが先決である。そのうえで歴史を書くとすれば、国史の建て前に逆らい、関係国の国益に抵触し、国民感情を害するものになるかもしれない。日本にかぎらず、どこの国でも、国史とは、嘘でぬり固めた自己弁護に決まっているからである。

本書は「日本史の誕生」と題する。六六八年に日本国が誕生する以前の歴史は、日本史ではなく、日本古代史でもない。誕生当時の政治的必要を反映した『日本書紀』の枠組みを、それ以前の日本列島の歴史に適用するのは時代錯誤である。しかし、『史記』の枠組みを守って書かれた中国の正史の記録を頭から信用するのも、世界史の立場からすれば間違ったやり方である。まして、十二世紀の韓半島の政治を反映した『三国史記』の記述を尊重しすぎるのも間違いである。

単純に史料をとりあわせるのではなくて、それぞれの史料の政治的な性質をしっかり理解したうえで、それらの背後にあった事情を読みとる。これが、世界史の一部としての日本建国史の見方、書き方であり、これを試みたのが本書である。

文庫版あとがき

　本書に収録した各篇は、それぞれ違う時期に違う刊行物に掲載されたものに基づいている。しかしながら、一九九四年に弓立社から同名の単行書として刊行した際、宮下和夫社長の意見を取り入れ、徹底的に改訂の手を入れた。本書の成立は、まったくこれを宮下和夫氏の熱意に負うものである。

　今回、文庫化するにあたって、宮下氏が選んだ写真は、そのほとんどを掲載することはかなわなかったが、その時に作成した系図などの図版は残した。地図は再録したものと、今回新たに作成したものがある。

　その他の変更としては、単行書に収録した時にはなお、もとの論文の文体を生かすために語尾に「ですます」調を残していた章があったのを、今回は文庫であるという理由で、統一を取るために改めた。もともと違う刊行物に掲載されたものを集めたという成立事情のため、何度か同じ話が繰り返される部分があるが、それぞれの章の脈絡に必要であるので、これはそのままにした。ただし、原本の篇末に掲載されていた大林太良氏との対談「邪馬台国と倭国」は省いた。

さて、本書の成立の経緯を留めるため、以下に各章の初出紙誌を挙げておこう。序章は、単行書として刊行するときに書き下ろしたものである。

私が、初めて日本の建国に至るまでの東アジアの歴史を論じたのは一九七〇年のことである。『諸君！』二巻九号（文藝春秋、一九七〇年九月）に掲載された「邪馬台国は中国の一部だった」が、私が倭国に関して最初に発表した論文だったが、第一章はこれを改訂したものである。

第二章「邪馬台国の位置」は、単行書の際に書き下ろした。

第三章「親魏倭王・卑弥呼と西域」は、「西域と卑弥呼　親魏倭王の正体」（『月刊シルクロード』一九七七年）、「親魏倭王卑弥呼の正体」（『歴史と人物』中央公論社、一九七七年）、「邪馬台国は存在しなかった」（『歴史と旅』秋田書店、一九七八年）の三本を合わせて改訂したものである。

第四章「倭人とシルク・ロード」は、『東アジアの古代文化』（大和書房、一九七八年）、第五章「日本建国前のアジア情勢」は、『横浜市教育文化センター　文化講演会記録集』（一九八一年）、第六章「中国側から見た遣唐使」は、『ＩＢＭらいふ』（一九八一年）に掲載されたものを、それぞれ整理し改訂した。

第七章「「魏志東夷伝」の世界」は、「「魏志東夷伝」を評す」という原題で、『古代東アジア史論集』（末松保和博士古稀記念会編、吉川弘文館、一九七八年）に掲載されたものに基づいている。もともと歴史学専門家向けに書いた論文であったので、用語・文体がやや生硬を免れなかったが、本書に収録するに当たって平易に書き直した。

私は一九五〇年、朝鮮戦争勃発の直前に旧制東京大学文学部の東洋史学科に入った（一九四九年に四年制の新制が始まったが、三年制の旧制も五〇年まで存続した）。当時文学部に入るのは失業に直結する道で、しかも日本人がアジア大陸から総引き揚げの時代だったから、東洋史は無用の学科の最たるものだった。それを覚悟でこの道を選んだのだから、なるべく不人気な分野をやろうと思って、講師として来られていた朝鮮史の末松保和先生（一九〇四～一九九二年）の講義を聴いた。末松先生は学習院大学教授だったが、先に朝鮮総督府の朝鮮史編修会に勤務され、京城帝国大学教授となった方で、韓半島の新羅統一以前と新羅時代の歴史の権威であり、『任那興亡史』の名著がある。

言うまでもなく、新羅統一以前の韓半島史は、『三国史記』の他に「魏志東夷伝」と『日本書紀』をも主要な材料とするので、先生の講義は朝鮮史だけでなく、自ずと中国史と日本史にもまたがり、私の歴史の見方を啓発するところが多かった。一九五三年に東京大学を卒業した後、私は末松先生に拾って頂き、先生が学習院で主宰しておられた東洋文化研究所に二年間勤務して、朝鮮関係の文献の整理を担当した。この経験が、いまから思えば、東洋史とも日本史とも違う私の視点を養うのに役立ったのである。

第二部の第八章「日本誕生」は、単行書の際に書き下ろしたものである。第九章「神託が作った「大和朝廷」は、「甦る古代の真実とロマン」という原題で、『正論』六五号(産経新聞社、一九七九年)に掲載された。第十章「新しい神話——騎馬民族説」は『日本文化会議月報』(日本文化会議、一九七七年)に掲載されたものを、いずれも改訂した。

　第十一章「日本人は単一民族か」は、「日本人単一民族論の再検討——特に東北アジアの歴史の中で」(エグゼクティブ・アカデミー・シリーズ)という原題で、一九八六年十二月にホテル・オークラでおこなった講演の筆記録がもとになっている。私に講演を依頼した故新井俊三氏は、三菱信託銀行をやめたあと、財界人のためのシンクタンクとして、国際関係基礎研究所を創立した。私は、現代中国について発言をするようになった一九七一年以来、新井氏と懇意になり、彼が主催する朝食会で毎年かならず何度か講演をしたが、その一つがこれである。収録に当たって全体に整理を加えた。

　第十二章「日本語は人造語だ」は、『言論人』(一九七八年)に、第十三章「歴史の見方について」は、『月曜評論』(一九九〇年)に掲載されたものを改訂した。

　さて、本文の各所で述べているように、『日本書紀』によると、女帝である推古天皇と聖徳太子がいた時代、中国の正史である『隋書』では、男の倭国王がいたという。どう考えても『日本書紀』の記述の方が怪しいので、聖徳太子が実在したかどうか、さま考える。

ざまな議論が起こっている。最近になって私は、聖徳太子は実在したという考えを採るようになった。ただし、『日本書紀』のいう時代ではなく、もっとあとの時代だったと考える。

今回、文庫化するにあたってカバーに使用した「伝・聖徳太子像」も、じつは八世紀の作で、飛鳥時代の人物の服装ではなく、唐人の装束をしている。よく似た絵が中国の西安から出土したので、今では聖徳太子を描いたものではないだろうと言われている。日本国がまだ誕生していなかった七世紀初めの肖像画など存在しないのである。しかし、かつて一万円札などの高額紙幣に使われ、日本人に広く知られているので、あえてこの絵を採用した。

なお、本書と同じ主題を扱った私の著書に、一九七六年に十回にわたって『諸君！』に連載したものを収録した『倭国の時代』（文藝春秋、一九七六年。のち朝日文庫、一九九四年）と、『倭国』（中公新書、一九七七年）がある。『倭国の時代』は朝日文庫版も絶版であるが、『倭国』の方は幸い版を重ねて、現在三十五刷になっている。

二〇〇八年三月

岡田英弘

本書は、一九九四年一〇月に弓立社より刊行されたものに一部加筆訂正を加えた。

ちくま文庫

日本史《にほんし》の誕生《たんじょう》

二〇〇八年 六 月 十 日 第一刷発行
二〇一二年十二月二十日 第七刷発行

著 者 岡田英弘（おかだ・ひでひろ）
発行者 熊沢敏之
発行所 株式会社 筑摩書房
東京都台東区蔵前二―五―三 〒一一一―八七五五
振替〇〇一六〇―八―四一二三
装幀者 安野光雅
印刷所 中央精版印刷株式会社
製本所 中央精版印刷株式会社

乱丁・落丁本の場合は、左記宛にご送付下さい。
送料小社負担でお取り替えいたします。
ご注文・お問い合わせも左記へお願いします。
筑摩書房サービスセンター
埼玉県さいたま市北区櫛引町二―六〇四 〒三三一―八五〇七
電話番号 〇四八―六五一―〇〇五三

ISBN978-4-480-42449-5 C0121